汪精衛集團

任思——等著
蔡登山——編

目次

清譽始悲劇終的汪精衛

韻農

汪精衛以才華聞名於世，以南京演出偽組織一幕而遺臭萬年，綜其一生，打從在北京謀刺清朝攝政王載灃案被捕下獄，而高吟「慷慨歌燕市，從容作楚囚，引刀成一快，不負少年頭」的詩句為濫觴，海內外的中國知識分子，無論識與不識，皆稱讚不置。當時他之所以得保首級，並非由於他的供詞辯護，而是綰領刑部的清室肅王耆善不主張多殺革命黨人。胡漢民為營救他，曾在南洋辛苦籌得不滿千元的款項，與陳璧君取道香港北上，恐財力不足，由陳璧君建議，赴澳門賭場一博，冀有所獲，結果偷雞不著失把米，反而輸去了二百元。對於營救的舉措，並沒有大的幫助。

一九一〇年四月，清廷判處汪氏終身監禁，辛亥武昌起義後，袁世凱新任清廷內閣總理大臣，為討好革命黨人，於是年十一月六日予以釋放，汪出獄後即留北京，和袁世凱非常接近，並和袁世凱長子袁克定結為異姓兄弟，共同組織「進德會」從事活動。迨民國肇造，國父辭去臨時總統，袁世凱知悉各省代表在武漢集會，即派遣關係密切的朱芾煌，攜帶信件前往武昌，希望各省代表在南北和議達成後，聯合要求清帝退位，推舉袁世凱為臨時大總統。這封信在各省代表中公開後，於是擁袁的氣氛立即濃厚起來，支持擁袁的意見認為：清廷已經名存實亡，今後為和為戰，決定於革命軍與袁世凱之間，如果把袁世凱拉到革命陣營來，而許以臨時大總統職位，實為避免流血的最好辦法。並在代表會中作成決議：

「在袁世凱捨棄清廷，投順革命陣營以前，臨時大總統虛位以待」。這一意見，據說即汪氏南北斡旋策劃而成的。他在北京待過短期後，即南下到上海，與吳稚暉、蔡元培、李石曾等，擴大「進德會」組織，標榜「不作官，不納妾，不嫖賭」三大信條，輿論翕然歸之，讚不絕口，清譽之隆，在黨人中鮮有出其右者。但國父對汪的性格與才具，認識極深，終其身未曾教汪擔任過實際政務，唯不時派他作代表向北洋軍閥巨頭接洽游說而已。汪亦僅以黨人兼廣東教育會長資格，揖讓周旋於革命陣營之間，保持不作官的姿態。實際上，汪的政治慾甚強烈，只因國父在生時無從發抒，不得不隱晦以待時機。

民國十四年國父逝世北平，胡漢民以代行大元帥職權，論資望和革命勞績，當然具有政府領導者繼承人的完備條件，只因蘇俄顧問鮑羅廷知道胡氏必不願受共黨利用，乃唆使中共黨徒大捧汪精衛，諡之為左派領袖，推他作國府主席，而左遷胡氏為外交部長，汪胡原是多年的患難同志，交非泛泛，於公於私，此時汪皆不宜貿然被共黨置於爐火之上，詎汪不度德量力，悍然漠視黨德與做人的風範，率爾僭居行政院元首地位，甘作共黨工具。迨廖仲愷被刺案發生，汪與許崇智受任為處理廖案的特別委員會委員，俄共鮑羅廷開列名單交特委會拿辦胡漢民、鄒魯、謝持等民黨元老，汪竟不置一詞，幸而許崇智表示反對，說這些人都是總理的親信幹部，沒有罪證，不敢照辦，許是粵軍總司令兼廣東軍事廳長，共黨對他有所顧忌，否則胡等必難倖免殺身之禍，汪的行徑自此以後，無論國人黨人皆瞭然於懷。

民國十五年三月十九日，國府海軍局長李之龍是共黨分子，密謀叛亂，被先總統蔣公當時為兼任廣州的衛戍司令發覺拿辦，並將蘇俄軍事顧問監視究處，汪大不謂然，當面諷示蔣公辭職離粵不遂，乃憤而辭去國府主席職務，即日出國休息，然仍隱居廣州，避不見人。他料定蔣公必不容易應付動盪不安的局面，終將知難而退，非懇求他復職不可。不料共黨釀亂不成，鮑羅廷徒喚奈何，而蔣公對廣州治安又措置裕如，中央黨部亦決定由譚延闓暫行代理國府主席。於是汪氏弄假成真，祇好黯然離粵，前往法國休息了。這是汪氏第一次在政治舞臺上玩弄權術的結果。

民國十八年汪留居滬濱，既不忘情於政權，亦冷落於黨權之外，殊感苦悶，乃異想天開，糾合一批失意的國民黨份子，在上海租界內娛樂場「大世界」的妓女歌唱之所——群芳廳，舉行所謂「黨代表大會」，自拉自唱，選出若干中央委員。民國十九年，閻錫山、馮玉祥稱兵反對南京政府，在北平召集所謂「擴大會議」，另組中央黨政機構，而以汪氏為黨務首腦，大事號召，詎鬧劇揭幕不及百日，因張學良通電派兵入關，擁護南京政府，而閻馮軍事又整個崩潰，全局瓦解。汪氏祇得淒然潛去，自傷淪落。迨民國二十年胡漢民辭去中央黨政職務，幽居湯山，汪乘機活動，對南京暗通款曲，表示願效馳驅，旋於民國二十一年初受南京國府任命為行政院長兼內政部長，而其在上海「大世界」群芳廳自選自舉之所謂國民黨中委，亦歸併到南京中央黨部成為合法的黨官，汪派人馬一時相慶彈冠，顧孟餘做了鐵道部長，陳公博做了實業部長，陳樹人做了僑務委員長，其他各部會次官亦多由汪派人馬擔任，聲勢浩大，不可一世。

中國近代的政治名人中，表面上言論文字最生動簡潔，態度和靄漂亮，容易博得大眾好感的，殆以汪精衛著稱。在我的印象中，他所記國父遺囑，言簡意賅，無論時代如何變遷，放之四海而皆準，當其受共黨利用時，則高喊「革命的向左轉，不革命的滾開去」，當其擁護抗戰時則高喊抗戰必勝，建國必成。無不具有煽動或壯盛的氣勢，但做起事來，則毫無中心思想及民主政治風範，一派舊式政客作風。民國二十二年，他在行政院長任內，監察委員劉侯武曾提案糾彈鐵道部長顧孟餘有瀆職情事，原係很平常的問題，是是非非，一經依法徹查，即可水落石出，被糾彈的人亦可提出答辯，並不是有彈劾案就一定要受處分的，可是他竟在紀念週會上，以憤慨的詞色，大罵監察委員誣枉素具清望的顧部長，說是「本黨決不容許黨員如此胡鬧」，意在恐嚇劉侯武有被撤去委員職位的可能，因為那時候的立監委員都是通過執政黨中央黨部後，由政府派任的。似此壓迫專橫的作風，即在君主專制時代，亦所罕見，顧氏是汪氏之私人派系的親信份子，即不許監察委員有所彈劾，衡以汪氏平日之言論風采，不是判若兩人嗎？

民國二十三年，南京《民生報》揭載行政院政務處長彭學沛，利用職權，勒令包工建築行政院官舍的商人，替他建造私人住宅，免費贈送，而將建築材料及工價，一併報於官舍預算之內。這種事情無論虛實，皆應交由法院偵查訊究才是，但汪氏竟濫用其政治權威，將該報予以封閉，拘囚主持人歷四十天。

同年春，新疆主席金樹仁卸職南下，先赴廬山晉謁最高當局，再到南京分謁中樞各長官。詎金氏抵京之次日，即被汪院長以「擅自對外簽訂喪權辱國條約」，及「激起回漢民族糾紛致釀成事變」的罪名加以拘捕，審訊結果，找不到罪證與適用法條，只好不予處分，使金樹仁枉遭若干時日的牢獄之災。這究竟是何原因？知道內幕的人說「汪的親戚充行政院秘書長的褚民誼，於民國十七、八年間率領一個所謂『中法考察團』到達新疆時，曾向金樹仁乞供旅費四千元，金氏給以支票，囑到北平某處兌現，然未能取得現款，銜恨在心。」最重要的還是汪氏民國十九年在北平搞「擴大會議」時，亦曾派人遊說金樹仁合流，被金樹仁婉言拒卻。如是汪褚二人就利用權力，假公濟私，以報夙怨。當時南京《華報》曾刊出社論，為金氏作不平之鳴，汪見而震怒，嚴加追究，俟知該文執筆者是中央通訊社職員梅川克，汪又召見中央社負責人蕭同茲大加呵責，認為中央社的人不應該反對政院的措施，幸而不久汪氏即以遇刺下臺了，否則蕭同茲就夠受的了。一個崇信主義的國民黨員，竟幹出這些不民主的惡行，令人不堪想像。

到了中日戰爭前夕，汪氏雖卸去行政院長職務，卻被推為國民黨副總裁，地位崇隆，儼然第二領袖，宜若可以躊躇滿志，顧盼自雄了。然而他的權力慾和領袖慾仍感覺不滿足，等到政府播遷重慶，日本近衛內閣聲明「不以重慶為交涉對象」後，他下意識的認為這是攫取第一領袖的大好時期，竟秘密通敵，主張和談，但最高當局蔣公予以指斥，表示決不考慮，他即對人發牢騷云：「政治生活如同玩魔術，需要一根棍子，蔣先生是魔術師，我願意做他的棍子，他亦不要」。未幾，他乃乘蔣公在南嶽督師前線軍事時期，私行潛往雲南，轉赴安南河內，跟日寇代表接洽，發出對日言和的艷電，繼即由日寇引導北上，到南京設立「國民政府」，偽稱「還都」，自封主席，甘作日本軍閥的「兒皇帝」，而步武劉豫、張邦昌的後轍，終至一籌莫展，病死日本東京，遺臭萬年。他的屍骨埋在南京明故宮前，對日抗戰結束後，被人剷除夷為平地，一任牛羊踐踏。真沒想到一個嶄露頭角的風雲人物，因為無中心思想，又具狂妄的領袖慾。結果弄得淒慘的悲劇而終場。

汪精衛一生禍國史實

王盛濤

汪精衛名兆銘，一字季新。他的祖父是安徽婺源人，後遷浙江山陰縣。他的父親汪琡到廣東作官，才落籍於廣東番禺縣。

他生於光緒九年（一八八三），於光緒二十九年考取日本法政大學速成科（即官費生）讀一年半，又以自費升入專科。汪原意想加入保皇黨，曾於一九〇五年秋跑到橫濱去找梁啟超，不料沒有見著面，才回到東京加入同盟會。

汪本來有點聰明，可惜沒有人格，沒有骨氣，更沒有高深的見地，既不夠作個革命家，也不夠作個政治家，東倒西歪，祇能說他是一個投機取巧的政客。四十年來作盡禍國殃民的勾當，以革命開始，以漢奸終場，雖死後屍骨被爆炸無存，而其一生所留下的禍患，至今未了，國家遭受五千年來未有之浩劫，七億無辜人民，盡處於水深火熱之中，追源禍始，皆由於汪精衛一人所造成。茲將其一生之罪惡，分述如後，永留千古殷鑑。

賣國土以談革命

汪精衛在東京時，就想把東北讓給日本，以換取他們的援助，不過這段史實始終沒見有人用文字記載出來；這是我聽到劉興沛先生當面告訴我的資料。

劉先生原來也在東京早稻田大學讀書，有一次留日同學召開會議，汪和劉都是參加的人，汪首先提議說：「我們把東三省（吉林、黑龍江、奉天）讓給日本，其交換條件，請他們以經濟及武器援助我們革命。」當時就有人提出反對的意見說道：「我們能革命就革命，不能革命就放下革命，古今中外沒有聽說出賣國土而談革命的。」於是贊成者與反對者雙方就在會場裡打起來，據劉先生說：他當時藏在桌子底下，沒有被打著。

當然啦，汪的提案並沒有得到通過，但是我們知道日本消息特別靈通，從那時起，他們就知道汪精衛是個賣國的漢奸。所以幾十年來，一直保持著和他秘密地勾結，終於演出九一八事變而走上投敵賣國的末路（詳後節：勾結日本發動九一八事變與降敵賣國兩節）。

幫助袁世凱篡奪革命果實

不論談革命也好，談政治改革也好，在此必須有其當初的主張和目的，能夠達到，才算成功。如在中途妥協，那就是放棄自己的主張和立場，既談不上革命，也談不上什麼政治改革。

革命是流血的事情；不能輕易發動，也不能隨便遷就妥協，要幹就得事先作個週詳的考慮，必須求其徹底成功。翻開各國的革命歷史，莫不如是。

當武昌起義的時候，不到一個月的工夫，就有十七省宣佈獨立，以人心論，以士氣論，以國際環境論，都有成功的希望。可惜這個大好的機會，沒有及時利用；由於汪精衛被袁世凱收買，兩人沆瀣一氣，朋比為奸，遂把無數頭顱熱血所換來的革命果實，變成袁世凱搶奪權利的機會。雖然在名義上是換了中華民國，而在實質上，仍是推行袁世凱那一套腐敗的舊式官僚政治。

當時的革命，如果說以滿族為對象，不如說以那些守舊的官僚為對象，來得恰當些。因為當時所謂滿族，只有那一個五歲的小皇帝——宣統和那隆裕太后，這兩個孤兒寡婦和那些守舊不變的老王爺，早已沒有作用。當時的一切軍政大權，均落在漢人手裡。如果說革命的目的，只要宣統退位，就算成功，仍留著袁世凱掌握軍政大權，繼續推行他那一套腐敗的政治，這樣說法，就失掉了總理當初革命的意義。

袁世凱對於當時的局勢，是看得很清楚，所以當武昌起義的第十五天頭上（九月初六日），他就派蔡廷幹和劉承恩到武昌去求和，不過這次求和，是被拒絕了。後來又託漢口英領試探求和，也未成功。最後想出一個好的辦法；就是利用梁士詒透過同鄉的關係，去說通汪精衛作為談和的橋樑。這個妙計，不祇篡奪了滿清的皇帝位，也篡奪了革命的果實。

原來汪精衛因謀炸攝政王案在北京下獄，武昌起義後由兩廣總督張鳴岐電請釋放，遂於宣統三年（一九一一）九月十六日（陽曆十月十八日）開釋，汪於獲釋後，即住入廣東人新開的泰安客棧。梁士詒與汪精衛的長兄汪兆鏞為鄉榜同年，以此關係，遂由梁連絡汪與袁克定（袁世凱長子）作為拜把弟兄，認袁世凱為義父，於是兩人相約赴河南洹上，去拜見他的乾爹袁世凱，並密商妥協辦法。

袁世凱自從他的書童詭說有一條五爪金龍臥在他的午睡床上後，他就決心要篡奪滿清的皇帝位，苦無機會。這次看到武昌起義，真是喜出望外，認為這是千載難得的機會，決不能放過，除利用梁士詒與汪精衛連絡外；並囑咐楊度與汪精衛共同組織「國事共濟會」，且暗示道：「本人傾心共和，只等時機一到，自有水落石出之一日。」而袁世凱認為這樣做，又怕在滿清方面漏了手腳，所以又向僚屬們表示道：「余不能為革命黨人，余子孫亦不願其為革命黨人。」其實他的本意，是想利用這個機會，作他的皇帝夢。

十月初十，譚人鳳在漢口英租界順昌洋行召集各省區代表開會，袁世凱囑汪精衛親自寫封信交給袁的私人代表朱其皇到漢口去見武昌首義諸人，要他們達成和議，請宣統皇帝退位，推袁為大總統。此時汪的話很有力量，於是開會諸人，遂於十月十二日決議通過：「虛臨時總統之席，以待袁世凱反正歸來。」由此一決定，遂產生後來南北之和議，眼看要成功的革命，到此功虧一簣。

本來總理於南京就任臨時大總統後；曾編組六個軍，繼續北上；當時以鄂湘為第一軍，由京漢鐵道前進。寧皖為第二軍，向河南前進。淮揚為第三軍，煙臺為第四軍，向山東前進。秦皇島合關外之軍為第五軍，山陝為第六軍，向北京前進。如照總理的計劃進行，可以免去第二次革命，以及後來的北伐，可惜汪精衛這一著棋的錯誤，造成而後無窮盡的禍亂。

甘作共產黨傀儡造成寧漢分裂

共產黨於民國十年成立後，就向南北方面發展，南方由陳獨秀負責領導，後來受蘇俄的指使，大都加入國民黨內活動。北方由李大釗負責，以俄國大使館為根據地，從事華北活動。當時一般人所謂「南陳北李」，就是指著這兩個共產黨頭目而言。

民國十六年四月間，張作霖先生發覺北京蘇俄大使館收養中國許多共產徒，乃於四月六日密令北京武裝警察會同憲兵等徵得使團的同意，進入東交民巷，將蘇俄大使館包圍起來，搜索其附屬之遠東銀行及中東路辦事處，計拘捕李大釗等中俄共產黨徒六十餘人，並搜出蘇俄赤化中國之重要文件幾十箱。當即成立特別法庭，將李大釗等二十人判處絞刑，將舒啟昌等四人各處徒刑十二年，將俄人奧鈕夫等十九人移送京師高等檢察廳審判。從此共產黨徒遂絕跡於華北，可以說共產黨徒在長江以北根本就無法生存與活動。

蘇俄看到中國共產黨無法在北中國活動，乃採取迂迴的戰略，陰使共產黨在國民黨內擴大組織與活動，一方面援助共產黨武器與金錢，教他們消滅北中國的當時反共勢力，一方面要他們頂著國民黨的帽子，赤化中國。這個妙計，沒有被當時一般人看出來，不知這是一付滅亡中國的毒藥，吃下去，會中了赤色的毒素，害的中國到今天尚在反共抗俄中。

說到這裡，我們得檢討一下共產黨的壯大原因；陳獨秀在南方領導的共產黨份子，分作兩路發展，一部分加入國民黨內活動，一部分是打入留法的勤工儉學生內活動；遠在民國九至十一年的兩年間，送到法國兩千多人，這些人一到法國後，因為大多數的法文程度不夠，既不能工，也不能讀，有一部分人改為官費生或由親友接濟，而剩下的一部分就發生了麵包問題。於是蘇俄派人到巴黎去收買救濟，作為赤化中國的先鋒，在法國、比國、德國等地先後成立國際共產黨中國支部，遙與國內共產黨相互呼應。在當時負責這些組織領導最活躍的人，有蔡和森、周恩來、李立三、徐特立、陳延年及陳喬年（註：二陳為陳獨秀兒子。）等多人。

國民政府於民國十四年七月一日在廣州成立，由汪精衛擔任主席，他以左派領袖自居，甘心在鮑羅廷驅使之下，不祇殘害國民黨同志，也接受蘇俄的陰謀——赤化中國。

這時國民政府下設軍委會，其實權操在俄國總顧問鮑羅廷手裡；每次開會，所有參謀團的提議案，均須經過鮑羅廷看過後，方能提出。而在開會的時候，鮑羅廷並不出席，只派若干顧問參加，會中有所發言，先要翻譯，經過他們同意後，才能決定。如遇有重要問題時，汪精衛還得用電話向鮑羅廷請教，其言詞態度極為恭順，鮑羅廷儼然以太上主席自居，使一般人看著這種情形都難過，而汪精衛確甘心情願作共產黨的傀儡，接受蘇俄的驅使，真無心肝。當然啦，一個沒有國家民族觀念的人，不明白自己國家歷史文化，不了解當時世界大勢，僅憑自己坐過幾天牢，就一躍而為主席，允宜其後來作出許多糊塗事情。

共產黨加入國民黨內，其目的在顛覆國民黨取而自代。為達此目的，把國民黨分為左右兩派，從中挑撥離間，使其互相傾軋陷害；廖仲凱先生就是在這種情形下被刺殺的，胡漢民先生也是在這種情形之下被迫赴蘇俄考察的。後來這個箭頭又指向今總統蔣公身上；開始由汪精衛與鮑羅廷兩人作好密謀，矯令李之龍駕駛中山艦擬載蔣公強使離粵，直赴海參崴——送往俄國。幸由蔣公發覺得早，先將李之龍逮捕，並收繳共黨份子所操縱的省港罷工委員會的槍枝，才將此一陰謀平息。

汪精衛這一陰謀未得實現，乃稱病赴法就醫，於民國十五年五月十一日秘密離粵。在名義上是聲稱到法就醫，實際上是到法國策動國內外共產黨，再作擴大的變亂——遂有後來的武漢紅色政府成立。

民國十五年秋，當北伐軍進展到武漢的時候，莫斯科方面看到赤化中國的時候到來，遂令鮑羅廷策動武漢方面那一些投機份子，由陳友仁利用徐謙、鄧演達、唐生智等為傀儡，在武漢成立非法赤色政府。一面令汪精衛趕快回國，主持武漢政府。此時兩湖已經赤化，到處殺戮劫掠。

汪精衛到達上海後，於民國十六年四月五日與陳獨秀共同發表所謂國共兩黨領袖聯合宣言，主張組織「一切被壓迫階級的民主獨裁制，以制壓反革命。」這個宣言，當然是替史達林宣佈決策；遂使武漢偽府共匪氣燄更熾。南京執監委員吳敬恆等此時已忍無可忍，遂成立清黨委員會，實行清黨。並決議在南京組織中央黨部及國府，四月十八日國府正式宣告遷設南京，寧漢遂成分裂之局。

武漢方面以汪精衛為首的政府，完全受共黨份子操縱，各部首長大多為共黨份子，例如農民部長為譚平山，軍事部長為周恩來，他們所執行的政策，完全是莫斯科的決議和指示。是年六月一日武漢共產黨收到史達林一封密電：訓令共匪迅即在漢口組織赤色政府，武裝兩萬共產黨員，從兩湖挑選五萬農工份子，組織新軍隊，消滅國民黨。厲行階級鬥爭，沒收土地，組織法庭，審判反動軍官；汪精衛在看到這封電報後，才覺悟到自己走錯路線，可惜為時已太晚！事實早已鑄成無法挽回的大錯。

民國十六年六月十四日討赤軍進入武漢，共匪首要均避入租界內。七月間武漢方面實行反共，驅逐蘇俄軍事顧問加倫和鮑羅廷；加倫經上海回俄國，鮑羅廷經馮玉祥防區回俄國。九月十五日寧漢兩政府雖然再告統一，然而所留下的後患，正方興未艾；朱毛等於清共後竄據井崗山，而後利用抗戰時期擴大實力，在抗戰勝利後，未等國家復原，即佔據大陸，這一連串的後果，都是由於汪精衛當年組織武漢紅色政府所造成。

策動閻馮叛變

在未敘述閻馮叛變以前，先作一段戰史檢討，以便了解軍閥混戰的後果；當吳佩孚於汀泗橋失敗後，應以全力固守武漢，以待戰機之轉變。而吳不此之圖，自己先撤到鄭州，遂使武漢防守部隊陷於混亂狀態，各自行動，先有高汝桐師擅自撤離漢口。繼有劉佐龍師投入北伐軍，遂使漢陽漢口先行失掉。

武昌城堅，本可以固守，後來又因暫編第三師將保安門打開，迎接北伐軍進城，遂使十幾萬大軍，不戰而自潰敗，開戰史未有失敗之先例。吳佩孚老先生既不知政，亦不知軍，祇憑他一個秀才的老學究底子，也想逐鹿中原，真是可悲！

當武漢失掉後，吳的幾十萬大軍雲集河南，更形紊亂，既無前進之策，又無後退之路。此時張作霖先生向他提出兩個辦法；（一）願派奉軍精銳部隊，協助他收回武漢。（二）吳如不願參加作戰，請其將京漢路讓開，以便奉軍進出武漢。吳對於張的這兩個辦法均不接受，於是掀起張吳二帥於民國十六年四月間在河南的一場大戰；結果，吳的幾十萬大軍完全瓦解，僅帶少數人西走四川。

吳敗後，張作霖先生被迫三面作戰；緣以馮玉祥於民國十五年九月間接受蘇聯大批武器援助後，在蘇俄顧問策動之下，繞道甘肅，於攻下西安後，在十六年五月間攻佔潼關。而閻錫山本為張作霖安國軍副總司令，其部隊隸屬於安國軍，此時看到馮玉祥打到潼關，乃改變態度，於是在五月間也向張作霖作戰。這樣一來，就註定了張作霖失敗的命運。現在檢討起來，皆由於吳佩孚不知兵，也不曉得聯合作戰的意義，坐失戰機。假使吳於當時能夠接受張的意見，則戰局必能改變，蘇俄也不可能赤化中國。是非成敗已成過去，我祇是在此提出一段戰史的檢討，好讓後人知道蘇俄赤化中國的經過。

北伐戰爭完了，南北已告統一，這時候任何一個中國人，稍有一點天良，也不忍再見中國有內戰發生。不幸的很，當初參加北伐的那一些將領——李宗仁、唐生智、馮玉祥、閻錫山等人，都是為自己的利益而參加北伐，他們的目的，不是為的國家民族，也不是為的實現三民主義，而都是為著自己的權利而趨合，仍舊是抱著他們那一套舊的思想和觀念，在利用北伐的機會，多搶幾塊地盤，以便作他們自己的土皇帝。

是以北伐將告成功，內亂就接著而起，先有李宗仁、唐生智等反動於前，繼之有汪精衛策動閻錫山、馮玉祥等叛變於後。他們根本就沒想到日本在此時正籌劃積極滅亡中國，更沒想到陰險毒狠的蘇俄也正在積極策動中國共產黨赤化中國。

現在檢討民國以來的內亂，大致可分為兩個階段；第一個階段是由袁世凱系的北洋軍人所引起的大小內亂，這些內亂，大都是日本在背後策動與操縱。第二個階段是由北伐成功以後而由革命系統所引起的各支系內亂，這些內亂，大都是由蘇俄背後策動與操縱，而每次內亂，都有汪精衛參加在內。

檢討起來，這兩個階段內亂的主兇——袁世凱與汪精衛，都是罪大惡極。假使袁世凱當年能夠遵照革命的理論去建國，則中國早已走上富強之路，也不會有後來的內亂與北伐。如汪精衛有國家民族的觀念，在北伐完了，遵照三民主義的理論去建國，則共產黨也無從坐大，蘇俄也不能赤化中國，更沒有北伐以後那一些接連不完的內亂。我們今天檢討民國以來的歷史，必須找出其禍亂之源，才好向後世子孫作個明白的交代。

北伐甫告完成，李宗仁於民國十七年秋就首先叛變，所幸此時其內部意見沒有統一，未得一戰，即放棄武漢而退回廣西。李敗後，張發奎於是年九月中旬由宜昌開回廣西，也是預定參加叛亂集團，旋由何應欽先生指揮第三第八兩師赴廣東，平定張李兩部之亂。次年冬唐生智又在河南鄭州宣告叛變，幸得天時之助，（註：是年冬河南天氣極冷，一連四十天大雪，官兵手足皆凍壞，無法作戰，乃請求指定地點繳械。）旋於十九年一月十三日將唐軍全部繳械。

這三個叛將平定後，閻錫山於民國十九年十二月初直接電主席蔣公，請其「禮讓為國，在野負責。」並請求共同下野，以免內爭。他的目的，是在使蔣公下野後，使中央群龍無首，造成軍閥混亂局面，自己好穩坐山西王。不料此奸計為蔣公窺破，乃直接覆電閻錫山說道：「革命乃是義務，而非權利。」主張革命者，不能避免責任，而任意下野。這樣電報的往來，除武力解決外，沒有第二條路可走。

民國十九年二月下旬，閻錫山、馮玉祥、李宗仁等四十五人發出通電，攻擊中央。汪精衛看見有機可乘，即刻通電響應他們的主張。這年三月中旬，馮玉祥部下五十餘人由鹿鍾麟領銜，通電擁護閻錫山為陸海空總司令，馮玉祥、李宗仁為副總司令。三月二十日馮部孫殿英師侵入安徽亳縣，以掩護閻馮部隊向隴海路歸德一帶集中，中原大戰，於是開始。

汪精衛叛離中央，是想打倒中央政府，而另組織他們的叛亂政府，以過他的領袖癮。於是在民國十九年四月初派陳公博攜帶汪所草擬的「共同宣言」到太原與閻接洽，其中要點；是推閻主持政治，汪主持黨務，馮玉祥、李宗仁主持軍事。閻見此宣言稿後，即請汪北上，汪、閻、馮又共同發表總宣言，預定在北平召開擴大會議，約請各方面參加，由此擴大會議，以對付南京。汪精衛於七月底到北平，汪、閻等遂於九月九日粉墨登場，宣就北平偽府組織。

此時左右大局者，只有張學良一人，於是中央及各方均派有代表駐瀋陽，大大小小的代表約有百餘人。張於是年九月十八日發出和平通電，擁護中央，以武裝調停。電發後，即派部隊進關，黃英斌旅於是年九月二十三日進佔北平，這一場汪、閻、馮的集團叛變，到此結束，他們從宣誓就職到垮台那天，剛好十天就夭亡，這在歷史上算是一個最短命的政府。

汪精衛於失敗後，在這年十月底到太原，與閻、馮會商後，想不出什麼好的辦法，乃去香港。而閻、馮皆言釋權歸田，其實誰也沒有歸田，閻則逃到大連定居。後於民國二十年八月間，當日本預定發動「九一八」事變前，才將他秘密地送回山西，準備教他響應日本的侵略。而閻錫山聰明，祗利用日本送回山西做他的山西王；想教他當漢奸，他是絕對不幹的。

戰事最高思想；以仁愛為出發點，以戰爭為手段，其目的在拯救人類，推行德政，故仁者之師，無敵於天下？可惜民國以來，很少知兵之人，都是一些不學之徒，充其量由外國學點浮淺軍事學，回到國內，因緣時會，各霸一方，擁兵幾十萬，不知所司何事，祇知為個人爭奪權利。幾十年來的內亂，未被日本滅亡，而被蘇俄赤化，七億人民，除少數匪幹飽暖享受外，大多數淪為牛馬工具，西望中原，寧不痛心。

勾結日本發動九一八事變

九一八事變，在表面上看，是日本利用中村事件；而在實質上講，是汪精衛勾結日本所發動的「九一八」事變。為了解這段史實，先將梁敬錞先生所編的《九一八事變史述》一一四頁內的一段歷史文字，抄錄如下：「九一八事變前兩個月，廣州外交部長陳友仁訪幣原外相於東京，會談三次，意欲以日本滿蒙既得權益之諒解，換取泰平組合，供給粵府武器之供應。九一八事變起後，友仁面告廣州日本總領事須磨，謂倒蔣去張之主張，廣州政府與日本並無二致，上海重光葵公使亦告東京，謂粵府欲藉滿洲事變倒蔣。」由這一段歷史上看，已知當年九一八事變之真相。事實是九一八事變前一天，陳友仁還在東京，他代表汪精衛與日本成立三項協定：「（一）東北有日本駐兵特殊權。（二）東北有日本開礦特殊權。（三）東北有日本經濟特殊權。」有此三項協定，就把整個東北斷送了。尤其第一項，准許日本在東北有駐兵特殊權，所以日本敢公開發動九一八事變，佔領瀋陽。「國必自伐，而後人伐之。」這是千古不滅的一句真言。一個優秀的民族，有其獨立自強的決心，任何敵國也無法滅亡她。像汪精衛、秦檜這類人，縱有萬千，又有何用？適足以亂亡其國。

為證實汪精衛勾結日本「九一八」事變，茲再將《汪精衛降敵賣國密史》書內的五十一頁一段文字引述下來，以幫助證明汪精衛當年勾結日本發動「九一八」事變之事實。

> 民國二十年春間，有北寧鐵路運輸處長王奉瑞赴日本開鐵路會議，於五月間經人介紹，得識一位日本陸軍省之大佐軍官，看見他手裡有陸軍省一份文件，其內容兩項如次：「㈠他們極端恐懼蔣委員長，故須打倒他。我們為打倒蔣介石，須先由打倒蔣的走狗張學良入手。日本有了滿洲，即可以控制中國，則打倒蔣就容易了。以下舉出一大篇統計數字；即滿洲的資源，在中國均佔優位，尤其滿洲有中國最大的兵工廠，該廠雖不產生重武器，但由日本不經由外務省，向大連運出，亦有可能。故打倒蔣無問題。㈡日本於打倒蔣後，將政權交中國人，這個中國人，不要再排日反日，應與日本合作，共同建設東亞。……該文件中所謂中國人，有一定人物在，不過未明指其名耳。這一中國人是誰？王奉瑞認為是汪兆銘。」

我們看了這段文字，更可以證明汪精衛勾結日本發動九一八事變之陰謀與計劃。

阻止長城抗戰以利日本進窺華北

日本發動九一八事變，其目的是想滅亡中國，中國人再能忍受，也無法忍受亡國的條件。是以九一八事變後，中日兩國一場大戰，是無法避免的，祇是在時間上的選擇而已。

現在回想起來，我們如能把握住當時長城作戰的機會，動員全國的力量，由東北軍作先鋒，出擊長城，一舉就可以收回東北。因為那時的東北人心未死，且有二十多萬義勇軍在東北各處與日本作戰；假使東北軍能夠進攻瀋陽附近，所有在東北遺留下來的張海鵬、張景惠、于芷山等部，都能響應。日本在國聯的指摘下，經過調停，很容易地就可以恢復九一八事變前的狀態。如這樣做，也不致於將國家的元氣喪盡，而演成今天大陸的悲慘命運。可惜這個大好的機會，沒有及時利用，只緣汪精衛與日本事先有勾結，所以竭力阻止長城抗戰，以利日本進窺華北。

當時東北軍於長城抗戰時，極度艱苦，官兵只發七成薪，無衣無食，又無械彈補充，經常拖欠幾個月不能發薪餉。此時正值汪精衛任行政院長，當長城浴血抗戰緊急之際，經費實在無法維持，張學良乃電請行政院撥款三百萬，以支持長城抗戰。汪於得電後，立覆張一電，逼其下野，停止長城抗戰。其原電文主要大意如下：「自事變以來，一失瀋陽，再失錦州，未聞吾兄出一兵，放一槍，幾將華北動搖……現在長城作戰開始，即向中央索款三百萬，弟無款可撥，惟有下野以謝兄，望兄亦下野，以謝國人。」其電文大意如此，這是我當時閱報紙所記憶的一段文字。

這一封比刀子還要鋒利的電報，比日本調動三十萬大軍進攻還要厲害。因為汪與日本勾結發動九一八事變，如果再支持張學良長城抗戰，進而出關收復東北，這在汪來講，是有違約的地方，並且也破壞了原來倒蔣必先去張的計劃。所以汪不顧一切，也不顧國家前途命運，只有阻止長城抗戰，才能達到他與日本妥協的密約——倒蔣必先去張。在另一方面；因為汪於民國十九年策動閻、馮叛變，由於張出兵調停而使汪失敗，於此也可以報張的一箭之仇。

這一毒計不要緊，頃刻之間，喪失了東北幾十萬抗日精銳部隊，而使敵偽坐大，中央不祇丟掉了東北，在此陰謀之下，也無形中丟掉了華北。緊接著特殊化的組織，相繼而生；什麼冀東偽組織啦，華北自治啦，均在日本的逼迫之下，先後而產生。最使人痛心的，就是所有長城一帶的偽軍，均與共產黨有聯絡。當時筆者亦參加長城抗戰。本部曾擄獲一名偽軍軍官，據他透露：所有偽軍，均保有紅軍的番號，並藏有許多旗幟與符號。他們的目的，是藉著日本的裝備與掩護，先打倒抗日部隊，然後與紅軍共建蘇維埃政府。

後當蘆溝橋事變起，不到幾個月的工夫就將華北完全失掉，而成為共產黨的游擊區。追其原因，皆由於汪精衛當年阻止長城抗戰，逼走張學良下野，而留下的後果。當抗戰勝利之初，國家再付出多大的犧牲，也無法收回東北與華北，我們今天回述這段傷心痛史，猶覺有無限的疚憾。

降敵賣國

汪精衛一生就是專找機會去搶奪政權，這種投機取巧的辦法，絕不考慮後果；當北伐的時候，依著蘇俄為背景，利用共產黨及唐生智等成立武漢紅色政府，後經南京方面清黨，乃告失敗。民國十九年春看到各軍閥群起反抗中央，又利用閻、馮去搶奪政權，僅過十天的領袖癮，旋經張學良的武裝調停而告失敗。後來又想出一個妙計來，就是要倒蔣必先去張，乃與日本勾結，發動九一八事變，第一步利用長城抗戰機會去掉張學良，第二步就是利用抗戰時期，不惜投降敵人，以達到其倒蔣的目的。

汪的降敵賣國，不是偶然發生的事情，是他很久的陰謀計劃。當政府撤到武漢的時候，他就決心投降日本，開始由其關係人周佛海策動高宗武赴日本，為其組織偽府開路。

高於民國二十七年七月五日到達橫濱，由影佐禎昭大佐（註：影佐於民國二十四年任駐華副武官，蘆溝橋事變發生後，任職仙臺聯隊，上海戰事爆發前，調回東京任參謀本部支那課長，後任第八課課長，專為解決對華問題，他是對華強硬派首要人物）引導，見板垣陸相及近衛首相，所談的最重要一件事情，就是要求日本同意汪精衛作中國的領袖。並要求近衛寫一封親筆信給汪精衛：「保證日本政府願以汪為和平運動中心」，近衛拒絕寫信，乃由板垣陸相代為寫封信，由高宗武帶回交與汪精衛後，於是汪、周等即決心逃出重慶。

先是日本於佔領南京後，即發表「不以國民政府為對手之談和」宣言，以拉攏汪精衛去當漢奸。後來近衛於民國二十七年十一月三日又發表第二次聲明；其主要內容有善鄰友好，共同防共，經濟提攜等原則，這對於汪精衛更有誘惑性。於是高宗武於是年十二月中旬由上海電知日方：「中國方面已由梅思平作成條約草案，將攜之來上海，請日方派要員來滬，若雙方討論一致，即作非正式的簽名，然後再待近衛首相與汪先生同意，雙方都承認後，再以近衛首相名義發表和平聲明；汪先生響應其聲明，為實行和平運動，即行離開重慶。」

日方接此電報後，由參謀本部會議結果：決定日本方面交涉員由今井武夫（註：今井為陸軍內中國通之一人，蘆溝橋事變時，他就是參加談判主要人物，此時他任參謀本部中國班班長，在日本投降時，為華南派遣軍總令部副參謀長，代表總司令岡村寧次到芷江受投降第一號命令。）中佐擔任，以伊藤芳男為其輔佐。汪精衛方面則定梅思平為正式交涉員，高宗武為陪席，周隆庠任翻譯。選定上海虹口公園傍之重光堂（中國人名為六三花園）為會場，今井與梅思平等均住在其中。

是年十一月十五日雙方達成協議，作成六項結果，今井即赴香港，與伊藤連絡，以待汪精衛方面之消息。高宗武的哥哥於十二月二日訪伊藤，告以「汪先生對於重光堂會談結果，全部承諾。」至於離開重慶大約在十二月八日。

汪精衛原定於十二月八日離開重慶，緣以委員長蔣公於七日由昆明回到重慶，故汪於八日未敢逃出。而周佛海已先於七日逃離重慶。汪於十二月十八日才得機會假託到成都去講演，而坐飛機直飛昆明，再由昆明轉河內。日本方面得知汪到河內後，認為此騙局已告成功，乃於二十二日由近衛發表聲明，將重光堂討論之協議完全推翻。汪精衛於十二月二十九日發表艷電，響應近衛之聲明，願意接受日本之條件，去做漢奸。

汪到河內，曾遭到被刺未中，而將其親信曾仲鳴打死。日本政府於得知汪被刺第二天，即開五相會議，決定派影佐禎昭赴河內接汪，此時汪已租妥法國之法列哈芳號輪船，乃於四月十二日晚由法國政府派大隊警察保護汪上船，待駛抵碣石灣口時，才換乘日本來迎接之北光丸輪。在晚間於船上納涼的時候，汪精衛開始向日本來人發言道：「事實到今日為止，本擬以國民黨為中心，組織和平團體，藉言論之力，與重慶之抗戰理論鬥爭，但觀後來之形勢，僅以言論，要對方轉向和平，非常困難，不如此時組織和平政府，日華兩國真正攜手，不是反易進行嗎？我認為以事實表示較為上策。我這種意見如何？希望毫不客氣表示你們意見。」這是汪於逃出重慶後第一次發表降敵賣國言論。當時影佐以茫然的樣子答道：「誠然，這確是一個方案。但是我是奉命將汪先生移至安全地點而已，你所說的話，我在公務上沒有回答的資格。」事到如此，汪精衛尚不知受騙，真是可憐極了。

日船北光丸號於民國二十八年五月五日到達上海，於當晚即秘密登陸，經開會決定：依周佛海事先連絡好的路線，先在南京建立偽政權。為達成此事，汪於是年六月四日乘日本陸軍飛機去日本。同行者有周佛海、梅思平、高宗武、周隆庠、董道寧等五人。日本方面則有影佐禎昭、犬養健及清水董三等人。汪於到達東京後，曾會見平沼首相（註：近衛首相於民國二十八年一月一日辭職，此時已換平沼首相。）板垣陸相、近衛公爵等多人，接洽一切賣國的勾當後，於六月末回上海。

此時日本軍閥設立一個興亞院，這是專為統治中國而設的一個新機構。汪精衛與日方所討論的正式簽訂條約，其原案就是由興亞院所起草，這個草約經過幾個月的討論結果，於是年十二月三十日黃昏時才得雙方議妥簽字。日方的代表有影佐、須賀、矢野、犬養等四人。汪偽方面有周佛海、梅思平、林柏生、周隆庠等四人代表簽字。這個賣國條約於簽字後，汪為政權在民國二十九年三月三十日粉墨登場，這是汪精衛一生中第四次過領袖癮。（註：第一次在廣州任國府主席，第二次任武漢紅色政府主席，第三次策動閻馮叛變任北平偽府主席。）

當時日本派前首相阿部信行為特派大使駐南京，作為日方非正式大使。汪精衛與阿部信行於八月三十一日將該約正式簽字後，經日本樞密院批准，於十一月三十日與汪方交換後，即正式承認汪為政權，汪精衛的降敵賣國大罪，於是完成。

現在有人替汪精衛惋惜；假使汪在刺攝政王時，滿清給他卡察一刀，不就成全了他嗎？使他成為烈士，進入烈士祠，俎豆千秋，廟食百世。筆者以為不然，假使那時要給他卡察一刀，未得表現他後來一生禍國殃民的勾當，那也算是一個假烈士，又有誰能夠知道他是秦檜化身的一個大漢奸呢。並且他那一身邪氣，也無法列入忠魂之內。誠如古人所謂：「周公恐怖流言日，王莽謙恭下士時，假使當時身便死，一生真偽有誰知」了。

汪精衛被刺目擊記

征鴻

「慷慨歌燕市，從容作楚囚，引刀成一快，不負少年頭。」這首詩是汪精衛刺清攝政王，被捕繫獄時，在獄中所作。由這詩可以看出當時的汪精衛是多麼豪氣干雲！設若汪精衛即時被清廷處死，可真成全他一生英名，而成為「革命先烈」。又汪在民國二十四年被刺，這次如果「成仁」的話，也不會有後來「遺臭萬年」的事了。因此識者俱謂冥冥中自有天數，忠奸之辨，逃不過蓋棺論定。

汪精衛字兆銘，他的祖籍是浙江紹興，他父親汪塅因避洪楊之亂，單身逃往廣東，拜師習幕，遂定居廣州，在粵娶妻生子，兆銘年最幼，係庶出，到十三四歲父母相繼去世，由長兄兆鏞教養成人。至廿歲，以府案首入庠，次年赴日本留學，識胡漢民，志趣相投，後得識國父，隨即加入同盟會，為革命黨之重要幹部。這時的汪精衛少年老成，朝氣蓬勃，志氣昂揚，思想新穎，加上他能寫能說，到處鼓吹排滿，貫輸革命思想。光緒末年，同盟會派他和胡漢民赴南洋群島宣傳革命，並籌募經費。得識殷富華僑橡膠商陳姓之女璧君。只因這一行，惹來終生錯誤，後來做了黨國叛徒，弄得身敗名裂，當非始料所及！

一個人事業的成敗，固然自己要站穩立場，朝著一定的目標去努力，如果有一個賢內助，更是紅花綠葉，相得益彰。如果遇著一個自私，而虛榮心重的女人，加上母老虎的姿態來駕馭丈夫，凌厲丈夫的朋友，操縱丈夫的事業。那末，再有學識能力的有為丈夫，也必被導致走向邪徑，毀滅一生。陳璧君汪精衛就是如此。這且不討論。這裡且將孫鳳鳴刺汪目擊的情形，紀述如次：

民國二十四年十一月，中央舉行六中全會，這天九點多鐘，中央委員陸續到來，新聞記者席則在樓上。在主席台左面的第三排位子上坐著居覺老（正）一人，未幾，汪精衛入場，也向左面行去，經過居覺老座次，和覺老打了個招呼，覺老站起身來和他握手，見汪印堂發暗。問道：「汪先生是否身體不舒服？」汪道：「我很好，我沒有病。」說罷，就坐在第一排位子上。這時已近十點，快到開會的時候了，可是今天會場的情形比較亂。這時，蔣委員長早已蒞臨，在樓上的辦公室休息，他得知秩序欠佳，正責問負責籌備的人員。而這時的禮堂內外的走道上，似乎有許多人走進走出，也有人到樓上靠近台口處俯視，這些人不知是辦事人員？是各大員的隨員？還是閒雜人等？也沒人留意。十時，蔣委員長下樓，步入會場，兩旁有便衣衛士擁護，登上主席台，大會隨即開幕，蔣公致詞時，各大報社和通訊社記者均坐於主席台對面樓上規定的座位，忙著記錄。大大概委員長以秩序不佳，極感不快，於短短的致詞後，亦無人繼續上台致詞，六中全會的開幕儀式遂草草結束。散會後，蔣公步下主席台出會場時，走道上愈形雜亂擁擠，蔣公在便衣衛士護衛下始擠出會場，仍然登樓休息。

這次六中全會中，有兩位委員尚係首次參加，一位是東北的張漢卿（學良），一是山西的閻百川（錫山）。大會散會後，全體中委齊集中央黨部廣場拍攝團體照片，大家站成半圓形，由照相館用搖頭鏡連拍兩次。有些新聞記者也趁機上前拍照。汪精衛最喜歡記者們為他拍照，從不拒絕，攝影時，必將領帶整理一下，以免領結歪斜，再把西裝上衣用手抖一抖，然後將鈕扣扣上，以免縐摺。因為汪最愛漂亮，銳意修飾，頭髮梳得亮亮的，鬍鬚刮得光光的，衣服穿得畢挺，皮鞋擦得亮晶晶的，雖然他已是五十開外的人了，看去只是四十許人。這時有幾位記者拍照完了，汪氏也準備離開這廣場，忽然有另一記者，手持方盒形的大照相機，走來向汪行禮，請求再拍一幀，汪氏立即回身站定，這人拿著鏡箱一再對光之後，突在鏡箱裡抽出一枝白朗林小手槍，將鏡箱一扔，握槍向汪射擊，汪已中彈，他趕緊回身向右便跑，刺客跟著就追，連射數槍，汪仍未倒地，續向前逃命。

當時全體中委攝影所站的位置，都是自由排列，並沒有規定位次，這時汪氏居中，左側為張靜江（人傑）先生，張氏腿不能動，平日行動由兩名副官用圍椅抬上抬下，不論上下汽車，上下樓梯，都是如此，這次照相也是由禮堂抬出，仍坐於圍椅上。汪氏右側第四人為張溥泉（繼）先生，第六人為張漢卿（學良），汪氏跑過張溥老的位置，兇手跟著追來，溥老從後將兇手攔腰抱住。兇手個子雖小，力氣卻大，仍然前衝。這位北方大個子的張溥老，幾乎抱他不住，僅能減低他前衝的速度。這時，兇手已衝到張少帥（學良）身側，少帥到底是將門之子，他欺身上前，左手一抬，把兇手握槍的手抬向天，以極快的動作，兩絕招同時並發，一拳搗向兇手心窩，一腳踹向兇手的膝上，既準且狠，兇手受創倒地，溥老一鬆手，緊抓著兇手握槍的手，張少帥正打算予以致命打擊，不料宋子文的兩名衛士跑來，不問三七二十一，用駁壳槍連擊數發，兇手才不能動彈了。這兩個冒失鬼，不知將兇手綁縛，遽爾開槍，為中央帶來許多麻煩，為汪派的人增加許多誤解。

這時汪精衛和兇手都臥倒血泊中，汪氏雖中了幾槍，但都不甚嚴重，尤其那時求生之念在支持他，所以他中槍之後還能逃命，及至兇手被擊倒，汪氏精神立刻鬆弛下來，而不支倒地。蔣委員長在樓上聽到槍聲，趕緊下樓，就有黨部人員向他報告情形，他來到現場，兇殺事件剛告結束。蔣公親至汪氏前，見汪雖受傷，但神志尚清，忙與褚民誼將汪氏用雙手托著上樓，立囑劉瑞恆（中委兼衛生署長）急召中央醫院的外科名醫沈革非診視，沈請立將汪移中央醫院。蔣公嚴囑劉沈二人儘一切力量和方法醫癒汪氏之傷。並令人將兇手速送醫急救，以當活口，俾偵詢行兇原因及主使人，使案情能大白於天下。

中央黨部的廣場上，自刺客槍聲響後，全場擾攘，嚇得亂跑，有的委員爬伏在汽車下，有的蹲在牆角邊，有的躲進廁所裡，有的向外跑，有的跑進黨部裡面。閻百川先生初來南京，一切茫然，他嚇得向丁家橋跑，可是他身軀肥碩，跑上兩三百步就跑不動了，靠著電桿在喘大氣，被中央黨部職員自外返部，看到一位穿上將軍服的人靠在電桿邊，認出是閻先生，忙扶著他回中央黨部，送到樓上休息；羅家倫先生爬在汽車下，有人看到，對他說：羅先生，這裡並不安全，你還是進裡面去比較好。這位學者那見過這等兇險，只嚇得慌不擇路！最可憐的是張靜江先生了，他看到刺客開槍，已是嚇得面色蒼白，再看到全場的人都跑光了，留著他一人孤伶伶的好不淒涼，好在刺客所找的對象不是他，否則，真不堪設想！他的副官不知去了何處，也沒有人照料，他睜著眼看到這幕慘劇的開始和結束，才有人把他抬進室內。

兇手名叫孫鳳鳴，是一家新設立的通訊社記者，這家通訊社（忘其名）在新街口的建鄴路口，它的招牌掛上沒幾天，他們僅是藉通訊社的招牌，好請領記者證到中央黨部採訪新聞為由，以實行他們的陰謀，他們也和新聞界同業莫有來往，同業也沒有人認識他。後來治安人員去搜查這家通訊社，一無所獲，連油印機都沒有，所用桌椅牀舖都是傢具店租來的，也沒有爐灶廚具，職員都是到外面吃客飯，所以他們是有計劃的安排，不留絲毫痕跡，使治安人員無從著手。而孫鳳鳴以新聞記者的身份，混入會場謀刺中央大員，可把當時幾十位在中央黨部採訪的記者整慘了，因為這些正牌新聞記者為免嫌疑以示清白，都自動留在中央黨部，聽候治安人員的調查，大家都集中在大禮堂，一律不能外出走動，上廁所也有人照顧。由上午九時許直到下午七點多鐘，才獲准離開中央黨部，並沒有分別和每人談話，白白的坐了十小時的冷板凳，挨了一天的餓，這罪可真受夠了！後來只有一位民族通訊社的女記者王立文，因為她在樓上曾幾度走向台口俯視，已被便衣治安人員注意，因而被扣留偵訊。

汪氏之傷並不嚴重，身所中彈，都非致命之處，因為槍小力弱之故。至於兇手則傷重死於醫院，究竟是誰的主使，當時無法追查。這時陳璧君跑來竟大發雌威，對著中央人員咆哮的說：「你們作的好事，你看汪先生被人殺死了！」有某要員走向兇手前想看清兇手的面貌，陳璧君竟吼叫道：「你們想消滅人證嗎？」這個肥婆開口「你們」，閉口「你們」，竟一口咬定為內部政治鬥爭的因素。後來偵知為李濟深命汪亞樵收買的刺客，其目的初不在汪，因無從下手，遂求其次，後汪及其友人才疑慮冰釋。

汪精衛自北伐成功，十六年三月返國，四月至武漢，糊裡糊塗和共黨陳獨秀發表共同宣言，並以左派自命，演成分裂局面，直到他看到史達林指示中共的文件，才悚然震懼，回到革命陣線。在三全大會時，汪派人物組織所謂改組派，他的幹部如陳公博、褚民誼、曾仲鳴等，欲自樹力量，作為他的政治資本。民國十七八年國內發生一連串的叛亂，以及所謂「擴大會議」，也都與汪有關，或係汪之策動，這些也是得力於肥婆的鼓動者諸多。如果這次汪被刺殞命，中央和全國人民，念其過去的革命勳勞，也會隱惡揚善，使他「血食廟堂」進入忠烈祠，垂名後世，不料禍害命長，非要弄得身敗名裂，才能終止他的生命，遺臭萬年，這不能不算陳璧君「相夫」之力，也可以說是陳璧君斷送了汪精衛的一生！

中央黨部刺汪案內情補述

平凡

讀《春秋》一一八期局外人先生所作〈中央黨部刺汪案的來蹤去跡〉，所載內情，與筆者所知，稍有出入。筆者於此案發生時，適服務於首都警察廳司法科，奉命偵訊所逮各犯，歷時兩月。茲就所憶，追記如次。惟對於案犯姓名，以距今時越二十餘年，大都失憶，所述僅就此案輪廓要點，作大概敘耳。

三個青年救了蔣先生

按中央黨部歷次舉行中央執監委全體會議時，內部戒備，由軍統便衣人員負責，其表面名義為首都警察廳特務組，該組主任趙世瑞，浙江諸暨縣人，係軍事委員會調查統計局高級職員，此人旋任局本部處長，外部武裝警衛，由首都警察廳特務隊負責，該隊實際上完全為保安警察，並不執行特別任務。民廿四年十一月一日五中全會舉行之前，即當日上午九時，全體出席中委，先趨中山陵謁陵，在謁陵之際，有西服青年三人，不時迫近蔣先生左右，目光灼灼，迨謁陵完畢，此三人又乘一出租汽車，緊隨於蔣先生座駕車之後，難免不引起警衛人員之注意。因之全體中委返抵中央黨部列坐準備拍照之時，警衛人員報告蔣先生，請暫緩下樓，擬待攝影師對準光線後，再行入座，時汪精衛及其他各中委均已先早入座，面對攝影機，僅留一空座候蔣。不料此時槍聲驟起，汪氏負傷。警衛人員拔槍還擊，兇手傷仆就捕。事後警方以為謁陵時之西服青年三人，似與此案不無關連，經追查出租汽車行方面，獲知蹤跡，當日下午即予傳送到廳，漏夜偵訊，實與此案毫無關係。此西服青年三人，係在歐陸求學之留學生，其中一人為郭春濤之胞弟（郭春濤係當時實業部常務次長），學成歸國，來京求職，夙仰領袖偉大，無緣識荊，當日遊中山陵，不期相值，所以亦步亦趨，不過為了瞻仰顏色，詎料已啟警衛人員之疑，更不幸於二小時後發生巨案，致被拘傳，雖事終水落石出，已失自由兩日，真所謂無妄之災。但幸有此小插曲，蔣先生始得免於驚險也。

兇手孫鳳鳴，徐州銅山人，年三十四歲，軀幹偉健，出身行伍，曾在雜牌軍隊任過連長，優於槍法，為殺人公司老板王亞樵所羅致，充任槍手。案發之日，孫以晨光通訊社記者名義混入中央黨部採訪，當日孫衣藏青色西服，青灰色人字呢大衣，兇器即藏於大衣袋中。受傷就捕後送往中央醫院醫治，其病房在樓下。汪精衛亦在中央醫院急治，病房居二樓。上下相距不過數十步。筆者於當日下午一時許即往中央醫院就孫鳳鳴病榻旁訊問口供，到後見其面色蒼白，氣息僅續，惟神智尚清，醫生斷其傷勢嚴重，恐難久存。因之訊問方式不採迂迴側擊方法，開門見山，詢以幕後主使者何人及行兇動機何在？不料答詞令人啼笑皆非。茲將問答要點，憶述如下：

我向孫鳳鳴訊問口供

（前略）問：孫鳳鳴，你這次行動，有什麼目的？雖然失敗，明天報紙登載，你立即成為英雄人物了，你滿意嗎？

答：失敗了還能滿意，豈非滑稽！

問：這次行動，想已計劃了好久，何人主謀？何人協助？想你已經知道自己身受重傷，康復的希望很少，那些人逍遙法外，你倒無謂犧牲了，想想何等冤枉？

答：我認為冤枉的是不能全部辦到，只打中了汪精衛一人！

問：你的目的還想行刺些什麼人？

答：目的在蔣汪二人一併解決，今日不見老蔣出來，可惜可惜！

問：那個人主使你要這樣幹呢？

答：是你。

問：別開玩笑了，我和你素不相識，怎能主使你呢？

答：蔣汪兩人，身負國家興亡重責，對日本歷年連接不斷的侵略行動，只事妥協，不想抵抗，凡是中國人都切齒痛恨。你是中國人，所以也是要我動手的其中一個人。

問：你的愛國熱忱，佩服佩服，不過蔣汪兩人倘使真為你一併解決了，那末以後由何人來領導抵抗日本侵略呢？

答：可請放心，屆時自然有人會來領導。

問：請試詳細說明，屆時有何人會來領導？

答：我不是主持國政的人，無從猜測，不過我敢相信，決不是你或者是我。

訊問至此，孫犯傷處劇痛，汗出如雨，無法續訊，因告暫停，原擬於次日俟其痛楚略減，再事繼續訊問，不期該犯次晨即告死亡。該犯之行兇受傷及現場情形，據當時在內部戒備之某君及中央醫院某醫生見告，謂孫受槍擊仆地被擒，身受槍傷僅二處，一在右胸，一在左肩，似均非致命之傷，其所以生命僅能延續十餘小時之原因，完全因其他內傷所致。當中央黨部內孫犯發槍，槍聲突起之際，列坐等候拍照之各中委，群起奔避，一時秩序大亂，及警衛還擊，孫受傷仆地，有數中委猛加腳踢，既洩憤恨，復顯英雄本色，以致孫犯所受內傷尤重於槍傷。孫所屬之晨光通訊社，設於南京城內估衣廊，平時偶或亦有新聞稿發佈，但實際為王亞樵在京之地下分公司，以通訊社名義作掩護而已。汪案發生後，警廳特組務及偵緝隊會同前往晨光通訊社搜查，至則該社人員，早已走避一空，全部文件，亦已在厨房竈穴內焚燬。經派去人員在灰燼中翻檢，僅發現一尚未全燬之信封，寫明收信人為孫鳳鳴，發信地點為上海新閘路某號，此即孫妻黃某由其住宅寄孫之函。因之憑此唯一線索，派員去滬，及到新閘路孫寓，亦闃然無人，去員中二人乃留該處臥底。次日即捕獲來訪之賀波光等三人，引渡解京。據賀波光等供述，孫鳳鳴於行刺蔣汪事畢，倘脫逃不成，當舉槍自殺，但晨光通訊社記者身分之一項線索，無法泯滅，必遭追蹤，故在孫鳳鳴動身往中央黨部後，社內其他人員即著手焚燬一切文件書信，使無片紙隻字遺留，令警方無從根究。賀等於焚燬文件後，即搭車避往鎮江，暫宿一宵，次日轉滬訪孫寓探聽消息，不期自投羅網。

賀波光，江蘇丹陽人，國民黨黨員，曾任江蘇某縣區黨部委員，此人為王亞樵羅致，屬於智囊一流人物，但膽小如鼷，一經曉以利害，即直供無隱。據其陳述：此案幕後買兇殺人者為李濟深、陳銘樞等福建人民政府群醜，直接指揮者為王亞樵，其他直接間接有關者共約七十餘人。並云孫鳳鳴於前一年，已到中央黨部一次，亦攜有手槍，圖刺蔣汪，但臨場懾於蔣先生威嚴，雙手顫慄，不能拔槍，事後頗受王亞樵之斥責。

職業兇手王亞樵其人

王亞樵，目不識丁，出身私梟，惟性慷慨、具豪俠氣質，金錢到手輒盡，輕裘肥馬與亡命者共，毫無吝色，是以能收羅一般窮途末路者之依附，為之效命，死而無怨。孫鳳鳴追隨王亞樵已四五年，不特衣食俱賴供給，且贈與姣妻，租屋令居，慰其寂寞，孫妻原充舞女，先為王亞樵之外室，嗣見孫獨居無侶，乃慨然相贈，孫鳳鳴在此以國士相待之情況下，自感粉身碎骨，無以為報。據賀波光等所供述，王亞樵共蓄有槍手十餘名，其營業項目之唯一主顧，為買兇殺人者，頗類目前芝加哥之所謂職業兇手。王甚機警，狡兔三窟。且當年上海租界警務當局，頗與黑社會通聲氣，甚或分一杯羹，是以王能於嚴密搜捕下，終於漏網。刺汪案之先，李、陳等對王數次付款，均不經銀行滙劃，以免日後易於根究，每次均由王亞樵指派孫妻赴港領受現金，攜帶返滬，足見其行事亦殊機密。

孫鳳鳴行兇之兇器為二號左輪一支，槍膛五穴，可實彈五發。檢獲後啟視槍膛，尚存槍彈二顆。此種槍彈為鉛頭之達姆彈，較現在之湯姆生槍彈為粗短，其所發三彈，一中汪氏左臂，穿肌而出，第二彈在汪轉身逃避時，中其背部脊骨左側與第三四根肋骨相界處，第三彈抗拒警衛人員彈發落空。此種鉛質達姆彈頭，遇熱軟化，非如鋼質彈頭之射出槍管後仍能保持其本身圓錐體原狀，在射入汪氏背部，即嵌住骨間，故汪氏因在中央醫院無法鉗出彈頭，轉赴法國就醫，仍未能取出，事隔十年，終因鉛質含毒，奪其生命。此槍係由鎮江律師盧某自上海取得，置於手提文件包中，利用到南京法院出庭之際，運送到京。

秘密偵訊歷時兩閱月

筆者奉命偵訊此案，歷時兩個月，自案發日起至同年十二月三十一日辭去警廳職務時止，其間日以繼夜，頗感勞累。因此案發生，汪系人物頗有微詞，涉及蔣先生，蔣先生為明責任及洗刷起見，當然嚴令警廳及軍統方面加緊追緝有關案犯，期徹底破獲此項陰謀並逮捕幕後教唆共犯，祇因政治關係，奉令機關雖明知案犯所在，卻無法著手，幸汪系人物終漸明因由，不復嘵嘵。筆者在偵訊期間，每據案犯所供及有關線索，必須立即分別通知特務組及偵緝隊，設法追緝，因之在押人犯，日益加多，且須反復令各犯互相質證，迄少休息，每或偷閒回家小睡，則又有新犯續到，廳方汽車來接，促速往審訊。總計兩個月中通宵工作者計廿三夜，南京氣候較寒，夜間酷冷，筆者因此患鼻塞不癒，每遇寒風刺激，即呼吸困難，此疾遷延十餘年，屢醫罔效，及流亡來港，天氣較暖，始漸痊復。所有偵訊筆錄在訊問完畢後，須即監督錄供人員照抄於臘紙上，油印五份，裝訂成冊，於翌晨十時前，以一份送呈蔣先生，一份送呈廳長，一份由彭學沛親自來取轉送陳璧君，一份歸檔，一份存備將來連同案犯移送審判機關，印竣後之臘紙，並須即時焚燬，以免意外洩漏。在偵訊中，有時戴笠亦親來參加。戴甚精細，備有記事小冊，時就供述要點記錄，作追緝之參考。

當年首都警察廳廳長陳焯（字空如，浙江奉化人，北伐時任第二十六軍軍長），因汪案發生，責有攸歸，引咎辭職，中央發表以王固磐繼任。筆者時適有同學戈君出任冀察政務委員會宋哲元之秘書長，邀約北上，因亦於二十四年底請辭，在離京時，汪案共羈押有關人犯六十五名，尚未結束移解，其中有軍人、律師、舞女、黨部委員、小學教師、旅店侍役等，形形色色，蔚為大觀。嗣聞以後又拘獲共犯數

日本侵華當時的「支那派遣軍總司令」——畑俊六日誌中的汪精衛

相湘

一九五〇年八月，筆者因亞洲協會資助往訪日本，旋又得國府駐日大使館的協助，終於達成進入「日本防衛廳研修所戰史室」閱讀資料的初願。只以居留時間有限，不得不將研讀資料的範圍規定在幾個特定的題材上，其中一個主題即是汪精衛政權的關係資料。

在若干有關汪政權的資料中，《畑俊六日誌》真可說是權威之作，因為畑俊六大將是當時日本「支那派遣軍總司令」，是這一傀儡政權的直接保護人和操縱人。畑俊六的日誌是個人日記性質、每日記錄的都是第一手直接史料。畑俊六直接聽取和觀察的汪精衛在當時變化急劇的世局中之心理與見解，是其他任何資料所不能和他相提並論的。

今為節省篇幅，僅就珍珠港事變前後畑俊六《日誌》中有關汪政權對日美戰爭態度之記事，擇錄若干於次：

汪對日美交涉極為關切

珍珠港事變是昭和十六年（西曆一九四一年）十二月八日發生。在這半年以前（即是年六月十六日），汪精衛訪問日本與近衛首相會談。自後日美交涉日趨緊張。

十月五日，汪以照會送駐南京日本大使館，希望轉呈近衛首相：在日美交涉協定成立前，「日華條約」修訂工作可以完成。

十月十二日，汪又約見日本大使本多，表示希望再度訪日與近衛懇談，非常關切日美交涉。畑俊六乃遣新自東京請示返回南京之影佐少將往見汪，並將近衛面告之日美交涉情況，特別是美國提出之條件寫示，由影佐面陳汪精衛。但汪仍非常不放心。

十一月十一日，本多大使卸任見汪辭行時，汪對日美交涉乃至日本對美開戰真意頻加探測，並謂與重慶聯絡，上下希望抗戰，亦望和平。

十二月八日，珍珠港事變爆發，日本發動太平洋戰爭，畑俊六前往汪官邸面告一切，汪持沉痛態度。

十二月十四日，汪召集各省省長及特別市市長集會南京，討論「如何出微力以協助日本」事項；旋即表示願追隨日本之後對英美作戰。然是年十二月二十七日「畑日誌」以為汪所持宣戰之表面理由雖堂皇，其真意實在接收英美在中國之權益，並在戰後和平會議佔一席地，頗含功利的內心。並謂「滿洲國」亦以南京此種功利的見解不適當；參戰，應為道義。

顧孟餘使者赴南京晤汪

昭和十七年（一九四二年）二月六日，香港佔領地總督磯谷中將赴任經過南京時特往見汪，汪頗有怨言，並詢及香港九龍交還問題，磯谷當答以租借地人民新附，須明瞭人民意志再說。

先是，「支那派遣軍總司令部」後宮參謀長每月例與汪有三四次的會晤。昭和十七年（西曆一九四二年）八月，後宮調任後，畑俊六乃自身與汪時時會見。

是年九月五日，為畑俊六此項例行會晤的第一次。畑為尊重汪之面子，乃採取前往汪官邸赴宴方式與汪懇談。據是日「畑日誌」記載：汪告畑：二三日前自香港來之顧孟餘使者張某及任援道之弟來南京，綜合彼等談話，重慶最近漸多和平論者，以前人少談汪，「今則公然稱汪先生」！畑當問今後全面和平方式？汪答謂分軍事、政治各方面，而著重於「和平區」人民米價之安定；南京「國民政府」政治信用之獲得。

這裡所謂「重慶近漸多和平論者」，完全是汪一廂情願的說法，企圖增高自己地位。事實上，畑俊六於這種情勢的發展是很清楚的。據「畑日誌」：是年（昭和十七年、即一九四二年）五月十一日，日本突將原任「國民政府」顧問影佐少將調任「滿洲國」職務，汪與其部下均感驚詫。五月十三日，汪、畑會談時，汪再三追詢「突然更迭」之原因（影佐為汪「重慶脫出」後護持汪最力之人）。旋東京任命松井太久郎中將繼續影佐在南京之工作，汪與其左右均大感刺激。

六月九日，松井到任後，畑即告以今後全面和平因重慶態度已全然絕望，惟有強化南京「國民政府」與重慶對立，採行政治的攻勢。

圖藉參戰增強本身地位

事實上，汪政權是力圖藉參加對英美作戰以增強本身地位的。是年（昭和十七年、即一九四二年）七月二十日，周佛海藉日本協力中國通貨問題至東京表示感謝之意時，又曾乘機表示參戰希望。但是月二十九日東京連絡會議議決之了解，卻以為中國參戰是否必要乃至得策，須考慮各方面之影響、及帝國戰爭遂行之全局配合，更慎重的檢討，均望與帝國現地機關十分保持連絡，視情況研究——這就是說汪一切要聽畑俊六的意見，不能「越級」向東京陳說。故八月五日，周佛海返回南京，就只好向畑「詳細報告」一切了。

是年（一九四二）九月二十二日，平沼騏一郎等三特使到南京，答拜汪之訪日，「畑日誌」有云：

> 平沼相告：汪等曾將軍（支那派遣軍）之施策種種不便「哀訴」。平沼以日美開戰後，中支（華中）物資取得愈愈增大。中央（日本政府）持強化「國民政府」方針與畑相商。

九月二十六日，汪與平沼三特使會談，汪又再三表示參戰希望。但平沼答：此事廟議未決定；至全面和平工作必經由「國民政府」，東京絕不單獨行動。

由同甘共苦到同生共死

同年（一九四二）十月二十九日，東京連絡會議決議容納汪之參戰希望，但參戰之時機須俟日支敵產之處理、日支關係之調整、日支提攜之強化等問題解決後另行決定。至是年十一月二十七日，連絡會議決議：「國民政府」參戰，當於明年一月中旬把握適當之機會宣佈。

日本政府這一決定的因素何在呢？是年十二月三日，「畑日誌」記載：

日本駐南京大使重光葵自東京返任來告：連絡會議決定之時機，主要基於內政的見地，即議會復會前即一月中旬參戰。希望汪於十二月二十日至東京一行，但畑俊六基於中國實際情況的考慮則以為「國民政府」實力未充，與此政策配合，徒召混亂。然而太平洋戰爭失利，給予日本政府及大本營極大苦惱，同日連絡會議已因此決定將預訂已久之攻略重慶之「五號作戰」中止，對重慶「和平」工作尚有待另行決定，今後不得不以「國民政府」參戰為日支局勢打開的一大轉機。畑亦未克堅持個人意見。

是年（一九四二）十二月四日，重光葵訪汪，表示希望其訪日與首相面談。但這一訪日之行之得成事實卻是在十二月八日畑俊六與汪的定例會見中決定的。同時畑表示「國民政府」應即加強農業及工業增產。

十二月二十日，汪如約到東京訪問，各情均經東京電告畑，畑日誌有云：

汪在東京表示：參戰後，將努力於（一）國民訓練兵役之設立。（二）軍隊之再訓練，使日本軍之後方責任可以減輕。（三）經濟方面之協力。

二十七日，汪對新聞記者發表談話：從此由「同甘共苦」到「同生共死」。當日，汪離日回南京。

三十一日，重光葵自東京返任攜來訓令：希望明年一月十五日發表參戰聲明。

汪的如意算盤全部落空

但一個意外的因素卻使汪政權的參戰聲明提前六日，即於一九四三年（民國三十二年）一月九日就宣佈了。促成這一「提前」改變的原因據「畑日誌」記載，是東京獲得特別情報：美國國會訂期一月八日審議中美平等新約，即日公佈。由於這一消息，東京乃採取緊急措施，急電重光葵於七日夜半訪汪，請配合東京行動迅速辦理訂約換約手續，汪當即同意。東京得電後，八日，樞密院集會諮詢同意終了，即日調印。同時，南京方面也舉行一連串會議，加速完成一切手續。九日午前九時半，汪記「中央政治會議」及「國民政府」會議先後集會通過參戰案，並發表「日支共同宣言」，公佈一俟戰爭終了即實行撤特權之「日華協定」簽字了。搶在重慶、倫敦、華盛頓宣佈平等新約之先！

畑日誌對於這一事實的出現以為從此對重慶「五號作戰」（攻略重慶）中止了，武力處理政策放棄，採取政略之攻勢，這一大轉變，使日本在現地（中國）軍民官也在思想上作一百八十度的大轉變。但後來事實發展，這一使南京參戰之舉措在時局上發生的作用畢竟有限。

就汪政權看來；參戰的希望是如願了，但最初「功利的」想法，卻在日本緊急措施下完全落空，一切完全是基於日本內政外交上的利益。傀儡行動之可憐，這又是一例證。

揭穿抗戰前後中日和談內幕

凌雲

由抗戰期間到現在，我在心中一直的是存在著有如下的幾個疑問：

第一個疑問是：以汪精衛那樣具有革命歷史的人，何以會一旦之間和日本人合作起來做了漢奸？有人說他是為了權力慾望；也有人說他是為了和蔣先生的意氣之爭。但我覺得這些都似乎不像是真正的原因所在。

第二個疑問是：據我所知道的情況，周佛海在未投汪以前，是蔣先生左右最親信的人員之一，蔣先生的好多文件，都出於周氏之手。如果講到關係，可以說周同蔣的結合是遠在和汪的往來之上。何以一旦之間，周氏居然參加了汪精衛的陣營？有人說周氏因為對抗戰的前途有了悲觀的看法（在武漢時代有人把周佛海那一撮人，叫做低調俱樂部），所以才走上了做漢奸的途徑。我覺得這種說法，對周佛海來說，也似乎是不大公平。

第三個疑問是：除了周佛海以外，像陳公博、陶希聖、高宗武那些人，都是學問修養有素的人。他們何以也會忽然間跟著汪氏到了上海？有人說陳公博是感恩知己，我因為對他的情形不甚清楚，也祇好如此相信。但對於陶高二公，我則確信他們不會有做漢奸的動機。可是，在事實上，他們兩個人也曾一度跟隨汪氏到了上海，且曾參加了對日本軍閥們的談判。甚麼原因使他們這樣做？又是甚麼原因，使他們終於由上海出走，重新返回了抗戰的陣營？把這一切的一切連繫到一起，我認為這些人的結合和行動，一定是有一個共同一致的動機？我想不但我個人有此疑問，就是千千萬萬的中國同胞，也會同樣的有此疑問。

如果要揭穿這些謎底，決不能憑著某一個人的理想，可以妄作預測；更不能憑著某一個人的直覺作用，可以輕下斷語。必須尋找確切的證據，才能夠對歷史有所交代。

根據春秋大義，汪精衛等人似乎是已經注定了「悲劇命運」！對於這件事我們似乎沒有給他們翻案的必要。但為了對歷史有交代，我還是打算把我最近在日本所得到有關這件事的第一手資料，介紹給讀者諸君。至於汪周等人的是是非非，那祇好由讀者諸君來自作判斷了。

此外，我還在抗戰期間，聽見許多風言風語；好似從七七事變開始，一直到太平洋戰事發生之時為止，中日雙方是一直的未曾斷絕過幕後的和談工作（是策略是實情，姑不置論）。

這些，都是什麼人在談？談判的內容是什麼？這種談判是否經過當局的同意？抑或僅僅是某些個人的意見？假如是經過當局的授意，又何以終歸失敗？失敗的原因是什麼？失敗的責任又應當由什麼人來擔負？

我在這個資料中，也得到了一個具體的答案。至少，是從日本人口中，證明了當時的中國知識分子，並不如外間傳說的那樣：他們是甘心做日本人的走狗，來出賣國家民族的利益。

從一九三七到一九四九年，是中華民族最光榮的一個史無前例階段；也是中國政局最黑暗的一個歷史上最大變動時代。前者有中國全民的奮起抵抗異族侵略，而終於八年血戰之餘，獲致了最後的勝利；後者有中共在大陸上的倡亂，亦在轉瞬的四年時間，使整個的神洲大陸，沉淪於赤色洪流中！

最不幸的是，我和我的朋友們，便恰好生存於這個時代裡。而且我個人還親身參予了我國的八年對日抗戰，和對共黨集團的長期鬥爭。因此，使我有機會了解中國抗戰期間的種種秘聞，和了解了國共鬥爭的種種內幕。

我認為生存在這個大時代裡面的人，固屬不幸！但亦使吾人於同一生存空間之內，看到了幾種不同類型的人物，和由他們所表現出來各種不同類型的臉譜。此中最特出的：有我全國軍民浴血抗戰的英勇事蹟；和以「抗戰為名，擴充實力為實」的野心份子；此外也有，除了在淪陷地區裡面，出現的華中華北兩個漢奸組織以外，又復在東南地區，出現了一個「與敵人合作為名，以反共和平作為號召」的汪精衛政權。

就歷史事實而論：汪精衛及其以下參加偽組織政權的人，已無法洗脫他們漢奸的定評。但就當時環境來說，還是有人把汪氏的出走，認為是「蔣汪兩個人所表演的雙簧」。尤其周佛海之輩，時常沾沾自喜的對外表示：「中國的對外抗戰，譬如是一場賭博，重慶是押大，南京是押小？中國是贏定了的。」這些話，就更加叫人莫測高深！在周佛海一九四〇年五月十三日的日記中，有如下的一段記載，他說：

「重慶各人自命為民族英雄，而目余等為漢奸，余等則亦自命為民族英雄。蓋是否為民族英雄，統視乎能否救國為定？余等確信唯和平始能救國。如余以民族英雄而終，則中日之永久和平可期；如以漢奸而終，則中日糾紛永不能解決。」

又從同年九月周氏在北平日本華北最高司令官多田席上演說中也說：

「一部分中國人欲殺余，一部分日本人亦欲殺余，均有證據，此即余之立場。中國人欲殺余，證明余非抗日主義者；日本人欲殺余，證明余非漢奸。」

據說，在抗戰末期，有一部分明瞭中國內部情勢的日本人，亦時常用半真半假的態度，對汪政權的負責人們諷刺的說：「重慶是武裝抗日，你們是和平抗日。」因為此時的某一部分日本人，已經在心理方面有了一個預感，那就是：有了一個汪政權的存在，不但不足為助，反而給了它們更多的掣肘。

話雖如此，但由於抗戰勝利的來臨，過於突然；情勢的轉變，係由於盟軍投在長崎廣島上面的兩顆原子炸彈，迫使日本作了無條件投降，並非依照原來所籌劃在沿海地區登陸的計劃。以致使早先預定好了，在國軍反攻期間響應國軍的行動，歸諸泡影！如果按照命運之學來說，「周公恐懼流言日，王莽謙恭下士時，假使當年身便死，一生真偽有誰知」之名句，可令後世之人，同發一嘆！

汪精衛等人究為漢奸乎？抑為和平救國乎？並不在本文的討論範圍之內。但我於前年訪問日本東京之際，卻在無意中遇見了一位終身致力於「中日和平運動」的日本朋友西義顯先生。西氏是中國抗戰期間有名的「日本親華派」，對汪精衛政權的出現，和後來對重慶方面幕後和談中，他和近衛文麿、影佐禎昭、石井成一、田尻愛義、兒玉季雄、犬養健、松本重治、伊藤芳男等人（這些人的事蹟，本文都有詳細的記載），都是有力的穿針引線人。而尤以西氏，曾以一身而經歷了兩個階段的和平運動——第一個階段是對南京的汪精衛政權；另一個階段是對重慶的國民政府——由始至終，都有西氏的奔走呼籲於其間。

我發現了這個線索之後，實在覺得萬分興奮！馬上要求我的朋友日本亞大田之炫教授，陪著我和西義顯先生作了一連串的交換意見。

我從西氏口中，知道在那個時期，中日兩大民族的有識之士，早已著眼到了日本軍閥在「極權主義」之下，勢將嫁禍於中國的問題。他們認為：沒有中國民族主義的成功，等於是沒有了日本；日本沒有了，也就等於是沒有了整個亞洲。根據這些人的看法，如果想要求取亞洲中日兩大民族的長治久安，首先必須使中日兩個民族能夠和平相處；在軍事方面遏制日本的軍事冒險主義；在經濟方面替日本尋找出路。他們認為：如果中日兩大民族發生了軍事上的衝突，固然是中日兩國的不幸，同時也是整個亞洲的不幸。在中日未進入軍事狀態以前，這些人固然是奔走呼籲，為防止中日戰爭的發生，而作最大的努力；就是中日戰爭發生以後，他們仍然是為了終止中日戰爭，而奔走不遺餘力。據西氏表示：在日本國內，除了極少數的軍閥以外，大多數的朝野人士，無不渴望和平，中國方面的情形，亦復如是。除了極少數的野心家，希望混水摸魚，假藉抗戰的名義擴充自己的實力外，可以說大多數的中國人，也同日本人的心理一樣，大都希望中日戰爭早日宣告結束。西氏認為，中日事變發生之後，在中日雙方愛好和平人士斡旋之下，本來有好幾次可以促成和談的機會。到了後來，終致演成中日雙方面的八年作戰，是基於左列幾種因素：

第一、是中國負責當局，不相信日本方面有談和的誠意（主要的受了日本軍閥的破壞）。

第二、是日本軍閥不肯履行諾言實行撤兵，使日本當局的談和誠意，無法表現。

第三、在中國方面，由於汪組織內部的少數人士，對重慶方面的意氣用事，遂使事變擴大到無法收拾的地步。

西義顯對我表示：中日事變發生以後，在中日兩國內部，立即發生兩種和平運動的浪潮：一為汪精衛氏所倡導的和平救國運動；一為松岡洋右所提倡的和平外交政策。但由於外間資料的缺乏，所以直到今天為止，還沒有人能夠揭開這個謎底。西義顯說：

「有關汪精衛進行和平運動的始末，雖然在貴國方面有過許多報導。但我認為，那都是屬於片斷性的一種介紹，並未觸及汪氏和平運動的中心。至於松岡洋右的和平外交，由於他簽署了德義日三國軍事同盟，遂使世人更加深了對他的誤解，以為他是屬於擴大中日事變派。」

西氏指稱：在日本國內雖然有齋藤良衛所著的《被欺騙的歷史》這本書，和大橋忠一所寫過的一些有關松岡洋右和平外交的小冊子。但所有的資料，都著眼在說明中日事變的經過。都沒有觸及到松岡洋右的外交重點，是注重在如何的收拾中日事變，而並不是為了擴大中日事變這一史實方面。（本文以後對此有較詳的說明。）

我聽到西氏這樣一講，覺得他說的很有趣味！馬上對他請求的說：「你所說的這些內情，不但局外人沒法了解，就是我也有許多不懂的地方，可否請你按照事實供給我一些資料？」

西義顯毫不遲疑的回答我：「對於中日事件，我始終以悲劇的證人自居。你有興趣要知道這件事的內幕，我當然可以講給你聽。」

西氏指出，古代的悲劇，是不可知的命運註定的；現代的悲劇，是主人公性格的反映，是自造的；而目前的大悲劇，卻是兩者兼而有之。日本陸軍之強，是世界少有的，海軍之強，也是世界少有的。但這兩強加在一起，卻等於弱；這可以說是不可知的公式，也可以說是性格的反映。孔子作易終於「未濟」，孟子說：「生於憂患，死於安樂。」這種中國文化，日本人根本不懂，但卻自稱是東方主人翁！

這種原因，也同日本的櫻花一樣，「花是櫻花，人是武士！」從字句上看，多麼美麗！但它的意義卻是印度悲觀主義的「無常」。因為櫻花當它最美的時候，正是立刻就要凋謝的象徵。好像武士當他最榮譽的時候，就是他效命疆場的一剎那間。勇敢是可讚許的，但是太悲觀了！所以日本人在製造文字時代，節取了中國的文字，來做它的文字；節取了中國的文化，來做它的文化。這裡有一首詩：開首是「色香俱散。」結束是「人事無常。」這些當然是由於日本的歷史短淺，和日本人島國性格的關係。

筆者在本文第一節裡所提到日本朋友西義顯先生，他不僅是當年始終奔走中日和平運動的主要一員，而且他對當時中日間若干重要人物的思想與行動，更具有深刻的瞭解與認識。他一直以為汪精衛那時所標榜的「和平救國運動」，是代表中國一部分知識分子對於世界史以及歷史哲學的構想。他之參加和平運動，也是受了中國知識分子的「特異世界觀及特異世界歷史哲學」的影響。

因此，西義顯的一個結論是：「汪精衛受了事實上的支配，以救國始，以漢奸終。這固然是汪氏個人的悲劇，也是中國知識分子的悲劇，更是中日兩大民族間的共同悲劇！」

中國知識分子的想法

西義顯接著指出：從他個人當年和中國知識分子的接觸中——如吳震修、唐有壬、高宗武、董道寧、汪精衛、周佛海、盛沛東、沈恆、錢新之、張競立等——使他深切的感覺到：中國當時的知識分子，多數對時局抱有如下的一種想法：

他們認為當時亞洲方面一觸即發的危機，端在於日本軍閥的對外侵略思想。為了補救歷史哲學上的偏差，多主張中日兩大民族必須徹底合作。所以在汪精衛與蔣先生合作期間，汪曾以行政院院長兼外交部部長身份，高唱對日本「一面抵抗，一面交涉」的口號，力主對日本採取緩和的外交政策。

彼時任外交次長的，是汪氏手下的大將唐有壬，由於唐在日本軍閥謀我日亟的日子裡，猶高唱「親日的外交政策」，被人疑為是出賣國家民族利益，於一九三五年末，在上海私寓門前被人刺殺。這是汪手下大將第一個犧牲於和平運動的人。

等到後來汪氏由重慶出走，到了河內高朗街廿七號定居以後，在那所住宅裡面，除了汪氏夫婦和曾仲鳴夫婦以外，僅有朱執信的女公子和汪的秘書陳國琦等數人。一九三九年三月二十一日的午夜，在刺客謀殺汪氏時，又誤中副車曾仲鳴。這便是汪手下大將第二個被犧牲於和平運動的人。

一九三六年的春季，日本政壇上掀起了「二二六」事件，近衛師團的第三聯隊佔領了東京的中心區，內閣兩名大臣被殺，首相岡田啟介僅以身免。日本少壯軍人氣燄萬丈，結果由廣田弘毅出而組閣，收拾一切。

西義顯這時恰好由中國的南京因公返日述職，得在東京恭逢其盛，他認為「二二六」事件不但是日本歷史變化的一個轉捩點，而且是整個亞洲民族走向崩潰的階梯。

吳震修熱心中日和談

當事件結束後的翌晚，西義顯方在住處附近散步時，他突然聽到無線電廣播說：

「東京消息：中國銀行界名流吳震修，為了交換中日兩國有關經濟情況，現已抵達東京，下榻於帝國酒店。」

西義顯聽到這消息，為之興奮萬狀。等到西氏和吳見面，作過懇切談話後，他才知道了吳氏此行，完全是為了懸念日本的「二二六」事件而來，為了要對這次事件進一步的有所了解。

吳氏於獲悉「二二六」事件的全盤經過後，告訴西義顯說：「二二六」事件的餘波，可能就是中日事變的發生與擴大。大勢所趨，一定是由日本軍閥內部的鬥爭，演變為對外的事件。

吳氏這次在日小留幾天，便和西義顯一同返國，據西義顯說，在他陪同吳氏由東京返回南京途中，吳氏面部上那種「沉思而憂鬱」的表情，使他畢生難忘！

吳震修是怎樣的一個人？讀者諸君也許有人不十分清楚。這裡，我且先作一個簡單介紹：

吳震修當時的職務是中國銀行南京分行的經理、南京銀行理事會的理事長、銀行公會俱樂部的會長、國際獅子會南京分會幹事長。

南京既是中國政治經濟的中心，按照中國向來的慣例，政治與財團一向有密不可分的關係。吳震修在南京的江浙財團方面，既然掌握了舉足輕重的地位，當然無法避免與政治性有關人物的結納與連繫。

吳是江蘇無錫人，但講的是一口非常清脆悅耳的國語。他的為人，在氣質方面雖然具有了江南人儒雅的風度，但在性格方面，又兼有北方人一諾千金的豪氣。

吳出身於日本東京帝國大學附屬測量所學校，在學籍方面非常平凡。但天賦吳氏一種歷史家的頭腦，卻非任何學校出身的人所能比併。

西義顯對於吳氏瞭解最深刻，他認為吳個人雖抱有一種高超的政治理想，但他本身絕不想以政治家的身份，過問此事。

立志做大事不做大官

吳氏常說：一個以政治作為職業的人，為了保持他個人的權勢與地位，一定要用十分之七的精力，對周圍的環境進行鬥爭。只能以剩餘的三分之一精力，來從事改善國計民生的經綸大事。

假如一個人能夠置身幕後，首先，他本人心目中已無功名利祿的觀念，自然可以用全副的精力，以從事國計民生的籌劃。然後再把他的思想，灌輸到某一些政治家的身上，由他們去加以執行。

吳的這種思想，與中山先生「立志做大事，不要立志做大官」的理想，極為近似。

西義顯又說：吳氏不愧是一位言行如一的人，譬如在中國政壇上早年有一位很活躍的黃郛先生，便和吳是非常要好的同學，他們倆人都是日本帝大測量所學校出身的人。黃郛回國之後，走上了政治路線，出任過北洋政府時代的外交總長、教育總長和一任國務總理。是一位長袖善舞、多面性的人物。當華北特殊化的前夕，為了緩和華北的局面，黃又一度出任華北政務委員會委員長。但吳氏回國之後，卻一直的在銀行界打圈子，從不肯捲入政治漩渦。黃就任委員長之後，曾數度邀吳替他主持對日的外交事務，均被吳婉言予以拒絕。僅答應在幕後替他擔任設計的工作，對於任何名義，他均避免接受。

在蔣汪合作期間，汪精衛以行政院院長的身份，兼任外交部部長。那位以次長名義代替汪負責外交事務的唐有壬，就是吳震修的入室弟子。唐氏當時對日外交的推行，即係根據吳氏「對日危機活動迴避」的原則。

暴風雨前的小康局面

一九三五年春季，是醞釀已久的中日決定性大悲劇的前夕，在暴風雨行將到來之前，照例要出現一段小康的局面。

一九三五年一月，我國最高領袖蔣先生，曾約請日本駐華公使館武官林木美通中將，正式舉行會談。同時，當時的行政院院長汪精衛，也約請有吉公使，在中國外交部舉行正式協商，以圖解決中日兩國的各項懸案。

與此同時，中國政府為了表示對日本友好的誠意，曾經片面的發表「對日親善論」，而表示中日兩國前途有日漸走向妥協友好的跡象。

同年二月十日，中國正式發表停止「排斥日貨」的命令。五月，中日兩國談判甚久的交換大使懸案，也告正式實現。六月，兩國同時發表「敦睦邦交論」。從任何方面看，中日兩國邦交，都好像有進入正常化的希望。

這個時期，日本內閣的閣揆是岡田啟介海軍大將，他與陸軍的主張，恰好站在相反的立場。不過，在內閣之中仍有廣田外相，在主持著對華的親善政策。

在中國，這時正是蔣先生和汪精衛合作時期。在對日政策方面，仍高唱「一面交涉，一面抵抗」的口號。在時局的錯綜複雜中，南京的街頭上，仍舊是表現著一種空前繁榮的景象。中國政府中的要人，如蔣先生、汪精衛、何應欽、陳誠、陳果夫、陳立夫、宋子文、孔祥熙、張群、張嘉璈、吳鐵城等，都居住在南京城內，而主持著對日的親善外交工作。

西氏遷入胡漢民故宅

與本文有深切關係的吳震修其人，當時則住在南京中山北路山西街一端的江蘇路四十三號，那是一所中國銀行南京分行經理的寓邸。西義顯氏，則住在距吳氏住宅不遠的寧海路滿鐵公舘裡面。

記得是一九三六年五月某日的清早，吳自駕座車來到了西義顯的住處，他一見西的面就說：

「老西！胡漢民先生昨日在香港故世了，他在南京的江蘇路四十七號住宅已經空了出來，我希望你遷到那裡去住，以便於我們的隨時會晤。」

西答：「謝謝你的好意，但不知用什麼辦法，才可以租到這所房子？」

吳說：「只要你同意，關於租用房子的手續和費用，我都叫中國銀行替你去辦。」

西義顯是一九三五年春從日本來到南京就任的，直到一九三六年，都是排日空氣較為緩和的時期。但為時不久，華北方面的排日行動又逐漸滙成為一股洪流！在此時此際，吳氏尚肯不避任何嫌疑，對他保持這樣深厚的友好關係，西氏認為是一件可感和可驚的事。在這一年的時期內，吳與西氏交換了很多意見，吳氏在患難期中的挺身接待朋友，西氏從這次遷居住宅事件中，更得到了深切的體會。

一九三七年正月，西氏擔心甚久的中日風暴，終於到來。在江蘇路四十七號的住宅門口，經常的有兩名中國憲兵在那裡駐守。西氏有時到吳住宅那裡去，也必定有一名憲兵尾隨而往。雖然，他們說是對西氏加以保護，但他心裡明白，這是他和吳同受監視的明徵。

汪氏出國唐有壬被刺

早在一九三五年的七八月之交，那位標榜執行「緩和對日政策」的汪精衛內閣，在全國輿論指斥之下，已無法執行其對日的緩和政策了。汪氏本人，遂不得不掛冠引去，到青島去實行休養。翌年，國民黨召開四次六中全會，在團結黨內同志、共同對外的口號下，汪氏正準備復職之際，不料在中央黨部受到了暴徒的狙擊。以傷勢甚重，經急救後迫得出國治療。

汪氏出國養傷後，外交部次長唐有壬亦因患慢性心臟病，於是年十二月九日呈請辭職。但不料於返抵上海三日後——十二月十二日——即在滬寓門外被刺身死。

據西義顯的回憶：當一九三五年五月，在南京「滿鐵公館」的某一次宴會中，來賓方面有唐有壬、高宗武、吳震修、董道寧等。時間已經到了，高、吳、董等均依時到來，惟唐有壬一人未到。在外交慣例上，國際宴會除了事前聲明有事不能出席，向主人表示謝意外，甚少有答應了出席而臨時遲到的情事。此時亞洲司司長高宗武卻向主方表示歉意說：

「唐次長有臨時緊急的事待辦，要我代為表示歉意！事情辦完了，他馬上會趕來的。時間到了，不必等他。」

一直等到宴會將近告畢之際，唐氏才匆匆趕來，一見西義顯的面就說：「對不起！我因為處理兩封急電，來遲了，請你原諒！」

搞中日親善笑罵由人

西氏看到唐有壬神色慌張，面容蒼白，他預感到此時的唐，一定是在職務上遭遇了難以解決的問題。遂悄悄的問唐：「發生了什麼事嗎？」

唐答：「我方才收到了兩封電報，一封電報是孫永欽事件；另一封電報是親日滿新聞社社長被暗殺事件。」

唐又說：「我隨後又收到貴國天津駐屯軍酒井隆參謀長的強硬抗議書。」

後來，西義顯才知道：唐當時所最感憂慮的一件事，是直到那時為止，日本軍人們的真正意圖究竟如何？他還無法了解。請想想：一個主持外交行政的當局，他連對方的真正意圖都無法了解，你叫他如何去確定外交的對策？唐此時情緒的緊張，是可以理解的。

唐氏是清末名人唐才常之子，湖南瀏陽人，在性格上多少具有一些湖南人的辣椒脾氣。唐的父親唐才常，於一九〇〇年因發動中國革命，與日本同志在上海一同被捕。按照中國當時的法律，被判處了死刑。兩江總督張之洞，因為這件案件牽涉有外國人在內，故下令把唐才常問斬，對於日本人則另案辦理。偏偏那名日本同志是死心眼，一定要求由他陪斬。張之洞看到日本人的義氣，深深受了感動，也下令免了唐的死刑。

唐才常於虎口餘生之後，時常對他的家人講述這件事，叫他們永遠不要忘記日本人對唐家的好處。等到唐有壬長大懂事，他的母親也不斷的對他講述這段故事。據說，唐後來把自己生命投擲在「中日親善」上面，即或有人罵他是漢奸，是賣國賊，亦在所不計的原因，就是受了這件事的心理影響！

羅敦偉筆下之唐有壬

唐有壬為何許人也，我和他無一面之緣，據羅敦偉氏所著《五十年回憶錄》中說：

「唐是當日中央政治會議的秘書長，兼外交部次長。其人絕頂聰明，才識卓絕，而且年富力強，勇於負責。對於日本的政治，十分通達，非一般所謂日本通之人，所能望其項背。唐支持中央的立場，任勞任怨，他的衷心是嫉恨日本軍閥，尤其痛恨日本軍閥的侵略行為。可是在那個期間，他不得不扮演成為一個親日份子。我（羅氏自稱）和他來往很多，所以知道他內心的痛苦。但是他為著國家的前途，為著政府的決策，為著他良心上對國家的貢獻，他不得不作一個反派人物。不幸的是，他卒致以身殉國，而且蒙親日派的罪名，為愛國志士所刺殺。固然是何人殺他，至今無人知曉？可是，他的為政治犧牲，則毫無問題。因為殺他的人，在許久以前，即在他上海廿世東路住宅的附近租好了一所房子。那天——十二月十二日——當他回家叫門之際，幾枝槍一同向他射擊，可憐為國蒙羞的唐有壬，竟如此結束他年輕的生命。唐有壬這個人，才氣有點像他父親，儀容十分清俊，表面上多少有點像女性，尤其是走路，帶一點青衣台步味道。當他擔任中國銀行經濟研究室主任的時候，盛傳有一位女經濟學博士和他很好。後來他又和湖南一位很有才氣的某女士戀愛。湖南瀏陽是出產古琴名手的地方，有壬雖不算名手，但對七絃琴的修養還算不壞。有時我們（羅氏等自稱）閒著無事，就請他和某小姐搬出一對雌雄琴，叫兩個人合奏一曲：空山憶故人名曲。我（羅氏）躺在沙發上一旁欣賞，彷彿是：萬籟俱寂，一塵不染，空谷傳音，悽悽切切，的確是人間最幽靜的享受。某女士是一位最完美的女性，差不多可以說一般女子的短處她都沒有，而女子應有和可能的長處，即用新舊觀點來看，她都具備齊全。即以詩詞一端而論，她就造詣甚深。記得，汪精衛在中央黨部被刺的時候，唐有壬在場曾以手帕為他揩血。為了這條血手帕，某女士即曾填過一首詞，在南京朝報副刊上發表之日，詩人潘伯鷹即曾批評的說：某女士這首詞，即置於古人典集中，也是上品，由此可見其評價之高。有壬被刺的噩耗，是在冰天雪地中傳到南京的，某女士的傷感，非普通筆墨所可形容！我（羅氏）也沒有方法替她解說，祇有用理智去安慰她。說他們本來是悲劇的戀愛，如此悲壯的結束，彼此永留一個好印象，未嘗不是上帝的一種安排。不久以後，某女士也就出了國，一去十年，早兩年才回到台北，這樣悠遠的時間，是不是能夠醫治她心理上的創傷？連我也沒有勇氣去啟齒問她。」

羅敦偉先生說的這些話，我相信都是事實，所以特別把它一字不易的介紹了出來。

在蘆溝橋槍聲尚未響起以前，冀察政務委員會的當局，已經感到一夕數驚，深苦無法再撐持下去。為了這件事，宋哲元將軍曾派李世軍作為代表，來南京向蔣先生有所請示，與李同來的人，有冀察政務委員會副祕書長雷嗣尚。

近衛首相被蒙在鼓裡

當時，外面不明真象的人，由於宋哲元的冀察政務委員會是在特殊環境之下產生出來的，是以盛傳宋哲元將軍與日本軍閥勾結，賣國求榮！而事實上，宋氏所擔任的是項艱鉅任務，完全是得到中央方面的同意。那就是，在中央的策略方面，為了爭取和平，至少也是為了爭取準備抗戰的時間，不能不與日本方面虛與委蛇。而且也因為日本內部的情況極不一致，更希望以我們的讓步，以增加日本內部持重派人物的發言力量，以圖使得日本軍閥的行動能懸崖勒馬。所以宋哲元的做法，也就是中央的做法。

臨到事變前夕，李世軍的奔走於北平南京之間，就是希望能多替國家做一些緩和的工作。不過，此時日本軍人的飛揚拔扈，已到了不可遏止的程度，所以蘆溝橋事變，終究無法避免！據近衛文麿手記這件事的始末，當時不僅日本內閣不知道此事，連日本軍部事先都不知道。由此可見，日本軍閥的輕視國運，是到了如何瘋狂的地步！近衛文麿手記上說：

「余拜命組閣時，陸軍自滿洲事變以來所為之諸種策動，已相繼成熟，在中國大戰似有一觸即發之勢。當時中國問題，已到了非武力解決不可的程度，余全然不知。故組閣不足一月，蘆溝橋事變即告爆發，竟至擴大為中國事變。當時各種事件的發生，政府中人，固無所聞，即陸軍省亦無所知，完全出自當地軍人的策動。」

發動這樣的一個戰爭，卒致成為世界大戰，而主持國運的內閣，竟無所知，即陸軍省亦無所知。這豈不是天大的一個笑話！由此看來，歷史的寫成趨向雖是必然的，而機器的開動則是偶然的。侵略主義既經形成，國際戰爭即無法避免，可以說是千古一例。

宮崎與秋山雙雙被捕

蘆溝橋事變既起，在中國方面最初還是希望就地解決，不願意演變成為一個可怕的中日全面戰爭，即在日本方面，也彷彿有類似的和平活動。近衛文麿首相曾於是年七月十一日正式聲明「不擴大，就地局部解決」的方針。

事實上，當宛平縣縣長王冷齋與日軍極力周旋，力謀局部解決之際。日軍方面的情況，正如日本大本營作戰部部長石原莞爾答覆近衛文麿首相所述那樣：

「中日事變，全為表面贊成不擴大方針，而暗地卻在擴大的一般陽奉陰違之徒所破壞，良可慨也！」所以近衛首相，雖然經過徵詢陸相杉山元大將的同意，派出宮崎龍介和秋山定輔二人來中國談判。可是，宮崎於登船來中國之前，在神戶被憲兵所捕，秋山也同時在東京被憲兵所捕，罪名均為有間諜嫌疑。於是，蘆溝橋事變將擴大至如何程度？連日本內閣，亦無法確知。

至八月初旬，日本大吉栖相，在閣議上詢問杉山元陸相：

「在華之軍事行動將至何地為止？」

杉山元陸相，默無一言，海相米內光政，覺得實在過意不去，淡然答道：

「大約預定至保定永定河線為止。」

杉山元面色突變，指斥米內說：

「此等場所，何以竟發是言？」

我國當局鑒於此等情形，當然感到事態萬分嚴重，所以廬山便成了決定國策的中心。

一向獻身於中日和平運動的吳震修氏，恰在這個時期，因患病入了醫院。在此重大瞬間，他希望高宗武能繼承唐有壬的遺志，獻身此一艱鉅的和平工作。

高宗武是日本九洲大學畢業的學生，由唐有壬介紹他入外交部工作。他是浙江人，為汪精衛的得力幕僚，在蔣先生面前，也素以大膽敢言見稱。

高宗武那個時候的年齡只有三十二歲，是一個充滿熱血的青年，在稚氣中多少帶有一點自負的樣子。高雖有志於中日和平運動，但他卻對與日本的經常交涉，不寄任何希望。

高宗武上廬山見蔣汪

七月十六日那天，高氏上了廬山，準備面見最高當局，有所陳述。

這個時候，蔣先生和汪精衛都住在廬山，正在召集全國各階層的代表，商討處理全國最後關頭的大計，全國中心人物，都聚集於此。

高到了廬山，首先見到了汪精衛，對於中日和戰問題，先向汪作了一個坦誠的陳述。汪希望由他安排一個時間，再由高氏對蔣先生作一個直接的報告。聽聽蔣先生的意見以後，再作打算。

七月三十一日，在汪的安排之下，蔣、汪、高三個人，有了一次單獨聚餐和會談的機會。高宗武抓住這個機會，曾對蔣先生大膽的說明如下各點意見：

第一、高宗武認為：中日兩國的事態，已到了非常嚴重的階段，如果一著棋子下錯，可能招致全亞洲民族的整個毀滅！

第二、他請求蔣先生，把對日本折衝之事，交給他全部負責。

第三、由他設法，聯合日本方面的有識之士，儘量設法去說服日本近衛文麿首相。
第四、然後以近衛首相在政治上的影響力，以制止日本軍閥的蠢動，劃定永定河為中日事件的最後緩衝區。
第五、要求日本軍隊由華北全面撤退。
第六、請求蔣先生和汪先生支持他的主張。
高宗武作了以上六點報告以後，汪精衛對於他的意見，首先表示贊同。蔣先生則陷於沉思之中，既未表示同意，亦未表示反對。
經過蔣、汪、高三人會談之後，第二天的下午高返抵南京即與吳震修見了面。他們兩個人協議的結果，一致認為：欲說服近衛文麿，非請那時的滿鐵總裁松岡洋右出面不可。
為了進行這件事，高宗武請西義顯應盡他個人最大的努力，向松岡洋右報告此項工作內幕；並請松岡洋右為了中日兩大民族的未來前途，參預此項工作。

西義顯初見松岡洋右

西義顯覺得此項工作，甚有意義，遂欣然接受了此項使命。回家之後，略事摒擋即乘日輪「奉天丸」去了大連。由七月下旬離南京，到了八月九日才抵達大連。這個時候，從蘆溝橋一角所燃起的戰火，已因上海方面所發生的大山大尉被殺害事件，有更加擴大之勢！
西義顯到了大連，馬上就到滿鐵株式會社找到了東亞課長宮本通治，將他有要事必須立刻面見松岡洋右總裁的意思，對宮本說了一遍。宮本課長告訴他：

「松岡總裁現在已經去了奉天，你要見他，我可以馬上陪你到奉天去。」

西義顯說：「如果你方便的話，請你今天晚上就和我一同搭特別快車啟程。」

依照滿鐵株式會社的慣例，凡是派在外方的各地單位主管人員，有事面見總裁時，必須由東亞課長陪同引見，方得會面。所以西義顯未見松岡洋右以前，必須先見宮本通治課長。

松岡洋右是日本方面一位出名的怪人，凡是部下對他有所請求，他一定要首先對你投下一枚否定的炸彈，以試驗你的信心。這種情形，只要和松氏經常接近的人，都十分了解。

松岡洋右的住宅，在奉天日租界一所很華貴的花園洋房裡，佔地面積很大。西義顯和宮本到了那裡，經過一番通報手續後，松岡洋右馬上召見他們。經過宮本課長略述來意後，遂由西義顯把他最近為中日和平運動所做的工作，對松岡洋右作了一個詳詳細細的報告。

松岡洋右在西氏作報告的時候，很靜默的加以聆聽，面上並沒有顯出來任何不愉快的表情。可是，當西氏全部陳述完畢之後，卻對他大喝一聲說：

「西義顯君！你以為你在南京做的事對嗎？你以為近衛公在東京能夠聽憑你的幻想，來加以說服嗎？在時局這樣嚴重的情形之下，你認為你能有所作為嗎？你這樣天真的想法，你乾脆不要做日本人好了！你明天應該趕快回南京去，在會社沒有特別指示以前，要牢牢的守住你的崗位。」

晚宴過後松岡吐真情

松岡洋右一連串的責問，直把西義顯弄得目瞪口呆，不知所措！只有嗒然若喪的偕同宮本通治告退出來。

西氏臨出門的時候，松岡又問他：「你什麼時候動身回去？」

西義顯廢然的答：「明天。」

松岡洋右說：「那麼，好了，今天晚間七點鐘，在我家裡便飯，算是我給你餞行。」

西義顯雖然了解松岡的脾氣，但他這個釘子碰得太大，在心理方面，依然覺得萬分懊喪！到了晚間六點五十分左右，他一個人無精打彩地到了松岡洋右公館。

不料，松岡這次接見他時，是穿的日本式家常便服，和他的夫人一同出來招待他，態度方面顯得格外親切。

飯畢，松岡夫人有事退了席，小客廳裡面就剩下西義顯和松岡兩人。松岡才以非常誠懇的家長身份，告訴西氏說：「西義顯君！本會社內部的組織情形，你不是不明白。今天早晨，當著宮本的面，你怎麼可以向我報告那樣重大的問題！」

西義顯聽松岡洋右這麼一說，他心裡未免覺得微微一震！仔細一想：果然是自己太疏忽了，他和松岡所談的這件事，若在一般日本人看來，似乎有出賣國家利益的嫌疑，不應當著第三者面前提出的。此時西義顯只有低頭認錯的說：「是！這是我一時大意，以後一定痛改，請總裁放心。」

松岡卻安慰他說：「好在我們的談話紀錄上，沒有記載上去，你以後多加小心好了。」

緩了一緩，松岡又對西氏說：「西義顯君！你早晨告訴我的話，我非常同意。既然蔣先生和汪先生也同意這樣做，這是中日兩國之福，我一定盡我的最大努力，來完成你的志願。」

又停了一停，松岡再用非常堅決的口吻問西氏：「這件工作，非常重大，必須有人專心一志的來推動，才能有成功的希望，但也有失敗的可能，不知道你有沒有這個決心？如果沒有就作罷論，假如有的話，我再把我的意思告訴你。」

近衛首相支持西義顯

西義顯那時年紀輕，有一股衝動的勁兒！聽松岡這樣一問，馬上用堅決的口吻說：「為了中日和平運動，我是粉身碎骨，在所不辭！」

松岡聽西氏表示得這樣堅決，不由得噗哧一聲笑了笑說：「事態還沒有這麼嚴重！不過，進行的人必須有小小犧牲，這是在所不免的！」

西義顯答：「我個人情願接受犧牲！」

松岡說：「那麼好了！我現在告訴你，第一、你馬上便須放棄你現在擔任的職務，你願意嗎？」西義顯答：「願意。」

「第二、你從此必須不擔任任何公職，以平民的身份，從事此項運動，你願意嗎？」

西義顯再答：「願意。」

松岡說：「好了！關於政治方面和金錢方面，我完全支持你。不管你用了多少錢，都向我報銷好了，我現在就撥給你日幣××萬元，做為活動費之用。」

在那個年頭，日幣尚未貶值，一圓日幣（我們把它叫老頭票，也叫金票）合中國銀圓八角，××萬日元，實在是一個驚人的數字，由此可見，松岡洋右其人魄力之大。

松岡洋右和西義顯經過這一番懇談，從此以後，便決定了西義顯的悲劇命運！松岡和西氏商量的結果，是由松岡洋右給近衛文麿首相寫了一封非常懇切的信，負責介紹西氏面謁首相一談。為了晉見便利，松岡還另外給當時的內閣風見書記官長寫了一封信。

一九三七年八月十三日，西義顯到了東京，馬上就拿著松岡洋右的信件，去見風見書記官長。經過風見書記官長的引見，西氏立刻的見到了近衛首相。

西氏見了近衛後，把他要說的話，毫不保留的都對近衛首相說了。近衛對西氏的和平運動非常誠懇的表示同意。

西義顯獲得了這樣一個圓滿結果，立刻就搭船回到了上海，把他自己原任滿鐵的職務作了一個交代，又於九月下旬再回到日本大磯，在那裡等候中國同志們和他見面。

德使陶德曼調停經過

十一月下旬，德國駐華大使陶德曼，曾奉希特勒之命，向中國送來了日本議和基本條件七項，大體是這樣：

第一、內蒙自治。

第二、華北不駐兵區域必須擴大，但華北行政權仍全部屬於中央，惟希望將來勿派仇日之人物為華北最高首領。

第三、上海停戰區域須擴大，但上海行政權仍舊。

第四、對於排日問題，此點希望按去年張群和川越所表示的態度做去，詳細辦法係技術問題。

第五、防共問題，日本希望對此問題有相當辦法。

第六、關稅改善問題。

第七、中國政府要尊重外人在中國的權利。

我國政府那時已遷至武漢辦公，蔣先生則在鄭州前線部署軍事。我方於接到陶德曼大使送來的日方議和條件後，遂於十二月六日在漢口的中國銀行，召集了一次國防最高會議的五十四次常務委員會議，由孔祥熙氏擔任主席。會議中的決定是：認為日方提出之條件可以接受，並公推孔氏即向蔣先生請示，以作最後決定。

孔氏在電話中把這件事向蔣先生作了一個報告，匆匆通話中大家都忽略了日方所定的最後答覆的期限，是只能延期到一九三八年的一月十日，電話便告了一個段落。

漢口方面與蔣先生通話後，立派專人把有關陶德曼調停的重要文件送呈蔣先生。專人到達鄭州時，蔣先生已去了洛陽，再趕到洛陽，在時間上已經來不及了！

及至我國把蔣先生表示願與日方談和的文件送到陶德曼手上時，已經超過了日方所定的最後期限。但陶氏仍把這項答覆轉達給德國駐日大使狄克遜。

狄克遜接到此項答覆，立即拜訪日本的近衛首相，希望對期限的延遲，有所解釋。但當他到達首相官邸之後，才知道近衛正在參加一項重要的會議，無法即刻見面。

高宗武與汪精衛離合內幕

馨晼

數年以來，在香港的報刊雜誌上，常常看到有關汪精衛與高宗武之間的文章。我每當看完了一篇，不知為了什麼，總覺有點手癢，也想寫一點，因為我所知道的，還沒見有人寫出來。

在七七事變前後，一般人總以為蔣先生主戰，汪精衛主和，兩人背道而馳，於是有所謂「主戰派」與「主和派」之分。可是，事實上並非如此。我敢說，在汪精衛未入渝之前，蔣汪還是絕對合作的。此話怎講？這可從高宗武當年在香港的活動說起。

日本人筆下的烏龍

民國二十七年春，撤退到漢口的國民政府，為什麼要派外交部亞洲司長高宗武到香港？而且他手持著陳布雷、汪精衛、張群三方面的密電碼。這豈不明明證實，高宗武所有對日秘密交涉之事，不都是經過最高當局同意了的嗎？（編者按：在那個時候，京滬初陷，舉國惶然，正所謂「和平未至絕望時期決不放棄和平，犧牲未至最後關頭決不輕言犧牲。」國府當局，一面佈置抵抗，一面與敵人不斷絕交涉，實為應有之義。）

高到香港後，得外交部駐港簽證處的協助，馬上就在雪廠街太子行三樓租下了房間，成立了「日本問題研究會」（招牌是「宗記洋行」，此一經過，業經本刊拾遺先生在《杜月笙外傳》第四節中略有記述）。這個會，表面上是研究敵情，在商務印書館曾印行「日本知識叢刊」小冊子十餘種，其中以孔滌菴主編的《現代日本人名錄》為最有價值。然實際上，實為一個對日秘密交涉的機構。是時也，高便頻頻在告羅士打酒店開房間，以與日方來人接頭。

按本港出版的某刊物，在前些時曾刊載一篇日人吉田東祐所寫的題為〈和平運動第一步〉一文，該文有一段略稱：「……滿鐵公司董事西義顯，在上海南京路一天遇到中國外交部亞洲司的科長陶道寧、約定共同為和平努力。他倆談得剛剛有點具體，消息就傳到日本參謀本部影佐禎昭那裡，影佐就跟中國課長今井商量，認為不妨試試看，遂委託陶道寧到香港，傳達日方和平條件，請蔣氏出洋，讓汪氏上台跟日本講和」云云。

該文又說：「恰巧這時候，重慶方面的亞洲司長高宗武也到了香港。高之去香港，是奉周佛海的差遣。周佛海似乎想在蔣汪兩氏中間斡旋。高宗武聽到陶道寧帶來日本的和平條件，非常高興，立刻就到漢口去報告蔣汪兩氏。然而不曉得怎麼，條件到了高宗武的手中，竟一變而成為以蔣氏為中心的和平條件了。……」

這個日本人記載的錯誤，實在錯得太不成話。我只指出數點，就可以推及其餘：

第一、亞洲司第一科長，是董道寧，並非陶道寧，連姓名都未弄清。

第二、當時政府主要部門和大員都還在漢口，高宗武根本沒到過重慶，何言重慶方面的亞洲司長高宗武？

第三、自七七事件前直到政府撤退到漢口為止，周佛海從未與對日交涉事項發生過關係。高宗武對日交涉，一向是奉蔣汪兩氏的命令，而與周佛海風馬牛不相及。所以，如何能說「高之去香港是奉周佛海的差遣？」周有什麼資格去「差遣」高宗武？

由此可見，這個日本人，實在對中國政情太模糊了。

汪精衛受感情支配

話再說回，高宗武那時不僅在香港不時與日方來人接頭，而且還進入淪陷區的上海和敵人首都的東京，直接與日方當局會談。

猶憶抗戰軍興後不久，上海金融界巨頭如周作民、徐寄廎、徐新六等，以高氏秘密由港抵滬，曾透過高的關係，建議汪氏出洋暫避，留一個餘步，萬一抗戰到不能支持時，好出來收拾殘局，與日本議和。而汪精衛當時對此舉卻敬謝不敏，表示對國事個人不作主張，從這點看來，亦可以證實，直到此時汪氏對蔣先生仍是忠誠合作，決無異心的。

然而汪精衛為什麼又終於投敵了呢？我想這應先從他的性格和思想去觀察：汪的性格，如所週知，是屬於富情感之一型。在國民黨要人中，論起講演，誰也沒有像他那樣能動人，就因為他說話有情感。我還記得他在外交部紀念週上，當提到唐有壬被刺時，熱淚不覺奪眶而出，同僚看了也不免為之心酸。富情感的人，必定容易受情感支配。日人影佐禎昭在河內以痛哭流涕的姿態向汪說服，即利用他的這種弱點，果然使汪居然相信，日本向中國提出的「睦隣」、「防共」、「經濟合作」三原則，為無領土野心、無主權侵犯，寧不可笑！

給張永福的一封信

至於汪氏的思想，在當時很多人覺得他是一個失敗主義者，或和事主義者（Pacifist），但到後來，我讀到他致張永福先生的一封親筆信，才瞭然他是受了甘必大（Leon Michel Gambetta）和列寧的影響很深。列寧求和之事，大家盡知，現在單把甘必大介紹一下：甘必大是法國共和黨領袖，當普法戰爭時，法軍大敗，甘氏乃出來組織共和政府，以與普國議和。議和之後，被選舉為總統，固辭。到一八八一年出任內閣總理兼外交部長，毅然決然合併了突尼斯，成為法國著名的大政治家。顯然的，汪精衛是在想步甘必大和列寧的後塵，但他忘了，中國仍能繼續抵抗，且有有利於我的國際形勢，亦絕非當年法俄所能相比。

汪氏的那封親筆信，是在民國廿八年一月廿三日寫的，二月下旬由陳璧君、陳春圃、方君璧在九龍塘面交給張氏。原信內容如下：

永福先生惠鑑：讀

先生致中央電，深佩先生大無畏之精神，非熱忱愛國數十年如一日若先生者，何能為此言乎？宣戰與講和，同為國家可以保衛生存之利器，應戰則戰，應和則和，此種極淺顯之常識，乃不能為陳嘉庚諸君所了解。日本如必以滅亡中國為唯一之目的，則吾人除抗戰外，固無他途，而所謂「睦鄰」、「防共」、「經濟合作」三原則及無領土野心無賠款要求之表示，以及無意侵犯中國主權，且當退還租界，撤退治外法權諸表示，安能認為以滅亡中國為唯一之目的也？若謂範圍廣泛，未能切實，須知此為原則，並非具體條件，正當如先生所示，由政府自動與日本交涉，並努力促請英美法諸友邦，起而參加，務使具體條件之成分，有利於我，庶幾不致如甲午戰敗之覆轍。無如舉國自抗戰開始以來，視亡國為當然，以戰敗為榮幸，王陸一所謂：「失地不聞痛心，喪師乃日預定計劃」者，真慨乎言之！時至今日，已成為明末桂王奄奄一息之局面，而猶悍然不顧，以為失地愈多，喪師愈眾，則敵之崩潰愈速，我之成功愈有把握。嗚呼！此真明末瞿式耜、張同敞所不忍言者。今日既無普法戰爭後之甘必大，又無帝俄戰敗革命後之列寧，一言和平，即為賣國，然人心未必盡死，人口未必盡箝，弟敢決數月以內，救國運動，必蓬勃而起也。謹泐數行，以表敬慕，並候起居安健。

弟汪兆銘謹啟一月二十三日

種種因素居中作祟

因為汪氏的腦海裡，先有了甘必大和列寧的影子，再加之抗戰節節失利，武漢也陷落了，所以，他到了重慶之後，就越發固執己見，終至脫離抗戰陣營，出走河內。

此外，還有一個因素，關係也很大，不能不提，即他的左右一幫人，權力思想在積極作祟。最能夠影響他的，當然是他的夫人陳璧君，這位女性的權力思想和虛榮心都相當大，她嘗把丈夫的部屬視為自己的部屬，甚至連部屬的妻子也在內，當做乾女兒、媳婦、甚至丫頭看待。她嘗謂，她從事革命時，根本不知有×××其人，今竟居己上。她心有不甘，自不在話下。今日本既不以蔣先生為對手，假使汪精衛對日和談成功，又何樂而不為？

其次，如梅思平等一般人，對汪當然也有相當影響。僅就梅的個人而言，梅久任中央政校教授，不必說是屬於CC的了，但別人從該校出去後，都是由縣長、而行政專員、而民政廳長；梅則僅止於專員而已，以五十多歲的人，連一個小小廳長也弄不到手，不免忿忿然，因而投汪，現在遇到了這樣一個大好機會，焉有不大賣氣力之理。結局，梅思平果遂所願，居然做到了「部長」，可是「福兮禍所伏」，他的性命也就因為這個「部長」而犧牲了，究竟是值得不值得呢？

據說汪氏在河內時，對於本身行動，本來尚在猶豫中，還並未下即刻投敵的決心，可是當重慶的刺客殺他未成而誤中曾仲鳴後，汪知道今後決不能再與重慶共存了，加之陳璧君的慫恿、影佐的哭勸，遂毅然決然去投日本。因此，乃有河內艷電之發出。汪精衛一生革命光榮歷史，從此遂盡付流水！

近衛聲明貨不對辦

話說高宗武代表汪氏到東京與近衛首相會談，所得結果是：近衛照所談條款先發和平聲明，汪則覆電以應之，此即艷電之所由來。

不料近衛所發的聲明，與高宗武所會談的結果出入甚大，故高深表不滿，主張再交涉。又不料，這時汪精衛在河內遽然發出了艷電，事事毫未與在港的高宗武、陶希聖等商量，致使他們大為驚愕！從這時候起，高與汪在精神上便已發生了裂痕，所以，在香港的汪派工作人員，追隨汪到上海者，以高宗武為最遲，而且到上海後，住在法租界，決不肯遷居南京，可見其用心，但汪尚懵然不知！

高對汪既生異心，不知怎的，不久就被重慶方面偵知，於是CC方面就派高的同鄉鄭亦同向高的父親遊說；杜月笙則從與高有密切關係的上海金融界巨頭們下手，此外，陳誠駐港代表張孤山也煩友人直接給高寫信。高氏當時對於各方面的遊說，既未接受，也未拒絕，因為他正處身於極複雜環境中，不得不慎重將事。

高宗武嫉妬周佛海

我聽過好幾個汪政權方面的人說，高宗武之所以出走，非盡是對日汪不滿，而對周佛海嫉妒，也是主要因素之一。其情是否如此，筆者亦不得而知，不過從旁觀者看來，也許難免有之。查自民國廿三年到廿七年這幾年中，政府撤退到漢口為止，我國一切對日交涉非常重要，實皆高宗武任之，其助手初為楊雲竹；繼為董道寧。其功也都不可磨。惟獨與周佛海毫無關係。再說，周氏到漢口後，對抗戰與談和都表示非常冷淡。周一度消極，本想到上海租界去做寓公，不再過問政治，曾託其同鄉余先榮（今在美國）由漢口帶出來一個大皮箱，內有私蓄港幣五萬元，即為做寓公之用。不料，汪到京滬後，周佛海卻包辦了外交、財政和軍事三大權，以此而惹起高的嫉妬，自然也是人之常情。

高氏到上海共八個月，可以說鎮日內心都在交戰中，恐怕是他平生最痛苦的時期。因為，他覺得若長此做下去，將真成為國家民族的罪人，然而另一方面，他與日汪關係，又勢成騎虎，若想脫離，也非易事，更何況要想脫離，應該有所獲，豈可空手而回。可是能獲得什麼呢？這便是他傷腦筋的地方。

密約拍照由滬攜港

高宗武有一鄉長黃溯初先生，日本《改造》雜誌曾譽他為「中國的幕後政治家」，黃氏於抗戰前赴日本長崎，隱居鄉間未歸，高宗武素崇敬之。因此，他忽然靈機一動，在其赴東京公幹時，遂順道往長崎與黃先生商量求教，經過長夜深談，於是脫逃之意乃決。

高由東京回滬不久，黃先生也到了上海。恰巧這時日汪密約完成，正準備公佈中，高就假研究該密約內容為名，託親信取出，即刻拍照，然後攜其秘密逃離孤島，搭輪直抵香港。關於他逃離孤島詳情，當時我曾用「王麗文」化名，寫了一篇〈高宗武孤島脫逃記〉一文，發表在香港《民鋒》半月刊上，後傳至上海，各日晚報多競相轉載。

高氏脫逃計劃，本來除陶希聖、陳公博外，也曾約過周隆庠，因為這個人是由高一手提拔出來，介紹給汪氏作翻譯的，所知道日汪中間的秘密特多。殊不料，周隆庠是一個事大主義者，與汪搭上了關係後，便不再聽從高的指揮了。周後來做汪政府的行政院秘書長兼外交部常務次長，官癮總算過了，他未想到日本忽然投降，被判處無期徒刑，今恐仍關在上海監獄中！

高剛一到香港，寓九龍塘根德道×號，便託親信送給我一個信，是用鉛筆寫的，很潦草，想約我談一下。

我按照地址，找到了他。我記得頭一句話，是俏皮的問他：

「你這次回來，有什麼貴幹？」

高微笑了一笑道：「我不去了。」

「為什麼呢？」我以為他在哄我。

他用右手在我的左肩上輕輕的拍了一下道：「老×呀！這種事情不是好玩的。我是真和他們脫離了。還有陶希聖、陳公博也一同來了。不過，陳公博靠不住，他許還要去呢。……」

正要往下敘談中，忽然黃溯初先生走進來了，我倆便把話頭打斷。

渡美考察直到如今

高氏回到香港後，杜月笙首先飛渝向蔣先生作初步報告，跟著黃溯初先生奉電邀也飛渝一趟，俾與當局密商日汪密約究用如何方式發展？以及對高宗武前途如何安排等等問題。黃先生由渝回港後不久，於是在《大公報》上就發表了日汪密約的全文。

至於高的前途安排，照蔣黃會商結果，給了他兩條路：一是讓他到重慶作研究工作；另一是渡美考察。任選其一。我看見蔣先生親筆給高宗武的信，是這樣說：

「……足下不愧為浙東健者。……今後如願返渝作研究工作亦可，不過，依愚見，最好渡美考察。……」

因此，高氏選擇了後者，便渡美去了，今仍在華盛頓度其寓公生活。

最後，還有一個有趣的插曲，不可不記。那時吳鐵城在香港本來名義上是負的僑務和海外黨務全責，而實際上還是以搜集敵情為主，誰料到關於日汪密約這一件轟動全世界的大事，事前吳鐵城竟一點兒也不知道，吳氏於見報後，大為吃驚，他去找杜月笙，查問這件事究竟是誰經手的？杜氏佯問道：

「難道說，你真不知道嗎？」

「忘八蛋才知道！」吳鐵城恨恨的趁此向杜月笙報復了一下。

「讓忘八蛋不知道何妨。」杜月笙笑了一笑，也回敬了吳鐵城一句。

高宗武「叛汪」反「幫汪」

諸無極

抗戰中期，汪政權將在南京登場之前，高宗武與陶希聖的「反正」行動，在八年抗戰中不失為一件大事。當時高宗武到香港發表的〈日汪密約草案〉，不僅震撼國際，日方亦自吃驚。而在相反相成的微妙情勢下，後來成立的南京汪政權，關於此一密約草案的難題，反而間接受到若干解救的效用。因當時日本方面悍然要把基本和約與戰時暫定的協定混為一談，不理汪精衛是否同意，單方面提出了一個草案——亦即高宗武發表的那一份密約草案。密約內容既經公開，日方果然大感尷尬，不得不將基本和約與戰時暫定的協定分開。後來南京汪政權所頒布的〈日汪基本條約〉，即大體依照當初汪精衛與日首相近衛所談判的原則。也可以說，高宗武的「反正」，不但未影響汪政權，反而幫了汪政權的一個大忙！

高宗武奉命秘密赴東京

民國廿六年（一九三七）秋，抗戰掀起不久，京滬相繼淪陷，國府西遷漢口後，高宗武是時以外交部亞洲司司長地位，奉命駐香港，辦理情報工作，在香港中環雪廠街太子行大樓租賃一寫字間，掛著「宗記洋行」招牌，以資掩護。實際名稱為「日本問題研究會」，聘有通曉日文人員，翻譯日方書報，編印叢書發行。其最重要的情報部分，僅由高氏及其秘書李毓田從事活動和掌管。在此期間，高宗武曾奉命秘密去東京一行，探悉日方不願以蔣委員長為交涉對手，意頗堅決。故高氏於歸途中繞道上海，與滬上金融界名流周作民、徐新六等提出討論。大致認為：抗戰前途，極為可慮。日方既不以蔣先生為交涉對手，含意當有所指。汪精衛其時為國內第二號領導人，如由汪氏出面交涉，當能邀日方之一盼。因此，擬建議汪氏離開漢口，遄往羅馬。以德意日三國同為軸心國家，移駐其間，可以得到種種便利。一待風氣轉向，再行出與日方週旋，中日事件，或可藉以結束。

高宗武由滬返回香港後，即將此項建議密函汪氏。旋得汪覆電，內稱：「來函已悉，弟對國事，依會議為之，個人決不作主張。銘。」寥寥數語，似對高氏建議不感興趣。汪與高氏之間原有專用電報密碼，而此電汪則用駐港外交部特派員辦事處之密碼譯轉。其時香港《華僑日報》對高宗武之秘密行動，略有所聞，曾在報端稍加透露。高氏大為光火，認為有損名譽，準備採取法律行動。結果該報浼旅居香港之杜月笙出面調解，其事乃寢。

與日特務機關取得聯絡

民廿七年（一九三八）十二月十八日，汪精衛突由重慶飛往昆明，旋去河內，並於是月廿九日發表以和平結束中日戰爭之「艷電」。汪系份子，在港、越兩地，大為活躍。所謂近衛三原則——「善鄰友好、共同防共、經濟提攜。」——亦是經由高宗武第二次由香港秘密赴東京所持歸。艷電內容，即為闡明三原則的意義。此時高宗武更以「日本通」的姿態，與日方軍部特務影佐禎昭所主持的梅機關取得聯絡。其中犬養健為日本前首相犬養毅之子，與高氏為帝大同學，彼此尤屬沆瀣一氣。迨至翌年（民廿八）五月，汪精衛離河內去滬，港、越汪系份子，亦幾於傾巢而出，追蹤前往，此時高氏自為其中重要之一員。在臨行前幾天，他約他的秘書李毓田作一攤牌式的談話，向著毓田說道：「你以為我們是王克敏、王揖唐一流人物麼？他們是賣國求榮，我們是以和平救國。形勢擺在面前，我們沒法不揹上這個十字架。但我們決非投降，我們只是接受日人的領導。你我同學，共事多年，希望彼此始終合作。」

李毓田雖非處於高位，但對日人的認識卻很深透，寧願割席，不願同流，仍留香港過其流亡生活，從此宗武、毓田之間，消息斷絕。不料一年以後，高氏忽託人帶來口訊，除向毓田致候外，並說一切還是在香港的好，可見其時高氏在上海已感到所受的不是味兒了。

和平救國實乃葬送國族

在汪政權成立以前，高宗武因日汪密約問題，曾作第三度東京之行。與日首相近衛談判，幾經折衝，使高氏大起反感。他至此已明確地意識到所謂「和平救國」，等於將整個國家民族命脈葬送。他正在滿懷憂憤之際，驀地念及其同鄉前輩黃溯初先生，僑居日本長崎之曉濱村，釋疑辯惑，此老大有智慧，相距匪遙，何不登門就教。於是，驅車就道，訪舊論心，一夕深談，發人深省，高宗武「反正」之念遂決。（有關為高宗武決策「反正」的黃溯初先生事蹟及杜月笙為此事奔走的經過，請參閱《上海大亨杜月笙續集》中〈杜氏最尊敬的人物：黃溯初先生〉一篇。）

黃溯初為留日老前輩，民初年間歷任國會議員，與梁啟超、湯覺頓等關係極深。在梁啟超的智囊團中，黃氏於財政經濟方面，佔著重要地位。袁世凱竊國稱帝，梁啟超搭乘煤船經由香港輾轉奔到雲南，協助蔡松坡推翻洪憲，再造共和，黃氏亦即此煤船乘客之一。高宗武自遊學日本以至服官從政，黃氏對之提攜誘掖，致力甚殷。抗戰以前，黃氏因商務經營失敗，去日隱居，過著簡單的獨身生活，為了排遣時日，從事於日本語源研究。旅居既久，與長崎當地村民相處頗得，故雖中日戰爭發生，他亦從未受到日人猜忌。他和高宗武見面後，劈頭便說：

「我聽到你在戰後來過日本多次了。滿以為你早就要來看我。這次才來，真是個難得見面的機會啊！」

語中帶刺，高宗武自感惶媿。因將幾年中種種經過，以及日汪之間的秘密談判，全盤托出，大有「季主問卜」之大概。

黃溯初一番話發人深省

黃溯初聽罷一切，即正色對高說：「一個搞政治的人，頭腦要和冰一樣的冷，熱情要和火一般的熾。惟其冷才可以沉思觀變，惟其熱才能當仁不讓。目前你看到日汪密約草案的苛酷，才感到犯了不可饒恕的罪惡。其實，你離開重慶那一天，便已撒下了毀滅的種子。抗戰力量，誠為微弱；但合則猶可圖存，分則自掘墳墓。政見儘管不同，主張儘管互異，但在今日情形之下，站在國家民族立場，必須追隨著蔣先生。至低限度，亦應自託於抗戰陣營之列。根本說來，這並不是服從蔣先生，我們所應硜硜信守的是中國人在國破家亡時的正義傳統。回頭是岸，今尚不遲，只要抱定決心，一切我來區處。」高宗武此行，所要商量的正是切身問題。在茫茫大海中既獲南針，他的「反正」之急，自更堅決。於是彼此約定，高氏先歸，黃溯初隨後亦回上海。

杜月笙一月內兩赴重慶

為了避免疑猜，黃氏回到上海後，與當時的那批「和平救國」志士，也就和光同塵，彼此過從。汪精衛畢竟是位謙謙君子，懂得禮賢下士，浼請黃氏，在財政經濟方面，多多指教。黃氏則捏著鼻管好笑，覺得汪委實可憐。此時黃氏最急急的祇為高宗武的問題，如何早日與重慶取得聯繫。結果透過滬上名流，決將這樁買賣，奉送與杜月笙承辦。

是時旅居香港的杜月笙，對於傳達此一件事，十分謹慎，並認為利在速洽，乃立即飛往重慶，面見最高當局。其時蔣委員長適有桂林之行，原擬小駐，聞此密報，一宿即返重慶。召見杜月笙，前席專對。即囑杜從速返港，秘密進行。

杜月笙返港後，即派親信徐采丞去滬，付以兩項務任：一為速挽黃溯初先生來港面洽；一為協助高氏及其眷屬安全離滬。才逾十天，黃溯初即安然抵香港。當將高宗武三次去日經過，密約要點，逐一和杜月笙細說，並製成筆錄，俾杜氏不致遺忘，得向當局詳陳。於是，杜月笙在同一月內又作第二次重慶之行。報告既畢，蔣委員長親筆作書，露封交由杜月笙轉致高宗武，許為「浙中健者」。欣慰之情，流露於行間墨裡。直至民卅年（一九四一）一月五日，高宗武始偕陶希聖同乘「柯立芝總統輪」到香港，兩家眷屬不久亦先後南來。

刊登草案敘言又生波折

那一份日汪密約草案，經高宗武內弟沈惟泰在上海攝成底片，交由高太太帶港，晒印放大。除呈送一份重慶外，其另一份則由高氏夫婦共同署名，並於密約草案前加了一段敘言，略述經過，約數百餘字。然後交與杜月笙轉致中央社發表。事態至此，功德將次第圓滿。不料當時中央社主事者指摘高宗武在署名之下，未加蓋圖章，不足徵信。只允發表密約草案，要將那一段敘言剔除。其實高氏夫婦並不吝此一圖章，奈因倉皇離滬，未及隨身帶備。況敘言僅屬敘跋一類文體，無關宏旨，一章之缺，何足重輕。始猶根據事實，互相解釋；繼則意氣用事，相持不下。杜月笙左右為難，乃商請吳鐵城出面幫忙。吳鐵老經考慮後，終於應允轉囑中央社主事之人，將密約草案及敘言全部刊載，此事始獲解決。

得過且過高夫婦赴美國

高氏「反正」，絕無條件。如果說是條件，只有終未遂高氏之願的外交護照一項。因高氏到香港後，預定去美深造，故有護照要求。又因他個人體面及旅行方便，故要求的是一份外交護

汪精衛詩酒風流，民元五月攝於廣州沙面南洋倉庫，右起何天炯、立者磯谷廉介，其前為廖仲愷、汪精衛、左二胡漢民、左一張繼。在座二妹均為日本藝妓

照。在密約草案發表前，這點要求，等於雞毛蒜皮，有關各方，滿口承諾。迨至正式申請，忽然變卦。發給的是官員護照，並將其名改為「高其昌」。高氏對於改名，倒認為是政府好意，以便其沿途過境，不致招人注意；但於改發官員護照一節，則大大不以為然。視為前恭後倨，有意輕侮。乃轉託杜月笙即將官員護照退還，改發普通護照。對於這些負氣的話，杜氏以居間地位，只有自責其效勞不週。於是函電紛馳，分向重慶有關方面，要求踐諾。無如事過境遷，始終不得要領。後來還是由黃溯初出來打圓場，他向高宗武說：「這樁大事，幸虧有杜月笙承辦，猶能委曲求全，負責到底，否則我們今天，誰來理睬；話說回來，在這嫉功忌能的官場，恐怕杜月笙本人，亦自有其難言之隱。我們得過且過，何必刻舟求劍，致使人過分為難呢！」高宗武經此勸喻，心始釋然。他倆夫婦就憑這份官員護照，橫渡大西洋，遠赴美國去了。

民國元年四月國父辭卸臨時大總統後偕胡漢民、汪精衛攝於廣州沙面日本領事館。前排右起張繼、陳炯明、國父、胡漢民、汪精衛，後排右二為磯谷廉介，一九四一太平洋戰爭爆發，磯谷為攻佔香港之日本大將。

汪精衛死事之謎

王覺源

似已把他完全遺忘

我國對日抗戰時代，在南京僭稱國民政府偽主席的汪精衛，當其佐輔國父孫中山先生開府廣州時，有人譽之為二十世紀的奇才。真的，他的文章、言論、風采，無一不夠標準。儀表，惟牙齒稍有一些缺點；風姿，有張子房「貌似婦人女子」的模樣；行動，則有如希特勒的變態神經質，多感、善變、少理性，富倔強性、反抗性、冒險性、投機性和領袖慾。居常有王莽謙恭下士之風度。接待訪客，能很自然的替客人擦火柴燃香煙。他是文人而兼詩人詞人，下筆為文，發揮淋漓；登臺演講，口若懸河。早年加入中國同盟會，與保皇黨開筆戰，已傳盛名。再上溯其名，自其民前三年，行刺清攝政王載灃，事敗下獄，發出「慷慨歌燕市，從容作楚囚，引刀成一快，不負少年頭」的一股凌雲壯氣，更具先聲奪人之勢。邇後，無論他神經兮兮的時左時右，或走正路，或偏邪道，總算出足了三十多年的風頭。

當他作「楚囚」的時候，正是一個天真純潔，富有民族意識、強堅鬥志的青年。不僅革命黨人深予期許；漢族人士，多認他是一條血性漢子；即當時被革命的滿清皇朝上下，亦多對他表示同情。如清肅親王善耆，親赴天牢探視他、安慰他；留日出身的所謂四大金剛中的章宗祥、曹汝霖、汪榮寶等，為他奔走脫罪；牢頭禁卒，為之走腳報信。這在滿清專制時代，都是可以殺頭滅族的事，而他們則皆不怕而有所避忌。汪精衛一生的美譽，這正是他的黃金時代。民國成立以後，袁世凱為結好國民黨計，特將汪氏從天牢中赦出。名聲亦開始漸漸下洩。據傳：國父孫先生，後來之取銷南京臨時政府，讓出大總統寶座給袁項城，即是汪氏報袁之恩，滲透說服國父之果。國民黨人士之不重視汪氏，即由此始。自後，汪氏大肆活躍於政治舞臺，官也上了層樓，到了極品；但由於其政治路線之時左、時右、時而中立的搖擺靡常，因而國人對他的觀感與評價，也就一落千丈。自抗日戰爭發生，他登上傀儡舞臺作漢奸以後，無論其為留芳（他自認）或遺臭，國人或不欲自暴家醜，除痛心疾首之外，對他便有不肯談、不屑談的隱衷。從他死後到現在，還不過四十餘年，國人似已把他完全遺忘了。在口頭上或文字上，都已把他除了名。現值抗戰建國五十周年紀念日，作者痛心的舊事重提，不是替他算陳帳，論斤兩，而祇限於他雲霧般的「死事之謎」。藉供讀者閒話的資料。

逃脫國法幸運先死

中國對日抗戰八年之中，南北各地的殘餘軍閥、野心政客，乘機興起，在日本軍閥操縱、指使、卵翼、豢養之下，認賊作父，沐猴而冠，紛紛成立偽組織者，先後有蘇錫文、傅筱庵的偽大道市政府與上海市政府；王克敏、王揖唐、齊燮元的華北臨時政府；梁鴻志、陳群、溫宗堯的南京維新政府；以及汪精衛、陳公博、周佛海等的南京偽國民政府。

汪精衛、陳公博、周佛海等的南京偽國民政府，成立於民國二十九年三月三十日。當時汪精衛意氣洋洋，風流倜儻，不下於孫仲謀、周公瑾。其隨從城狐社鼠，群魔亂舞，陳公博或是陸遜、呂蒙一流，周佛海書生之見，或可比作張昭；但他偏要學魯子敬，便無怪其要自誤誤人；褚民誼扮演喬玄；陳璧君則好像吳國太。此皆熟讀三國演義者之所言，我亦姑妄言之。金陵龍蟠虎踞之地，東晉六朝之都。這時不特成了汪偽僭號的新京，也作了日本中支派遣軍總司令岡村寧次大將的行轅，侵略中國發號司令的大本營。

多行不義必自斃。為時不過五年，三十四年八月，廣島、長崎吃了兩顆原子彈之後，日皇知道大勢已去，不得已乃於八月十四日下詔向盟國投降。樹倒猢猻散，皮剝毛亦無可附，中國所有漢奸的偽組織，便一齊垮臺，群魔眾怪，以及無名之輩，大都東奔西竄，逃命要緊。大奸巨憝如陳公博、周佛海、殷汝耕、王揖唐、陳群、繆斌等等，自然難逃國法的審判。結果不是自殺便是病死獄中，或槍決服刑。甚若二次世界大戰的罪魁禍首，也難逃過天誅，如德國的希特勒、舉槍自殺；義大利的墨索里尼，民眾公審處死；日本的近衛文麿，吞毒自盡；東條英機，由盟軍處刑。亦皆說明了公理昭彰，難逃法網。惟有汪精衛，算是最幸運的了。由小病變成大病，大病變成沒命，先一年逝世於東京醫院（算是正常死所）。既不親見其傀儡劇落幕的慘景而要為之傷心痛苦，也不但逃脫了國法的審判誅戮，且得安然（以後墳被義士破壞，並未安然）歸骨於國土。就他個人而言，算是死得其時，死得其所。

死與希魔同屬於謎

汪精衛終在抗戰勝利的前年，死在日本東京帝國醫院。時已傳播中外。他究竟是怎樣死的？實不能令人無疑。如外國人對希特勒這惡魔之死，就鬧過很多奇奇怪怪的傳說。我上面已經說過：汪精衛的行動，也有希特勒的神經變態質。而今他「死事之謎」，亦與希魔之死，有同樣的許多怪誕傳說。即是一些神經過敏者，亦認汪精衛之死，必非如當時所傳播的那樣單純，散播出許多可疑的猜測。現在且先說說希魔之死：根據當年國際新聞報導：德國納粹領袖希特勒的末路，是發生在一九四五年四月三十日。當希特勒獲悉同盟國在歐洲戰場擊垮了德軍以後，知大勢已去，回天乏術。乃在其他下指揮部的辦公室內，坐在他妻子愛娃的身旁，把自動手槍，插到自己嘴裡，扳動槍機自殺的。愛娃則是咬碎一粒氰化劑丸而死的。他倆的屍體，當由其部屬，擡到總理府花園中，澆了汽油燒化後，於是日午夜，屍體殘骸也收埋了。時蘇軍的大砲，則猛轟德國總理府一帶地區，使他們的殘骸，也完全化為粉塵了。德國崩潰約三星期之後，蘇聯特務頭子們，在柏林說：希特勒縱使真的死了，也不像新聞報導所相信的，在他的地下辦公室裡吞槍自殺，屍體後來在附近火化的那樣（報導大意如此）。

由於蘇聯特務人員的一句無關輕重的閒話，於是大家對希魔之死的情景、方式，和他未死、猶在人間的種種流言，便是這樣導發出來的。過去四十多年來，傳說真是不一而足：一、有人傳述，他和情婦伊娃，是同服氰化物毒死的；二、有人說希魔是被人燒死的；三、有說他是舉槍自殺的；四、有人說他在柏林巷戰時，縱火自焚的；五、有說他與情婦在套房內，自己先服毒，再槍殺情婦同死的。以上諸說，都是大同小異。六、有人說，一九四五年，盟軍突破德軍柏林最後防線後，他乘潛艇逃離了德國；七、有人說一九六八年，他和愛娃還在哥倫比亞露過面。根據這種種傳說，希特勒是死是活？也成了一個謎。直到最近，臺灣《中央日報》，猶刊載一段消息說：一名阿根廷商人郭瑞西克，對外宣稱：「希特勒並未在二次大戰結束時，死於柏林地下室碉堡。而是在一個月前，死於阿根廷。」（見七十六年二月二十二日《中央日報》）。總之，世事無奇不有，也變幻莫測。關於希特勒的死事，與其相信空隙來風的傳說，便不如待有確鑿證據之後，再說吧！同樣的，國人之神經過敏者，亦覺汪精衛之死，有些離奇古怪，也就產生了若干揣度的傳說。

重拾兩段過去紀錄

在沒有說到國人對汪精衛之死，諸多揣測傳說以前，先要重拾二年前拙作〈陳璧君的末路〉舊文中的兩段，以明我過去對汪氏去世所知道的一點大概略。

1.汪有自知、陳漸醒覺：汪精衛是在日本投降之前死的。他在民國三十二年去參加日本舉行所謂的「大東亞各國會議」時，適其脊背原被刺時未曾取出之子彈，疼痛難忍。這子彈是二十四年秋他在南京中央黨部開會拍照時，被刺客孫鳳鳴狙擊，射了三槍，刺客雖被張學良制服，而汪背脊之子彈終未取出。現時舊創復發，乃返南京就醫，經過手術一月之後，痛反加劇。三十三年，因復赴日本治療，偽府則由偽立法院長陳公博代主席。通常醫院一般重病患者總是躺臥在床上的；但汪則躺不下來，日夜正襟危坐於特製的椅子上。由頸項至腰腹部，且都用石膏綁縛，終日不能轉動，動則痛苦難當。加以他原有糖尿病，由於子彈作祟，打針服藥，亦不見效。汪自知病將不起，乃預留遺囑，安排後事。他此時似已完全清白，覺今是而昨非，對其前途，亦料到必無善果，故其遺囑四點：一、不鋪張。二、不國葬。三、墓碑只寫汪〇〇墓。四、時局稍定，歸葬廣州廖仲愷墓旁。

越半年餘，民國三十三年秋，汪終病死於日本東京醫院，屍體用專機運回南京大殮。時偽府顯要多主修改汪的遺囑，按國民政府元首崩逝禮儀舉行國葬。獨陳璧君堅持不可。「應遵照其遺囑，不能改變」。人之將死，其言也善，汪似已有「自知之明」，且已預見到前途。而陳璧君此時似亦醒覺過來了，覺得非分之舉，反足以自取其辱。結果並未完全依照汪之遺囑，將汪卜葬於南京梅花山孫（中山）陵附近，譚故行政院長延闓墓之間，而未安葬於廣州廖墓之旁。不過事頗稀奇，抗戰勝利後，忽被發覺汪墓不知何時被炸掘開，屍骨亦不明去向。時陳璧君已被捕下獄，子女風流雲散，也無人出面追究查問了。汪死而有知，當深悔不以「楚囚」死，空負「少年」時頭顱矣。

2.三次歷險，終於遺臭：汪精衛病死日本，世人始終將信將疑。外傳為體內遺彈舊創復發所致。果爾，照常理而言，亦不至喪命。據日本醫生說，汪所患的實為「粉骨病」。過去舉世罹患此症者，不過三人。病症如何？外行自不得知。惟汪以一個昂藏七尺之軀的美丈夫，病中身體逐漸縮小，判若兩人，有人即疑是被日人謀害，像吳佩孚之死於日醫不明不白的牙痛病一樣；有人則謂，事實上日人似無此必要。開始走霉運的人，自然也不會有人仗義執言去追究它，和其屍體被盜後的情形是一樣。也有人說：「汪臨終之際大呼『東條誤我』……。」不過汪在病重時，東條的確曾赴醫院探過病，知已無救。究竟是東條誤了汪，還是汪誤了東條？這筆帳現在也無法算清了。

根據上述兩段文字的記載，與國人許多傳說，綜合觀之，汪精衛去世的情形，除了舊創復發、遺囑、粉骨病、日人謀害、謀害原因等，幾點可疑之謎以外，其他還稱情理正常。茲僅就幾點可疑之謎，分別言之。

遺彈舊創復發致死

汪精衛之死，據日方宣佈，表面的主要原因，是肋骨間的遺彈，起了化學作用。根據日醫診斷，非動手術難治。但經過手術開刀之後，實際發生的結果，便成了半身不遂，癱瘓於牀，醫治數月，突然病重而死。當汪氏於二十四年被刺時，曾由某德醫診治，認為子彈留在肋骨間無礙，不必取除。至三十三年時，遺彈已經過了九年，並無怪異，是否會突生化學作用？三十二年，他赴日本開會時，脊背忽疼痛難忍，是否即為遺彈作祟或另有緣故？如確認為遺彈作祟，是否必須開刀？

手術開刀後發生半身不遂，成了癱瘓，是否早已預料，或料到而未防治？癱瘓期間，病者神智清楚，還預立了遺囑（原文未見，所謂「遺囑四點」，或係口頭之囑），而且又經時半年，何以會突然病重而死？凡此疑點，事後日方除正面的公開露佈者外，亦未見有任何其他的說明，自不怪國人有謎難釋了。因此之故，另一疑問，接著發生了。倘汪精衛在臨終之際，果有遺囑公佈，那上述問題，可能答解一部分或全部。於是汪氏究竟有無遺囑？不免又成了可疑之謎。

遺囑有無與其內容

汪精衛在南京，雖以傀儡僭稱偽國民政府的主席；但他自視，絕不認為是僭竊，必妄以一國的元首自居。通常一國元首——即令是偽元首——之死，除了災難急死者外，多數是有遺囑的。汪精衛不但深明遺囑的意義，且曾為中國國民黨總理孫先生記錄過遺囑。同時，他雖在癱瘓之中，神智卻很清醒，又自知病將不起，對其個人身後之事，尚且交代了遺囑四點（見〈陳璧君的末路〉一文），難道他對於親手所創造的偽組織和國家的前途，會毫無動於衷，除一己之私以外，而無一點大事交代嗎？這在情理上，是很說不通的。所以汪精衛生前留下遺囑（不論代錄或口頭），決定是有的。

但其內容如何？大家猜測，合理的猜測：其中必有很大秘密；必有不可以告世人之處；必有不利於日本的指責。關於這些，吾人由汪氏臨終時，大呼「東條誤我」（見前引陳文）之言，便可明白證明。遺囑既有不可告世人與對日本不利之處，日本當然不會允許公佈，甚或早已把它銷燬了。

由於遺囑內容之不能揭露；亦以汪已無剩餘價值可以利用了；於是置汪於死地以滅口的計畫，恐事久生變，便謀之急矣，故汪氏之死，自然就要引起了大家的懷疑。至於汪氏親屬及偽組織中的次號漢奸，縱有悉其內容者，為自保計，亦祇好作三緘其口的金人。否則，可能與汪氏要同歸於盡。

重演謀害玉帥故事

國人對汪精衛之死得奇離古怪，直言之，即是懷疑日本人施了一貫的陰謀手段——謀害。自日本軍閥的鐵蹄，踏進中華國土之後，日本特務人員在土肥原領導之下，對我國人上下所做的傷天害理、喪心病狂的奴役、壓迫、謀害、毒殺的勾當，直是擢髮難數。手段之毒辣，亦無所不用其極。茲僅列舉謀害吳佩孚（玉帥）一例為代表言之。

日本軍閥，在中國進行的傀儡組織，原來搞的是「南唐、北吳」。即在南方想利用唐紹儀（少川），北方想拉攏吳佩孚（子玉）。及唐少川在滬被刺，便向吳玉帥積極展開進攻。無奈吳佩孚大義凜然，拒不受遺。於是又轉方換向，傾力對汪精衛做工作。汪在最初，亦畏縮遲疑不敢進。日人一方仍挾吳以脅汪，迫汪讓步馴服；一方繼續迫吳，吳則始終倔強不肯就範。日人認為如不臨之以威，則吳汪兩人，恐一無所獲。日方殺雞儆猴之計決，則玉帥危矣。

二十八年十月，吳玉帥以牙疾，求治於日人伊東醫生。伊東在平行醫，已近三十年，亦素為玉帥所信賴者。治醫數日，尚未動手術，即由牙病轉為敗血症。未久，便一命嗚呼。中國民間相傳有句俗話：「牙痛不是病」，而吳玉帥竟以牙痛喪生。自不免引起國人一種傳說：在吳死之前約二月左右，有某女士名Y、C者，原是某局長的下堂妾，曾寄拜玉帥夫人二奶奶為義母。一日由津到了北平，特來拜見義母，並致送很多貴重禮物。自道其別後生活，且謂其夫在港，事業相當順利。吳二奶奶於歡迎之餘，接來家居。她便大展手腕，博得義父母皆極歡欣，視同親生。她且時為義父燉燕窩、煨參湯，親切得無以復加。約二月左右，在吳二爺毒性發作之前數日。忽謂其夫因病來電急召，要求返港一行。在勢不可留情形之下，乃與義父母殷殷揮淚而別。大約當她尚在滬港輪上時，吳即撒手人寰。後來傳聞：Y、C女士，雖功成身退；但經時未久，亦以身罹怪疾，醫藥罔效，追隨吳玉帥而去了。以此例彼，汪精衛之死，十有八九，也是遭到日本特務的毒手。還有一顯明的事實，更可資為佐證。即汪精衛有一個親信侍從周隆庠，老成精細，侍汪已有多年。汪氏赴日就醫，周亦常侍左右不離。當汪氏臨終前數日，日本醫生則假藉口實，不許周在病房侍奉。周縱不放心，亦無可奈何！重重疑雲，唯此更不易破。

以粉骨症惑人視聽

汪精衛之死，最初根據日本醫生云：為「體內遺彈，舊創復發」所致。繼謂：汪氏所患者，實為「粉骨症」。過去舉世罹此症者，不過三人（見前引陳文）。然大家所瞭解的事實：汪病由舊創復發（假定是）而動手術。手術以後，成為半身不遂，癱瘓不能動彈。結果，又成了奇怪的「粉骨症」。實使人如墮五里霧中，更加莫明其所以然。此種病症，在此以前，卻從未聽人說過。病情如何？是否與手術、打針、吃藥、綁縛有關？半身不遂、癱瘓不能動，是否為其必然現象？病中軀體逐漸縮小，是否為其必然結果？當時既有這種舉世罕見的奇症，繼日醫之說以後，何以未見舉世其他醫生有所反應？國人有詢之西醫及中醫者，亦皆說：醫書上找不出這種醫例。由此種種疑問來看，也實難逃出本文上述第五節中所指之推斷。如果不是醫生庸碌，誤診殺人；便是日醫明知固昧，播弄玄虛惑人視聽，以掩其謀害的把戲。使汪氏竟作吳玉帥第二。

「粉骨症」的病象，果是病中軀體逐漸縮小的話，近代文學家易君左先生，曾對作者閒話中，說過一種彷彿相似的病情，即他本人的父親易實甫先生（字順鼎，與樊樊山同為清末民初，國內的大文學家。），晚年，初無任何病象，僅身體疲軟乏力多時。繼之臥床數月。經中西醫診治，皆不明其為何病症？不但醫藥罔效，身軀亦逐漸縮小。到其死時，縮小得如同小兒童的軀體。這病情的發展，如即是所謂「粉骨症」，亦實與汪氏由舊創復發病，加上日醫人為病，曲折轉致的粉骨症，全不相屬。因憶述之於此，俾供研究者的參考。

因何謀害必致其死

根據上述種種道路風傳，相當可以肯定汪精衛之死，顯係被日人謀害的成份居多。但汪氏既作了日本傀儡，已被日人牽著鼻子走，日人自可任意來安排驅策。又何必要加害，非置之死地不可？國人亦有幾種傳說：

1. 日本軍閥，盲目對美英作戰，一鼓作氣，再衰三竭。終致人、財、物力皆難支應，兵源尤為缺乏。日、韓、臺各地，所有壯丁，亦悉索蔽賦，驅之前線作戰，仍難以為繼。因迫令汪偽政府，徵送壯丁五百萬。藉口召開所謂東亞各國會議，誘汪氏赴日，簽立「壯丁供應協定」。汪氏倔強，推拒抗命。這不異是汪氏坐視日軍崩潰於不顧。自為日人所難忍受。便施個先發制人之謀。
2. 汪偽政府，既作了所謂大東亞組織之一。實際祇負有義務，而無所謂權利。南京偽政府成立以後，除在形式上作了日本的伙伴，實際上也沒有盡到什麼義務和責任。不但早被日人目之為「和平的抗日份子」，尤恐變生肘腋，禍來不測。與其為防不勝防而傷神著慮；自己亦覺欺騙伎窮；

妄認不如「殺彘教子」之為得計。

3. 汪精衛之投降日本，初本畏縮不敢進。繼經日方面引誘、恩威並施，始得勉強就範。這在日人方面，卻是始終不敢放心的。欲移王克敏勢力南來以削汪；但王的資望地位，又不足以號召全局。或云：汪氏的「和平運動」，乃中國抗日的另一面，汪氏與重慶聯繫的秘室，已早被日本偵悉，（有人說：後來周佛海與戴笠將軍之勾搭上線，即緣於此。）騙汪赴日，藉口治病，實已早伏殺機。

4. 汪精衛臨終，大呼「東條誤我」。這「誤我」的內容，外人固尠有知者，但經其一語道破，其中必大有文章，包藏著很多秘密。及大東亞組織，行將瓦解；日本已漸趨末運之際。汪氏既再無利用的價值。此一串絕大秘密，便不能讓之流播人間。汪氏不存，便一切死無對證了。所謂「東條誤我」，或謂：為太平洋戰爭的決定，係東條利用汪精衛說明天皇發動的。次日，汪偽跟著對英美宣戰。後來汪氏深悔上了大當。不知是否？

設汪未死種種假定

中國對日抗戰，勝利的來臨，實全出乎平常情況之外。來得太快，來得突然。以致弄得全國上下，一片混亂，一時措手不及。如對日受降接收；全國復員；偽軍安撫與改編；對付中共乘機擴大叛亂；美、蘇干擾與袒共；政府與中共互爭接收；舊軍閥與政客之混水攪亂、縱橫捭闔。總之，國事之千頭萬緒，紛繁複雜，亦莫甚於此時。所以有人說：汪精衛死得恰到好處，死得其時，算是一個幸運兒。因此，有好事者，便提一個相反的假定：設汪精衛此時未死，仍握有偽政府的大權。此時中國局面又如何？當此天下洶洶、激動不安之際。他還會作壁上觀，而不會如中共一樣，趁火打劫，為其偽組織或其個人構造一條出路嗎？這條出路又將怎樣？於是有人又提出種種假定。現在雖早已時移勢遷，這些固然是無聊的假定；但不全是無稽之談。亦不妨姑妄言之，當作遊戲可耳。

第一、有人說：抗戰勝利，漢奸們的末路，顯有幾種形態：1.如陳公博一樣，坐以待捕，安然入獄、挺身國法，從容就刑。或如梅思平、林柏生、殷汝耕之視死如歸。或如周佛海之死吃白賴，搖尾乞憐。或如殺人不眨眼的丁默村一聞臨刑消息，即魂飛魄散、失去知覺。2.如陳群之流，自知難逃國法之誅，安排後事之後，服毒自殺。3.如王揖唐之輩，不安於獄，裝瘋賣傻，臨刑猶如「大總統開恩！」4.如陳璧君之流，雖幸免一死，又不接受宋慶齡、何香凝的保釋，終於瘐斃獄中。汪精衛如果被捕下獄，究竟將會採那一形態，以了其殘生？很多人的答覆，為一問號。有人說：汪氏過去既敢冒天下之大不韙、賣國求榮，組織傀儡、笑罵由人笑罵，主席（偽）自我為之。既已廉恥盡沒，當日本宣佈投降時，他可能走上第二假定。

第二、日本無條件的向盟國投降。我政府對於深仇大恨的敵人，仍本中國傳統的美德，宣佈「以德報怨」，以換取「化解國際仇恨，求得中日兩國的永久和平！」這種恢宏氣度的作風，不但深荷日人的感恩，亦盛傳譽於國際。此時汪設未死，或也會見風使舵。可能巧辯其本意：原在「救國」，與中央祇是「主和、主戰」意見與方式的不同而已。提出「極低條件」，向政府作「投誠」的試探。中央如感於當前國內外的惡劣環境，尤其是中共在國際支援下的全面叛亂。權衡利害輕重，或可能如寬恕日本一樣，而不追究其既往。網開一面，予以自新之路。後來周佛海死罪之被特赦，即可見之。當時果實現了這一假定——如周佛海所說「重演寧漢合作」故事的話，那今日大陸，可能又是另一局面。因之，有人更認：抗戰勝利，乃新中國建設，千載難逢的機會。正待團結全國力量，眾志成城之時，也絕不會有如無知婦人慈禧之「寧給外人、不給家奴」的卑劣意識。此路真的走不通的話，他又很可能走第三假定。

第三、江南是全國最繁榮的區域，也是南京汪偽政府的近畿。京、滬、杭江南三角洲的駐軍，全是偽陸軍第一方面軍任援道所轄的十幾個師。加上蘇北部隊，不下二十萬人。如再號召集合各地其他偽軍部隊，與所謂義軍和土匪，數量仍是可驚的。汪設未死，又能指揮控制的話。縱不敢說可以左右全局，卻確有舉足輕重之勢。對中央為利不足，為害則大有餘。日本投降，汪如在此時此地，獨樹一幟，待機而動，也不與中共結合。國軍強迫東進，江南靡爛與有利於中共，固屬必然。而對日接收，亦絕不會如後來之順利、圓滿。汪精衛這時，縱不能霸佔大江南北，即率所部遠竄西南，割據一地以自雄，也並非絕無可能。如當國軍接收武漢之前，湖北偽省主席兼偽綏靖公署主任葉蓬，曾專赴南京，與偽國府主席陳公博會商，即有勾結全國偽軍，另建局面的企圖。他若陳耀祖、李濟深、陳春圃都曾向陳公博作過類似的建議。無奈陳公博書生之見，而無撥亂反正之志。如易以汪精衛，相信決策必又不同。那時，與中央及中共形成三角鼎峙的局面，角逐中原，自然也是抗戰勝利的悲劇。汪如走上第四假定，那就更不易收拾了。

第四、抗戰勝利之際，中共仍勢孤力薄，又冒險展開全面叛亂的行動。需要外援，急如星火。因而乘機多方劫掠，侵佔地盤、偷襲國軍、收編土匪與義軍、搜刮物資，以充實其叛亂資本。抗戰時，中共能與日軍勾結，襲擊國軍。勝利後，與汪偽勾結合作，在他們的戰略戰術上，也是毫不足怪的。汪氏雖佔有全國最繁榮富足的江南地盤；復擁有二十餘萬軍隊的雄厚資本；如真要獨樹一幟，以抗強力的中央，力量自然是不夠。需要外援，與中共正同。在汪、毛互需聲援之時，狼狽為奸之勢，自可一拍即合。故汪誠無路可走，中共又能給以平等的合理的（自然是暫時性戰略性的）條件。犄角為奸，互相聲援，互圖發展，夾擊以抗中央。那中國大陸之全陷魔掌，或亦早於民國三十八年了；總之，汪精衛之死，當年誠是大快人心！亦若日本之吃到原子彈，同樣是令人鼓掌叫好的事。但汪氏死事的離奇，又是傳說不一。孰虛孰實？殊難究詰；但都不過如星相家之言，殊難置信。尤其沒有什麼星相家，會替死人看相算命的。一些為汪氏「未死」所作的種種假定，人云亦云，毫無事象可尋，更不異是替死人看相算命。信不信由你。

汪精衛悲劇終場的前因後果

石康

我曾企圖寫幾部人物傳，以一人或數人甚至數十人為中心，其背景卻是民國初期的革命奮鬥史和反革命勢力最後掙扎的幾個階段。尤其自民元的統一而啣接著洪憲帝制和南北戰爭的種種怪劇；與十五年北伐告成而有共黨叛亂等等，但截至現在都沒有空餘能靜靜地落筆，做為一個習文史者未嘗不是件憾事。

如果找抗戰時期貽誤軍國大事的主角，莫宜於汪精衛和張學良。我很留心這兩人與中國局勢有關的一切行動，曾默記下來，以備將來之用。我當初對汪的印象原是不壞的，或者如一般人一樣，為他的虛聲和偽態所惑。經一位朋友指點我：「你所見的是他的外貌，而未曾進一步作內心的透視。汪是個外柔而內奸、行動矛盾、自尊與自卑心之交織，只爭政權而不擇手段的人。」說這話的時候汪還是黨國的領袖，從此我留心體察，證明那位朋友的相人術比我高明。

三十四年春間，上海已臨勝利的前夕，奸偽報紙還在歌頌死人，對汪作種種歪曲誇大的宣傳。汪葬在梅花山——明孝陵前的一座山頭。這實在不是汪生前的理想。民國二十六年三月六日，行政院討論朱培德應予以國葬的事，汪忽然感觸到自己的身世，曾親筆預寫遺囑，死後當葬於廣東的白雲山，墓旁植梅花數株，僅書「汪精衛之墓」五個字。先是汪陳（璧君）等在該山山麓購地七畝，葬了幾位革命的殉難志士。他欲於死後魂歸一處，乃有此項遺囑。但是汪死後滬粵交通便塞，乃依陳璧君的建議，就近葬在梅花山。

我現在把汪的一生簡記於後，就可以見到他落得悲劇終場，不是偶然的。

汪的祖籍是安徽婺源縣，後遷居於浙江之山陰，曾卜居數世。其父省齋（名琡）宦遊於粵，才入番禺縣籍。其生母吳氏卻是真正的廣東人。汪於光緒九年（一八八三）三月二十八日巳時生於三水縣署，其父年已六十三歲，母的年齡比父小三十歲。其嫡母盧氏生有一男三女，男即汪的長兄兆鏞。汪名兆銘，因排行最幼，故字曰季新（汪的部屬常呼之為季公）一字癸辛，精衛是他在《民報》時所用的筆名。

父親在縣衙門裡做窮師爺，過著極端清苦的公務員生活，但還根據「世代書香」的舊腦筋，五歲就把他的晚子送入家塾。晚間還得抽出工夫親自督課，授以王陽明傳習錄及文史諸書。

十三歲喪母，十四歲喪父，汪的幼年走的是一步墓庫運。他繼續受教於其長兄兆鏞。兆鏞待他極嚴，顏色不稍假借。汪的學業得了他的力，但是又怕他，又恨他。後來汪的個性外表像極謙和，內心卻極狹隘，報仇與爭功之念交織，便是由於幼年的心境所養成的。汪尚有二兄兆鋐、三兄兆鈞均為同母所出（吳氏），且均受教於兆鏞。兆鏞生性冷酷，庶母生前亦深憚其人。汪有「秋庭晨課圖」為紀念其母而作。

因家境清寒，十七歲汪就做了教書匠（猢猻王），束修月才十元。同時從他的姐夫袁尹白練寫字。十九歲（辛丑年）縣府試皆列第一，以此受知於學使朱祖謀，補了一名附生。二十一歲（光緒二十九年即一九〇三年）考取留日法政大學速成科官費生，即東渡留學，時值日俄之役，一年半畢業，又以自費生升入法政大學專科，其經濟來源是由譯書而來。

那時候在日本的華僑和留學生分為保皇、革命兩大壁壘。一九〇五年七月孫中山先生到日本與黃興會合，創立同盟會於東京赤坂區檜町黑龍會內，汪與朱執信往謁孫先生，加入為同盟會會員。那時候中國青年對滿廷一致吐著不滿的怒火，有變法和推翻清室的兩種趨向，莘莘學生，不歸楊則歸墨，而徘徊於歧途者亦不乏人。這一年汪謁保皇黨領袖梁啟超於橫濱未遇，才改投孫黃的懷抱，這是他生平最大的幸運。

七月三十日同盟會開籌備會，汪任起草會章。九月十三日留學生開歡迎中山先生及慶祝孫黃合作大會，汪與胡漢民均參加。八月二十日同盟會開成立大會，公推中山先生為總理，汪得為評議員。同時革命派為對抗惡紫奪朱的《新民叢報》（保皇黨的機關報），特創立《民報》，延聘由滬出獄的大文豪章太炎為主筆，汪為撰述人之一。

這個年僅二十三歲的血氣方剛的少年，裝著一顆不居人後的野心，竟欲打倒文名瀰漫全國的國學大師，而奪其主筆之席。而那時候保皇黨有梁任公縱橫上下的一隻筆，能指鹿為馬，能把死人說活。同盟會眼中堪與之匹敵的只有這位綽號叫瘋子的章先生，所以奉承之唯恐不謹，怕他走到不同的路線上去。果然他被汪一頂撞，氣得摜筆就走。革命中堅黃興、宋教仁都責汪不應逼走他，同志們也都罵汪「逞個人之意氣，而使本黨喪失了一個具有號召力的文壇宿將」。

清廷見革命黨的聲勢日大，請求日政府予以取締，而西園寺內閣公然壓迫黨人出境。汪、胡遂隨中山先生赴河內，《民報》被迫停刊，陳天華忿而自殺。那時候汪的長兄在兩廣總督岑春煊幕中，還替兄弟說妥了一頭親事，是同事劉子蕃的妹妹。後來得知兄弟當了革命黨，嚇得他向番禺縣遞呈「驕逐劣弟，永絕家庭關係。」汪也有信給長兄「自絕於家庭」，且不承認劉姓的婚姻。劉女初還矢志不嫁，後經乃兄苦勸，才改適他人。

革命搖籃地由東京移到南洋來，在海天溫暖的一角，遊說華僑「有錢的出錢」，為購械和運動軍隊之用。光緒三十二年即一九〇六年，革命黨在欽廉舉義失敗，清廷又要求安南驅逐他們，汪隨中山先生逃到新加坡來。檳榔嶼小蘭亭是當地華僑的俱樂部，汪在那裡邂逅了番禺人陳璧君，她是富僑陳耕基的女兒（那時候叫陳冰如）。

一九〇九年即宣統元年，保皇黨死了個「賢聖之君」，國內外的空氣才漸漸地變過來，開始以革命黨為救國的對象。中山先生命二十七歲的汪赴荷屬文島向華僑募款，在那裡遇見了他的對頭章太炎。章因恨汪而及孫，與陶成章等在南洋各地排斥中山先生，另組「光復會」以資號召。這雖由於章的氣量小，而汪以少年意氣之私，不惜分化革命陣線，亦有應得之咎。他在文島不得志而歸。

這一年又有鎮南關之失敗，中山先生赴美募款以圖再舉。汪胡等在新加坡創辦《中興日報》，與該地保皇黨的機關報《總滙報》展開筆戰。其間汪曾赴仰光一次。那時候陳璧君在日本，汪也追蹤到日本去（因與同志意見不合），同志竟不知其蹤跡。以後他在日本與黃復生、喻紀雲、曾醒、方君瑛、黎仲實、陳璧君等組織暗殺團，試驗炸彈，被日本警察驅逐出境，十一月乃與陳璧君、喻紀雲等潛赴北京，遇川人黃樹中、羅世勛等（黃就是後來頗有名的黃復生，因不死而更名）。這兩個受了吳樾謀刺五大臣的影響，想刺殺攝政王。他們四人遂在順治門外大街江西會館附近開設守真照相館，為進行暗殺的秘密機關。

汪偕黎、黃、陳、方等回到香港，在黃泥涌秘密製造炸彈。不久再度北上。臨行時他留書中山先生作別，有「欲維持團體，要在努力於事實之進行，則灰心者復歸於熱，懷疑者復歸於信」之語。先生曾力加勸阻，汪的密友胡漢民先生也聲淚俱下地勸他不要幹這無益之舉，他都不肯聽。且作書告別南洋諸同志，略謂：「……今者將赴北京，此行無論事之成否，皆必無生還之望，故預為此書，託友人胡漢民代存，事發後即為代寄。……弟將為此事，生平師友知而責之，以為死之易不若生之難。顧以革命之事，當就其性之所近者擇一而致力焉。……死者已矣，生者因將來革命之風潮日高，而其所負之責任亦日重，其勞瘁苦況必有十倍於今日者。弟不敏，先諸同志而死，不獲共嘗將來之艱難，誠所愧悳。弟雖流血於菜市街頭，猶張目以望革命軍之入都門。」事後胡為之大作宣傳；這些都是革命史上的重要文獻。但是後來汪胡的感情壞到極點，而汪由一個慷慨悲歌的志士，變成了卑劣無恥的奸魁，真是誰也料不及此的。

宣統二年二月二十一晚，由羅、黃二人擔任埋炸彈的工作，因地安門外銀錠橋為攝政王上朝必經之地，乃在橋下埋置炸彈，包炸彈的鐵罐是在騾馬市大街鴻太永定鑄的。不料事機洩露，黃復生被捕，汪亦在東北園住宅被拿。這在當時是一件震動朝野的大事。汪被捕時口占四絕：

啣石成癡絕，滄波萬里愁。孤飛終不倦，羞逐海鷗浮。
姹紫嫣紅色，從知渲染難。他時好花發，認取血痕斑。
慷慨歌燕市，從容作楚囚，引刀成一快，不負少年頭。
留得心魂在，殘軀赴劫灰。青燐光不滅，夜夜照高臺。

他的供詞極長，有「法之待安南，視其國王如一敝屣，而國王乃日仰其鼻息以求活」之句。清廷的民政部尚書肅親王善耆以為在籌備立憲的時期，殺幾個黨人無濟於事，不如採取懷柔政策，以示朝廷之寬大。他的真意是想從汪的口中得如革命黨的內幕，從而採取疏導的策略。他說服了法部尚書廷杰和攝政王（廷杰本來是主張處汪以極刑的），判處汪、黃二人終身監禁，羅監禁十年。汪在獄中備受優遇，肅親王不時地跑來探望他。另一個探監的是他的情人陳璧君，汪賦〈金縷曲〉報之。宣統三年八月十九日武昌起義，清廷起用袁世凱，法部尚書紹昌奏請釋汪，其所持理由是：「其供詞無狂悖之語，而熱忱苦志，時流露於公庭對簿之間。似此舊學新知，實屬不可多得。其才可用，其志可悲。倘望天恩釋放，加以驅策，當更感激聖恩，濯磨自效。」那時候汪竟變成了一個紅人，粵督張鳴歧奏請調粵試用。九月十六日清廷明詔釋三人，發交廣東候用，每人發給川資三百兩。汪在獄的時期剛剛是一年半。

他出獄時頗像奏凱言旋的英雄，提牢官還向他作了個長揖，當天下榻於騾馬市大街泰安棧。他作書答謝肅親王和內城總廳廳丞章宗祥。那時候袁世凱早已計劃著在清廷和革命黨對峙的局勢中製成第三者的地位。他的第一號智多星就是民國初期最大的政治陰謀家趙秉鈞，看中了汪是個可供利用的人物，勸袁從張的手中搶過來。袁便奏請留京使用，獲得清廷的許可。袁命汪與楊度共組國事共濟會，又命長子克定與之結盟為異姓兄弟（袁慣用這個手法籠絡當時的人才）。汪亦看中了袁是當時炙手可熱的強權，（曾偕克定赴洹上訪世凱），而願入其彀中。後來崇拜強權變成了他畢生的特性，甚至屈膝於外國強權之前，足見其生性如此而非偶然的。（汪因羅的供詞牽涉他，終身啣之刺骨。又擅以三人的川資捐作共濟會的開辦費，因此羅不得回川）。

清廷有兩個著名的貝勒：一為貪污的載洵，到奉天時不肯下車，索貂皮三千套，罄奉天之所有不足此數，地方官吏乃派急足進京採辦；一為清廉的載濤，其黨徒有良弼、吳祿貞等。袁之再起走的是慶記路線（貪婪的慶親王）。載濤認亡清者必此人，乃派吳的第六鎮移防石家莊，旋保舉為山西巡撫，命他斷袁的歸路（袁在孝感督師）。而吳也想剷除袁的勢力，他另有目的，想響應革命軍推翻清室。袁識破了吳的心機，遲遲不敢北上，暗中卻賄通吳的部下刺殺吳，才敢進京就所謂內閣總理大臣之任（開北洋派收買別人的部下倒戈的一個例）。但是他的另一眼中之釘良弼仍健在，他不敢殺宗室留一背叛清廷的惡名，想用借刀殺人之計，假手於黨人以殺之。所以放了一種空氣說：「清朝願與革命軍講和，宣布共和政體，阻撓和議的是良弼這一般人」。果然激動了黨人彭國珍，持奉天講武堂監督崇恭的名刺，冒名往謁良弼，劈頭投一炸彈，二人同歸於盡。彭的消息得自黃復生，黃又是從汪的口中聽得來的。不但如此，崇恭的名刺也是由袁交給汪，再由汪交給黃的。這明明是一件政治性的陰謀，而彭烈士不過供袁的間接利用，而為黃的直接工具。

袁、黃勾結的內幕，湖北人魏宸組也能道其詳。袁於九月二十三日由彰德進京，翌晚即召汪密談，所談的便是設計害良弼和怎樣聯絡革命黨傾覆清廷的機密大事。二十五、六兩夜繼續會談，汪介紹魏加入團體，魏是當時外交部主事。以後每隔三五日袁必密召汪一人或汪、魏二人共談，談的時間都在深夜，習以為常。有一天汪偶然私告魏：「我不過想利用袁世凱而已，你能夠用炸彈炸死他嗎？」嚇得魏連連吐著舌頭說：「這件事我斷乎做不到。」

十一月中山先生返國抵滬後，汪暗中受了袁的使命，偕楊度南下襄贊南北議和。他外貌還站在革命黨的立場，骨子裡卻已化身為袁的策士和間諜。是日中山先生膺選為臨時大總統，汪在滬與陳璧君結婚。婚後中山先生派他北上迎袁。不久他又南下，一方擔任北方議和全權總代表唐紹儀的秘密參贊，一方又為南方總代表伍廷芳的公開參贊。他下榻觀渡廬（伍宅），每日有密電與袁往來。

袁叫他包辦革命黨的事，把革命黨圈進來做袁的私人工具。民元一月二日灤州獨立（反袁運動），袁有電切責他。他說：「這不干革命黨的事，是土匪行為。」是役起義者王金銘等都戰死。一月十五日通州革命失敗，袁又有電質問汪：「你怎麼不能約束革命黨的行動呢？」汪仍答以「是土匪。」一月十六日袁在東華門外遇刺，張先培等被擄就義。袁實在忍不住了，電汪說：「這難道也是土匪嗎？」汪答：「當然是的。」一月二十九日天津舉事失敗，袁又罵汪事前防範不力。汪在南京擬電待發，仍指為土匪。這個電報被陳紹唐看見，揮拳擊汪，汪遂不敢發出。

汪取得同盟會北方支部長一席，回到北方進行兩面光的工作。二月間袁向他表示：「北方的土匪何其多，都假革命黨之名以行！我如果辦他們，別人會加我一個摧殘志士的罪名。請你帶二十萬元到天津，解散那些五花八門的革命黨吧！清朝的命不是已經革掉了嗎？叫他們好好回去耕田，別再幹殺人作亂的勾當！」那時候清吏對政黨缺乏認識，以為革命的對象是清廷，清廷既倒，革命目的已達，黨的組織就應該不復存在。袁的腦筋也是這一套。

二月廿一日汪在天津北洋醫學堂召集各黨聯席會議，宣布各黨應一律解散，黨員按名資遣回籍。時有胡鄂公派人運來灤州殉難者棺木七具，陳於天津車站，以此激動公憤，多數人拒不受款。還有熊載陽懷手槍到醫學堂來想殺汪，經友人阻止而罷。

汪知道袁的第一步是解散北方新興的各黨派，其第二步必與同盟會為敵，以造成其稱王稱霸的唯一勢力。他不願在夾攻中奮鬥，而欲坐觀成敗，乃有歐美之行，同時還贏得功成不居的美名。

果然汪的估計不錯，民國二年（一九一三）同盟會改組為國民黨後，接下去便有宋教仁被刺、袁向五國銀團借款「平亂」的惡劇發生。二次革命失敗，中山先生亡命日本，十一月國民黨被袁解散，黨人在日本另組中華革命黨。那時候汪逗留巴黎，所與遊者為李石曾、蔡元培一般雅人高士，在里昂創設中法大學，不但不為袁所忌，且命克定召他回國擔任要職。他於民四年歐戰發生時返國，到滬後即轉港。民五討袁軍起，他又溜到法國作壁上觀。這時候是他沽名釣譽的時期，國內有「斯人不出」之嘆，而他卻因袁與革命黨未知鹿死誰手，想靜觀其變，實在是投機取巧的行為。

民六（一九一七）護法之役，中山先生在廣州被舉為大元帥，召汪返國，汪於漫遊英、德、芬蘭等國之後，繞道西伯利亞返滬，在滬組織道德會，以不參加政治為號召，還是觀望形勢的動機。民七軍政府瓦解，代之者為七總裁的政學系政府，北方則有徐世昌登臺，南北相持不下，汪在滬主持《建設雜誌》。是年雙十節中華革命黨仍恢復國民黨之原名。民八廣州政府派汪為南方巴黎和會代表，汪辭不就，又飄然由日渡美，旋以私人資格赴歐。舟中成詩有「故國未須回首望，小舟深入浪千層」之句。民九陳炯明回粵，迎中山先生恢復軍政府，汪又由海外歸來，民十被任為廣東教育會長。汪發表六不主義並組織六不會，有「不做官，不當議員」等信條。

民八的五四運動是中國民族醒覺的一個信號，卻也是共產主義輸入中國的始基，不但華北人民受了深刻的影響，且逐漸拓展到華南來，以上海為策動的大本營。民九成立了中國共產黨，陳獨秀、李大釗等為其中心人物。蘇聯鑒於要聯絡中國固有的革命政黨，力量才夠雄厚，乃於民十派馬林赴粵謁見中山先生，同時卻又與北方的軍閥政府周旋，是她的雙管外交政策。不料民十一八月陳炯明叛變，中山先生被迫離粵赴滬，汪亦隨往奉天聯絡張作霖。這年冬天中山先生在滬曾接見越飛。

民十二滇桂軍驅逐陳炯明，中山先生回粵復職（大元帥）。此時聯共已成國民黨的決策，鮑羅廷也到廣州來了，主張容共最力的便是左傾思想鑽進了腦子的汪。十三年元旦國民黨改組，開第一次全國代表大會於廣州，其宣言便是汪起草的，公布了聯俄容共的政策，汪當選為中央執行委員兼宣傳部長。但是黨員有反對這個新政策的，國民黨分裂為左右派自此始。大會閉幕後，汪微服北行，接洽孫、段、張三角聯盟。

這年秋天，直奉第二次戰爭發生。不久馮玉祥回戈，直系瓦解，張、馮共擁段祺瑞為執政。段邀中山先生北上。但是段所召集的善後會議與先生所主張的國民大會截然不同，所以這次孫段合作又蹈了民元孫袁合作的覆轍，不能實現中山先生的理想。雖然如此，十一月十三日先生還是抱病北上，汪又隨行，胡漢民留守廣州。抵滬後汪先行入京，中山先生則繞過日本，於十二月四日始抵天津，天津法租界不許民眾開歡迎會，不許歡迎民眾經過該租界，曾引起中國民眾的憤慨。

十二月三十一日中山先生抵京，十四年一月二十六日因病入協和醫院。中山先生目的：對內為召開國民大會，對外為廢除不平等條約。段想包辦國是，自然不肯公諸民眾，同時又想取得國際的承認（承認其執政的地位），更不敢以廢約開罪於列強。中山先生病勢轉劇，三月十二日易簀之前，黨員及其家屬趨赴榻前請訓，中山先生說：「我死後，敵人必軟化你們；你們如不受軟化，敵人必加害你們。你們如欲避免危險，最後又難免不受軟化。」

相傳中山先生說這話的時候，眼睛釘住了汪，因為中山先生最不放心的就是他，好像早已識破了他是妥協派和投機份子，祇因其才可用，而且又是相從多年的基本同志，自信憑著自己的人格可以感化他，使之不致誤入歧途，一旦本人身死，再也沒有人控制他了。

汪代表諸人答覆中山先生：「我們追隨先生數十年，從未慮及危險，也從未被敵人軟化過。」中山先生的遺囑也是由他執筆起草的。

中山先生逝世後，汪抽暇到江西建昌縣尋覓他的四姐。他的姐夫姓王，三十餘年來未通音信。當酷熱的夏天，他投身荒山窮岩之中，夜間宿於破廟，卒能尋得他的瞽姐的所在地，他伴送她回粵，為了延醫治療，一目賴以復明。

當中山先生北上後，廣州政局發生了裂痕：代帥胡漢民責鮑羅廷獨斷獨行，喧賓奪主；軍校黨代表廖仲凱則為左傾中堅人物，左右派展開了猛烈無比的大鬥爭。汪也是左傾的主要角色，但與其說他左傾，毋寧說他投機來得切當。他看見左派如火如荼的聲勢，覺得向左走可以提高他自己的地位和聲譽。那時候國共決裂間不容髮，共黨激烈份子竟指國民黨領袖離棄了革命，與北洋軍閥妥協。第三國際認為破裂尚非其時，不宜操之過急。

六月間汪返抵廣州時，廣州正在進行組府工作。左派鑒於廖、胡相持不下，便推汪擔任第一任的國民政府主席。國府於十四年七月一日成立，胡改任外交部長。廖則身兼府委員、財政部長、廣東財政廳長等要職，而最重要的還是軍校黨代表一席。軍校培養黨的武力，創立於十三年六月，擔任校長的便是現在的總統蔣公，校中有俄籍教官，加侖將軍亦在其列，汪任黨史與三民主義的講師，旋復繼廖之後擔任軍校的黨代表。

十一月三日國民黨中央監察委員鄒魯、林森等在北京舉行西山會議，提議取消政治顧問鮑羅廷及蘇俄軍事顧問，斥共黨有篡黨行為，並以反共反汪為口號，時人稱之為西山會議派。

民十五年元旦國民黨在廣州舉行第二次全國代表大會，推汪為主席。一月二十七日中政會提議北伐，二月一日推蔣公為總司令。國民黨右派欲聯蔣倒汪，同時左派有認為北伐尚非其時而主張緩進的。三月一日汪兼任軍事委員會主席，改組軍校為中央軍事政治學校。這時候汪以一身任國府和政委、軍委兩會的主席，還兼任軍校和革命軍總黨代表，真是他衝天驚人的時期。三月二十日忽有中山艦事件發生，該艦艦長李之龍是隸名共黨的黃埔學生，案發後，廣州宣佈戒嚴，鮑羅廷宅被監護，廣州省港罷工委員會糾察隊的武裝被解除，共黨的政治工作人員一律退出。這些事都是汪極力反對的，因無法應付，便辭職赴港，五月登輪赴法。

這時候北洋軍閥紛紛掛上「討赤」的招牌，深以革命軍內部發生裂痕為慶。但是國民黨當局並未放棄聯俄的政策，而共黨亦深知同室操戈之不利，雙方表示互讓的精神，共黨承認撤退第一軍的黨代表，俄籍顧問離開廣州（四月間鮑羅廷重來廣州，不久又去）。中央黨部改組後蔣公任組織部長（陳果夫代）兼軍人部長，葉楚傖任秘書長。同時根據第二屆中委會的決議，限制共黨行動，共黨不得任中央黨部的各部部長，中委名額跨黨的份子不得超過全數三分之一以上。

七月九日國民革命軍總司令宣佈就職，鮑羅廷被召回粵。自十五年七月至十六年三月，革命軍節節勝利，一路打到長江，共黨和左派又展開迎汪復職的運動。

十五年秋天，國府移駐武漢，鮑羅廷也到了漢口，而革命軍總司令部則因軍事之進展移駐南昌。十六年四月一日汪返國抵滬，蔣公與汪在滬相見，想共同致力於調和黨見。原來武漢國府在左派勢力籠罩之下，於三月十日選任汪為中常委兼組織部長，以蔣、馮、閻、唐為四個集團軍總司令。同時國民黨護黨份子及中和派擬在南京成立國府及中央黨部，便是所稱為寧漢分裂的時期。

汪提議召開中央全體會議解決黨爭，且自告奮勇赴漢調停。離滬時與陳獨秀發表聯合宣言，且有「革命的向左來，不革命的滾出去」等等談話，他明明利用左派打擊蔣公，想造成國共兩黨唯一之領袖的個人地位。回想他過去的歷史是超然時俗，淡泊鳴高，而此時念念不忘權位之爭；而他以後的歷史又由極端親共走到極端反共的立場，天下事真不知從何說起。

汪到漢口時，四月十日南京國府已成立，十二日上海各地舉行大規模的清黨運動。汪的行動完全站在左的一面。六月一日蘇俄代表羅易以莫斯科的決議案示汪，包括：一、土地革命不由國府以法令付諸實施，而由下層自行沒收；二、對軍人的土地暫不沒收；三、改組中委會，加入農工領袖；四、武裝二萬共產黨員及五萬農工份子；五、組織革命法庭，以之制裁反共軍人。關於第一項，當時的農民運動實際已握於共黨之手。關於第三項，即要求恢復共黨跨黨份子在國民黨中最高幹部的地位。

六月唐、張兩部在河南告捷，六月六日汪赴鄭州晤唐（生智），商班師回漢的事。那時候長沙有馬日事變，沙市有楊（森）夏（斗寅）回師靖難，都是軍人反共的吼聲，唐、張兩部的軍心因之不穩。六月十三日汪返漢時，為保持軍事勢力，忽下了反共的決心，鮑羅廷聞風先走。武漢中央黨部議決，共產黨員一律退出國民黨，並密令軍隊厲行清黨與下游的清黨運動若為桴鼓之應。七月十五日汪赴牯嶺，令張發奎部回廣州。張與賀龍、葉挺各部行經南昌時，造成八・一南昌暴動。二十五日汪發表〈夾攻中奮鬥〉一文。二十九日牯嶺舉行清黨會議，通緝共黨要人惲代英、高語罕等。八月六日汪又發表〈錯誤與糾正〉一文，因反共目標相同，八月八日南京發表齊電，十日漢口發表蒸電，寧漢合作之說高唱入雲。後來因寧方主張成立特委會，汪則堅持召集四中全會解決一切糾紛。

十月初，寧方要取消各地的政治分會（因為它的權力太大，可自由任免一省的大吏，儼如國內之國），汪又溜回廣州（因為他的基本隊伍已回粵），自任廣東政治分會主席，發起所謂護黨運動，反對南京已成立的特委會，甚至提議在粵恢復中央黨部並召開四次執監會議。他的意思很明白，想在廣州造成另一個「中央」，與寧漢成為鼎足之勢。

這時候孫傳芳部渡江攻南京，作背水之戰，來勢異常凶猛。而當時的國民黨三個領袖（蔣、胡、汪）都不在南京。汪本來是與蔣公對立的，忽又採取聯合蔣公的路線，以打擊南京的臨時特委會。十月上旬他函蔣公建議在寧召開四中全會，並邀蔣公回寧參預會議。蔣公覆函表示同意，主張在滬先開預備會議，藉以疏通各方的感情。廣東推汪與李濟深（粵主席兼第八路總指揮）張發奎出席上海的預備會。

李離職赴滬的時期，其總指揮一職由黃紹雄代。而廣東內部也在醞釀著爭權分派的危機，李、黃都是擁護南京特委會的，張發奎、黃琪翔卻是汪的應聲蟲。張到港後（擬由港赴滬），忽又折回廣州，外傳是受汪的主使，想乘機消滅李、黃的勢力。駐防東江的陳濟棠部急向廣州開拔，是李、黃的一支援軍。於是賀龍、葉挺乘勢由東江出發，造成十二月十一日的廣州大暴動。外傳張發奎與共產軍沆瀣一氣是不確的，實在是三角鬥爭，由後來的事實取得證明。

汪於十一月十八日抵滬，十二月二日即在蔣公官邸舉行會議。汪提議：一、取消南京的特委會；二、恢復中執、中監兩會的職權；三、在京召開四中全會。經幾度磋商，各方一致容納汪的主張，並且通過了另一建議，推蔣公復任國民革命軍總司令（後由四中全會推為軍事委員會委員長）。但是汪的政治前途卻因廣州暴動案受到嚴重的打擊，各方嚴詞譴責，罵他是陰謀家，甚至指為禍首，汪無地自容，有元電（十二月十三日）引咎自劾，而武漢即展開一片擁汪聲，黃琪翔亦通電迎汪回粵。汪聲明願以黨員資格奔走各方。十二月十七日偕曾仲鳴出國。

從此到十八年九月，是汪漫遊中南歐，靜觀理亂的時期。十八年四月蔣、馮、閻、李（四位集團軍總司令）在北平會師後，胡漢民返國，蔣公被推為國府主席。根據四中全會的決議，八月間召開第三次全國代表大會。九月汪離法返國，與馮、桂各方組成聯合陣線。

自北伐告成後，北洋軍閥是被革命軍打倒了，而中國還滯留於分裂割據的局面：蔣公任中政會主席，另外三個集團軍總司令分任地方政分會的主席（武漢李宗仁、開封馮玉祥、太原閻錫山，還有李濟深兼任廣州政分會主席）。他們各自為政，形成「國內之國」。統一後中央欲進行裁兵，各地則欲擁兵自衛。三全代表大會議決組織軍隊編遣會議，引起了掀然大波，地方與中央的磨擦日見其深。首先是武漢政分會下令免湘主席魯滌平的職，中央亦扣留李濟深。

八月召開編遣實施會議，軍政部長馮玉祥不別而行，悄然回到西北軍中。那時候閻的態度也頗曖昧，第三黨又鬧得兇，加以被開除黨籍的汪（汪發表黨務宣言，揭豬護黨救國的旗幟，三全大會認為叛黨行為，把他和他的黨徒即所謂改組派的黨籍一律開除）四出活動，便與北方的馮、閻與南方的張、桂，組成所謂聯合陣線。

第一砲是由張發奎放的，十八年九月十八日在宜昌宣言獨立，主張迎汪為黨國的最高領袖。此後在廣西的李明瑞、楊騰輝，在河南的唐生智部，還有馮閻兩將領的聯名通電。但他們的背景不同，主張各有不同，所以他們的步伐是很零亂的。不久張發奎返粵後即為陳濟棠所敗，李楊兩部亦為其他的桂軍所敗，唐部與石友三均被擊滅，汪由香港出走新加坡。

閻始則以調人自居，說著悲天憫人的風涼話。十九年一月十日通電願與蔣公同時下野，四月就任所謂護黨軍北方總司令。五月一日中央下令討伐閻馮，五月二十七日北平舉行所謂北方黨務會議，集左右派於一堂。但是汪不過充一名配角，七月二十三日才由日本抵北平，八月四日抵太原，與當年盛極一時的閻初度相晤，並舉行所謂擴大會議。他們最不放心而急於想拉攏的便是繼承父業、坐鎮東北的張學良，因為他處於舉足輕重的地位。果然他通電服從中央，且於九月十八日進兵平津，逼得閻單獨下野，汪又悄然回到香港去。

汪早年的摯友胡漢民，後來亦深鄙汪的為人，彼此的關係冷淡竟像路人一樣。胡於十七年九月擔任立法院長，二十年二月因約法問題堅持成見。陳濟棠受了古應芬的遊說，在廣州發難，汪認為有機可乘，又由新加坡回到香港潛赴廣州。五月五日南京召集國民會議，十二日通過臨時約法。二十八日廣東便也成立「國民政府」，且組織「非常會議」以與南京抗衡。

霹靂一聲，二次世界大戰的導火線於九一八之夜發生。各方感於鬩牆禦侮之必要，所以這次京粵政爭並未引起軍事上的實際衝突，而又展開「精誠團結」的另一新局勢。汪在這一時期實在不能見重於胡派控制下的廣州政府，曾退居香港，想覓取一個新途徑來滿足他個人的政治慾。

二十一年元旦南京的新國府改組成立，推舉年高德劭的林森繼任主席，孫科為行政院長，蔣公、胡漢民與汪則以中政會三常委的資格，為國策的最高指導者。南京的新政府天天迎三領袖入京，而三人遲遲不來。上海學生因國事入京請願，毆傷了若干要人，而新政府因領導乏人，國策遂無由決定。

一月十六日汪赴杭州迎接蔣公，兩人連名電促胡入京，胡未作任何表示。同時外長陳友仁主張對日絕交最力，汪不表贊成，孫被迫辭行政院長。此後演變為蔣公專管軍事（軍事委員長）、汪負責行政（繼任行政院長）的大局。

從以上所寫的汪的個人經歷看起來，他實在是個無主張、無目的、無是非的一個怪角。他憑著翩翩動人的風度，配上富於煽動性的口才及文能成章的一支筆，所以也能擁有一部分黨徒，因而取得黨國的崇高地位。但由於他個性之反覆無常，不能與任何人合作到底，常會發生負氣出走的事，朝秦暮楚，終至跳到做漢奸的火坑以悲劇終場，真是死有餘辜！

汪精衛死後遷棺瑣憶

黎明起

梅花山炸墳，清涼山火化！

汪精衛是一九四四年十一月十日死於日本名古屋的，其妻陳璧君隨侍在側，將汪氏遺骸運回南京，葬於南京梅花山（明孝陵南面的一個小山，山上種植了許多梅樹）。一九四五年秋間，日本投降，重慶國府的大小官員，陸續回南京。在「最高當局」還沒有回京之前，便由陸軍總部主持下，由該部的工兵指揮官、南京市長、南京憲兵司令等，舉行秘密會議，分配工作，決定在一九四六年一月廿一日晚上，炸毀汪墳，把棺材遷移，原地另行建築，免碍中外觀瞻。

炸墳開棺屍體尚保完整

當時既已議定，決將汪墳炸毀，而其時執行實際工作的，是屬於第七十四軍五十一師的工兵營。經工兵技術員實地勘察後，估計要使用（T.N.T）烈性炸藥一百五十公斤，才能將墳穴全部炸開。未施工之前三天，中山陵與明孝陵之間，即行斷絕交通，禁止遊覽，無形中成了局部戒嚴。外間不知內幕的，還誤會是為了要查搜漢奸。某些曾在敵偽時期，幹過壞事的，惶恐逃避，到處躲藏。爆炸時，在現場監督的，有南京市府要員、七十四軍高級軍官、陸軍總部工兵指揮官等人。

汪墳的設計，表面上是仿照中山陵圖案，而所用的材料多不是普通品，初步預算是儲備券五千萬元。主要工程第一步完成不久，日寇即告投降，施工也停頓了。

因此，當時爆炸汪墳的工序，分為兩個步驟：第一炸開墓的外層鋼筋混凝土部分；第二炸開盛棺的內窖。當內窖炸開時，發現一具楠木棺材。揭開棺蓋，屍體上覆著一面青天白日滿地紅旗。屍身穿的是中式藏青色長袍、馬褂，頭戴西式禮帽，腰佩大綬，即當年所謂文官禮服。屍的面部，略呈褐色而有些黑斑點。由於入棺前使用過防腐劑，因之整個屍體，還能保持完整，沒有腐爛，也沒有什麼特殊異味。棺蓋揭後開，工兵指揮官即指使不必要的人員，暫時退離場地，而由南京市府要員某君親自進行棺內全部檢查，主要目的是尋找有什麼陪葬物品。結果，除了在死者的馬褂口袋裡，發現一張長約三寸的白紙條以外，別無其他東西。紙條上用毛筆寫著「魂兮歸來」四個字，下款署名「陳璧君」。據說這張字條，是陳璧君從日本接運汪屍回國時所寫，表示招魂的迷信意思。

半個小時全部化為灰燼

本來在南京黃埔路陸軍總部舉行秘密會議時，何總司令一再說是把汪棺遷移，而今呢，卻把棺蓋揭開，又沒有提出遷到何處去的計劃。當時參加工作的七十四軍高級軍官丘某，已覺得非常奇異。工兵指揮官跟著命工兵營營長把汪棺裝上卡車運走，說是今晚還要把墓地平掉，務使不留痕跡。當時丘某即對工兵營長說：「我們為了負責到底，你當隨同汽車護送一趟，以免途中發生意外，這裡的任務，交由副營長就行了。」營長聽了丘某的吩咐，自然照指示辦理。

第二天早晨，工兵營長回來向丘某滙報：昨晚隨同工兵指揮官把汪棺一直送到清涼山，將屍體交付火葬場，只費了半個小時，棺材屍體，全部焚化，並沒有留存什麼。這樣一來，說明了工兵指揮官是執行陸軍總部的秘密指示，按照預定計劃實施；而會議時所說將汪棺遷移，只是一種的門面話，甚至在參與炸墓者之前，也玩弄了這一手法。

過了半個月，梅花山原日的汪墳地區，完全變了樣，新建了一座小亭，可供遊人休憩。梅花山的南北兩面，也新築了兩條小路，路旁種植了許多花草。四週環境，修繕一新。成了一個郊區綠化地帶。

青年女子哭鬧陸軍總部

有人發生這樣的疑問：當時的國府，想要毀炸汪墳，本來可以理直氣壯的公開處理，何必鬼鬼祟祟的秘密在黑夜中行事？在表面看來，實在是令人費解的事。

過了一些日子，有一個青年女子，到南京市政府，要求面見市長，詢問汪墳處理經過。市府當局知道不妙，拒不接見，派了一個姓張的秘書出來應付，說是市府只管市政，此事可去問陸軍總部。這個女子又到了陸軍總部，大吵大鬧，又哭又罵，圍了許多人看熱鬧。結果，陸軍總部的負責人派了武裝警衛員，命令該女子馬上離去，否則作為擾亂秩序處理。至此，這女子見來勢不對，才含淚而去。據當時傳說，這女子是汪精衛的女兒。

最後附說一下，當時陸軍總部的總司令是何應欽，陸軍總部工兵指揮官是馬崇六，南京憲兵司令是張鎮，南京市長是馬超俊，七十四軍五十一師高級軍官是丘維達，七十四軍五十一師工兵營營長是李東陽，還有陸軍總部參謀長蕭毅肅，都是直接參與此事的人。

陳璧君罵死方君瑛一段秘聞

南強

近年在海外報章雜誌上，屢見有刊汪精衛軼事者，多謂汪氏雖風度翩翩，但生平不二色等語。據筆者所知，汪氏不二色確屬實情，筆者為求佐證，特將昔年有關汪氏之一段桃色糾紛內幕，據實寫出，投列《春秋》，因此中經過與汪之不二色頗有連帶關係也。雖屬舊事。但甚翔確，當仍為廣大讀者所樂聞。

陳璧君赴美籌款經過

事情的經過，是這樣的：國民黨先烈朱執信於民九殉國，黨中諸元老，曾合力創辦一間執信學校於廣州東郊，用以紀念朱氏。汪精衛夫婦，對此校支持最力，汪氏且親自擔任講師，日日登講堂授課，陳璧君則遠赴美洲，為執信學校籌款，建築校舍，事在民國十年，粵軍由樟州回粵，驅逐舊桂系之後。

執信學校聘有女教師方君瑛，福建人，是三月廿九黃花崗殉難的先烈方聲洞之胞妹，亦即開拔來粵的滇軍師長方聲濤之妹，與汪氏親信秘書曾仲鳴之妻方君璧，是姊妹行。前清光緒末年，汪精衛未去北京行刺攝政王之前，與先烈方聲洞是很要好的同志，曾仲鳴又是汪氏最親信之人，因有此雙重關係，汪氏乃招待曾仲鳴夫婦及方君瑛在汪家居住，記得那時汪寓是在廣州城內的小東營街，汪與曾氏夫婦等，彼此友好如一家人。

迨陳璧君為了執信學校去美洲籌款，一去達半年之久，方能回國，汪精衛一人在家，孤衾獨擁，不免寂寞。方君瑛雲英未嫁，她是一個工愁善病、豐於才而美於貌的弱女子，寄人籬下，眼見姊婿伉儷在一室，閨房之內，有甚於畫眉者。汪是才子，君瑛是佳人，盈盈無一水之隔，庭院之間，花前月下，相對聊天，討論文藝，自是想當然之事，亦可借此互解寂寥，何況又同在執信學校執教鞭，坐汽車赴校上課，出一雙，入一對，在今日的習慣而言，是一件極尋常之事，不足為異的。但在三四十年前而有此，旁人便會認為形跡不尋常了，在杯弓蛇影之下，那些頑固的女傭，遂不免竊竊議論，誤會他與她必有曖昧之事。

女傭無知信口搬是非

半年後，陳璧君回國了，精衛命人殺雞為黍，置酒替愛妻洗塵，自是應有之義，諺云「別久夫妻，勝過新婚。」晚飯後早些關門睡覺，去尋溫暖，不在話下。

翌晨，闔家起來，食過早點後，精衛尚照常和君瑛同乘汽車，去執信學校上課，即此一端，便可明白精衛與君瑛的行跡是坦白無私的了，倫若有私，老虎乸回來，豈有不避嫌之理？尚敢「出一雙」麼？民十，國父已就任非常大總統，精衛是日上課完畢，驅車到總統府，那天因有國事討論，國父留他食晚飯，飯後始回家。

陳璧君回粵之翌日，精衛及方君瑛，白天均不在寓，璧君以離家半載，欲知家中一切情形，查詢於女傭，璧君的脾氣，頗喜歡聽旁人說是非，因此之故，女子小人往往製造一些是非出來，博取女主人的歡心，那些不知厲害輕重的女傭，竟不惜出賣男主人，將精衛和方君瑛如何親熱的情形，加鹽加醋，繪影繪聲，像煞有介事地，向璧君編出一個故事來。陳璧君是醋味極濃厚之人，聞此消息，這還了得，精衛在總統府晚飯後回家，方將長衫除下（那時未盛行著西裝），璧君即破口大罵曰：「我離開家庭之後，你幹出什麼醜事出來，你要快些招認吧？」

精衛則如丈八金剛，摸不著頭腦，忙答曰：「什麼醜事？」

璧君曰：「你尚扮鈍裝呆，想瞞騙老娘麼？此事我決不能干休的！」語畢，怒目而視。

精衛答曰：「我真不明白，你何所指，坦白明言吧？」

璧君切齒罵曰：「我出國僅半年，你便和君瑛幹出無恥之事，倘若我出國一年，你們豈非要生野仔麼（粵諺私生子為野仔）？

精衛大笑曰：「原來如此，倘有此事，是難怪你發怒的，但你冤枉我，是不成問題，冤枉方小姐，則使人太難堪了，請你發言謹慎一些，好嗎？」

璧君曰：「你快些招認，尚不失為大丈夫，倘若否認，應該罪加一等？」

陳璧君的脾氣，她罵人時，不喜歡對方答辯的，對方若答辯，她便火上加油，更加要大吵特吵了。精衛深知她的脾氣，憤怒時是不可理喻的，欲著回長衫，出門避她。璧君扯住長衫，不許他著。精衛乃即以短衫裝束出門，陳璧君那裡肯罷手，追出大門外，一手扯住精衛，罵曰：「你想畏罪潛逃麼？你走不了的，你走到天腳底，我也可以追你回來，我今晚一定要研究明白此事。」

精衛答曰：「我以為你現時方在憤怒之中，一切說話與行動，都很容易過火的，繼續嘈吵下去，只有惡化，徒傷感情，於事無濟，我希望你頭腦冷靜一些，慢慢查過明白，水落自然石出的，我因今日先

中去了。

生（指國父）吩咐我一件緊要事，我已約好展堂（指胡漢民）在陳協之家中等候我，那件事要從長討論的，我今晚不回來了，你可早些睡覺，我明早歸來，有事慢慢講，好嗎？」

璧君聽聞國父有事交辦，而且知道是去陳協之家中，始肯放手，精衛乃仍著回長衫，逕赴陳協之家中去了。

方君瑛受辱懸樑自盡

陳璧君看見精衛出了門，乃轉移其罵的目標在方君瑛身上，大吵大嚷著說：「我如此優禮招待你，你乃幹此無廉無恥之事，對我不住是不要緊，你自己問心，此後有何面目見人，我是不許先生納妾的。」可憐方君瑛是一個弱女子，蒙此不白之冤，在盛怒奇威之下，又不敢辯，惟有掩面痛哭，曾仲鳴夫婦，替她解圍，代說好話，代為之辯，璧君更遷怒於曾氏夫婦，責備方君璧不能約束其妹，亦不能辭其咎，鬧至夜深，璧君最後竟下逐客令，謂：「明日天明，你三人即刻滾蛋，此後不必再來。」曾仲鳴夫婦及方君瑛三人，不敢再出聲，各自返回房中。

方君瑛歸房後有冤無處訴，給陳璧君如此侮辱，心中抵受不住，於夜深四鼓後，知道各人皆已安寢，陳璧君因罵人傷神，鼾聲達於戶外，君瑛柔腸百轉，遽萌短見，以三尺紅綾，在室內懸樑自盡，香消玉殞了！

翌晨，曾仲鳴夫婦一早起床，執拾衣物，準備遷出，見太陽已在牆頭，方君瑛尚未起身，拍門又不應，站在椅上，從窗口望入去，看見君瑛懸吊房中，嚇得面無人色，陳璧君則尚高臥未醒。仲鳴夫婦迫得叫醒陳璧君，排闥而入，將君瑛身體解下，已氣絕多時！陳璧君尚滿口唸著：「該死！該死！」俄而汪精衛亦歸家，見此情形，頓足大罵璧君曰：「你這惡人，真是殺人不用刀，可恨！可恨！」此時的陳璧君，尚未知錯，反唇再罵汪曰：「你當然傷心的，你倘若捨不得她，可以殉情呢？」究竟汪精衛是學過法律政治之人，他幼時跟隨父兄，讀過《洗冤錄》一書，遂建議必須檢驗，以明是非，乃電約某女醫生到寓，實施檢驗，果然驗得方君瑛完璧未破，尚是「如假包換」的處女。陳璧君親自俯身察看，亦承認其然，此事始獲水落石出。

此時輪到汪精衛「大晒」了，發火痛罵陳璧君荒謬糊塗，無端害死好朋友的妹妹，試問有何面目對朋友？彼時方聲濤尚統兵駐粵。這時陳璧君好像「沙蟬跌落地，噤不出聲」，悔之已晚了。汪精衛祗得命人將方君瑛遺骸厚殮安葬。

曾仲鳴夫婦欲行又止

論此事，罪過完全在陳璧君，她未懂「兼聽則聰，偏聽則蔽」之義，過信女傭一面之辭，鑄成大錯，倘若要「打官話」，我不殺伯仁，伯仁由我而死，至低限度，她有破壞他人名譽之罪，按刑法，是應該有處分的，唯她因妻憑夫貴，那時汪精衛是大總統府的上賓，自國父以下，都給他以禮貌，她在丈夫名望庇護之下，警察區署、地方法院、衛生局，均不欲過問。方聲濤雖然駐兵於粵，亦能以友誼為重，死者已矣，事出誤會，亦不願將事體擴大，遂不了了之。

方君瑛之死，陳璧君因「內疚神明」，她不特不喜歡人家再談此事，連「方君瑛」三個字，都不願意有人講出口，否則惱羞可以成怒，倘若有不識趣之人，以此事問她，那麼，此人便是有罪，粵諺所謂「問吓都有罪」，故親友之間，自從民十以來，緘口不談此事，而且絕口不提「方君瑛」的姓名，大家諱莫如深，所以外間甚少有人知道此項秘密。可憐四十餘年前的方君瑛女士懸樑自盡案，當時廣州的報紙，完全未有報導過，社會上簡直不知有此慘絕人寰之事。

再說到汪精衛當晚不將事情弄妥，避雌威而去，致令方君瑛自尋短見，殊不無疏忽。君瑛是一個弱女子，寄人籬下，如此收場，的是可憫。今日筆者將此事原原本本，報導出來，替她洗冤，君瑛死而有知，必能含笑於九泉，對筆者表示感謝的。

民國十年，汪精衛僅三十九歲，正在壯盛之年，自從家中鬧出此事，從此對於女性，不稍接近，免生麻煩。此點可為汪精衛生平不二色之佐證。

至於曾仲鳴夫婦，因先一晚曾受居停女主人無理辱罵，下令趕走，已經感覺十分狼狽，滿肚牢騷，一夜未曾寧睡，翌晨起來，看見君瑛如此慘死，更加痛心難過，幸而事情終能大白，證明方君瑛是完璧，心神稍安，但昨夜既被驅逐，此時無戀棧之理，夫妻二人入房取行李出來，向汪精衛告辭，謂：「奉四姑娘命（陳璧君要家人稱呼她為四姑娘的），叫我們今早便要搬走，現在打算遷往旅館暫住。」汪精衛當然不會答允，且謂：「四姑娘不生性，你二人也不生性麼？到此田地，看在我的面上，大家諒解為是，不可再生枝節了。」

此時陳璧君亦自覺理虧，也向曾氏夫婦表示遺憾與道歉，自謂出於誤會，一面命僕人取其行李，送回原住的房間，又用好言安慰，從此以後，陳璧君退思補過，格外厚待曾氏夫婦，待汪陳兩姓至親的骨肉，都遠不及待曾氏夫婦之優厚。民廿一，汪精衛為行政院長時，在南京陵園新村，建造一所洋房居住，同時在右鄰再建一座洋樓，規模僅次於汪邸，無條件贈與曾仲鳴，任用之為鐵道部政務次長，一度兼代行政院秘書長。

「一身受病在環肥」

陳璧君之一生，任性使氣，口沒遮攔，但她獨不敢罵精衛之外甥朱執信烈士。執信比她大六歲，為國父以下各人所推重，反而朱執信可以罵她，甚至某次因鬧氣曾持手槍向她恐嚇，璧君絕不敢反抗。至於曾仲鳴夫婦，在民十以前，也要受罵的，自從方君瑛慘死，陳璧君對他倆客氣起來，以後再未有給她罵過。倘遇陳璧君有不合理的行動，別人不敢諫，獨曾仲鳴敢犯顏忠告，方君璧亦敢婉言相勸，雖然陳璧君有時接納，有時不接納，縱不接納亦不以為忤，終身對他倆優禮有加無已，此自是「藉蓋前愆」的心事。陳璧君仍算是有多少良心的，方君瑛之死，反為大有利益於曾仲鳴方君璧二人了。

汪精衛最接近之左右，如陳公博、褚民誼、林柏生之流，皆常時遭受陳璧君的叱斥，視同家常便飯，直至汪氏逝世後，陳公博代理「南京國府主席」，璧君依然如常地斥責他，公博惟有縐起雙眉，無如之何！待其罵畢乃退。至於以何事罵公博，因超出本題之外，當另為文以記之。

日寇侵略時期，在南京成立的汪政權，人數既然多，份子亦複雜，有派別之分，是自然的趨勢。當時該集團的份子，大約可分為三派：一是公館派：陳公博、褚民誼、林柏生、陳春圃、陳君慧等屬之，是隨同汪氏服務多年者，最接近汪公館，故得此名；一是實力派：以周佛海為首，梅思平、丁默邨、羅君強、項致莊、傅式說等屬之；一為超然派：陳群、梁鴻志、溫宗堯、岑德廣等屬之。此派多是維新政府的舊人。

凡屬公館派之人，是命中註定要受陳璧君隨時呵叱的，他們亦受慣，視為當然之事。其他兩派，則汪精衛需要他們捧場的，陳璧君對之頗客氣，僅丁默邨、傅式說給她罵過一二次而已。

孔子曰：「上無禮，下無學，賊民興，喪無日矣。」又曰：「君使臣以禮，臣事君以忠。」禮義廉恥，號為國之四維，以「禮」字居首位，「禮」是不可以缺乏的。陳璧君與其丈夫比肩預黨事、干國政，對同志同仁，獨缺禮貌，已成為載道之口碑，才智之士，自愛其高度人格者，自然裹足不前，莫肯用命。人才退則奴才進，為自然之理！胡漢民晚年詠汪有句云：「一生受病在環肥。」誠非虛語，汪精衛功業之不濟，良有以也！

陳璧君「起解」記

朱子家

日本無條件投降了，汪政權亦隨之而解體。陳公博既由日提回，周佛海又送渝囚禁，自九月二十七日起，逮捕汪偽人員，各地同時並舉，雷厲風行，以期一網打盡而後已。則地位如汪夫人陳璧君者，自屬更無倖免之理。但迄今事隔僅二十餘年，其被捕經過，報刊已多臆測之談。茲篇所述，則作者得之於隨汪夫人同入籠牢者之口述，事經親歷，堪信其全為當時之事實。

當汪氏病逝日本，於民國三十三年（一九四四）十一月卜葬於南京梅山巔之際。汪夫人在廣東之親信赴京送葬者三人，為陳春圃（偽廣東省長）、林汝珩（偽教育廳長）與汪屺（偽警務處長）。葬事既畢，陳璧君召諸人集商今後行止。春圃等力勸其及時引退，他們的意見，說：「汪先生當時之所以主張和平，純以抗戰屢遭慘敗，土地日蹙，外則國際形勢，英美且對日惟求撫靖，內則共黨坐大，漸成割據之局。如一旦抗戰不克持續，後果何堪設想。故挺身支持以不易見諒於世人之變局，預為國家維一線之生機。但目前戰局已定，德意敗降，日本海空軍亦漸次被殲，勝負之局，不問可知。為國家計，果無繼續提倡和平之必要，而為夫人計，此時勇退，於國無損，而於己有利。」云云，林汝珩、汪屺兩人持之尤力。陳璧君沉吟良久，卒不謂然，她說：「汪先生赴日療病之日，曾力疾親下手令，以職務交公博佛海負責，現陳周均照常供職，我獨飄然遠去，則凡是我的幹部，勢必隨同進退，無異拆陳周的臺。就個人言，我對汪先生為有違遺命，對公博佛海言，則有負友誼，禍福可以不計，良心上殊不願為。對國家言，今日之抗戰必勝，已僅屬時日問題，即我與公博佛海同時引退，亦已無損於國家，但日本駐華部隊，尚有三百萬人，和平政府不惜揚言參戰，造成與日本為盟國同等之地位，以杜塞軍人對我施政的干涉，有我等在，陷區人民，尚有交涉迴護之人，如我等同時引退，政權易體，日軍於屢敗之後，勢將益加遷怒，橫加摧殘，則陷區人民將何以堪，我們何能以一己之安全，貽億萬人無窮之禍害。

林汝珩又言：「公博佛海對重慶均有相當之聯繫，已成公開秘密，則一切善後事宜，自應由陳周負責。汪先生既已病逝，夫人亦宜去國以跳出是非圈外。」陳春圃、汪屺亦附和甚烈。陳璧君雖為他們的說辭所感，而意不為動，即出汪氏《雙照樓》遺稿，指一詩相示：

> 啣石成痴絕，滄波萬里愁，
> 孤飛終不倦，羞逐海鷗浮。

她說：「如你們不願再幹，我自不便勉強，但我以敬服汪先生而仍當於滄波萬里之中，孤飛不倦。京粵同人中，我也仍當以此勉之。」由於雙方堅持，終至不歡而散。事後陳璧君又以此事問褚民誼，褚說：「我與汪先生既有葭莩之親，兼受厚遇之德，將不辭一切犧牲，惟姐之馬首是瞻。」以後褚民誼的發表為汪日最後一任的偽「廣東省長」，即以有此情義深重之言，由陳璧君所保薦，卒之同時被捕，由粵之魚窩頭，而南京、而蘇州，終遭槍決。

陳璧君雖然於汪氏死後，決定了她的態度。但自此留京時間甚少，一直住在廣州，對汪政權事，也就頗少過問。迨日本宣佈投降，她極為鎮靜，有人說她因為接收廣東地區的是張發奎，在國民政府的軍人中，惟唐生智與張發奎曾與汪氏有過深切的淵源，遂謂其以私誼而寄望與僥倖，實則汪氏與張發奎之間，早有芥蒂，而造成芥蒂之原因，陳璧君以平時態度倨傲，自有其相當之責任。她自己明知儘管是過去的開國元勳，此時將未必能邀別人的諒解。而她的甘受未來不可知的命運，當陳春圃林汝珩等苦苦相勸之時，由於這一席之談，可見早已立定了決不逃避現實的志願。

褚民誼真是一個太倒霉的人，他外表好似很糊塗，其實為人還不失為忠厚，雖無力為善，但也無心為惡的人。當汪氏脫離重慶，潛赴河內之際，他正在上海擔任中法工業專門學校校長職務，祇因他與汪氏有親戚關係，一經去函要他參加，他就無法拒絕。在汪政權六年之中，他雖擔任過偽「行政院副院長」、「駐日大使」、「外交部長」等職，部是有名無實。汪氏目擊日人無悔禍之心，而生靈有塗炭之苦，肝火太旺，更往往以褚為出氣的對象，他也總是逆來順受，始終對汪氏無限恭敬。迨最後發表他繼陳春圃之後，為偽「廣東省長」，既有「政治指導員」名義的陳璧君在粵，即使戰局不急轉直下，也仍然祇能伴食而已。

褚民誼赴穗就偽「廣東省長」職務，已是民國卅四年（一九四五）的七月五日，即離日本的投降已僅一月有餘，褚也明知赴粵有汪夫人在，不會有多大作為，所以祇帶了偽「立法委員」高齊賢與日文秘書×××兩人，抵達廣州以後。前後有兩週的時間，耗於應酬接洽，對廣州各方面粗有頭緒，又於八月初匆匆至香港拜會日本華南司令官兼香港總督田中，作禮貌上之週旋。回穗就職未及一週，至八月十日，從廣播中傳來了日本投降消息，這消息自然不脛而走，幸市面仍極平穩。褚的態度，倒也能鎮靜如常，除考慮粵省善後問題，以及遣散省府所屬職員以外，對自身前途，好似全不關心，至八月十五日，日皇及內閣正式下詔投降，褚即與日本駐軍方面接洽，維持治安，靜待政府接收。那時重慶已派招桂章為廣州先遣軍總司令，原警察局長郭衛民為副司令，共同負治安之責，褚每天也常赴省府辦公。

大約到了八月二十那天，一個自稱軍統在粵負責人的廣東人鄭鶴影，穿來法政路褚寓求見，經褚延接以後，鄭鶴影除表露他的身份以外，談的僅是在國軍開抵前的地方治安問題。翌日又來，表示關於褚的個人問題，或須赴渝解決。至二十二日，鄭鶴影三次見褚，當場取出重慶來電，交褚過目，來電上並附有密碼，毫不像出之偽造，鄭鶴影而且說：他所得重慶另電，知專機後日即可抵穗，望即轉告汪夫人早為準備云云。鄭當時的態度不但保持相當禮貌，而且極為誠懇，褚對他所說的一切，自然毫不懷疑。他的法政路寓邸，與汪夫人所居，剛剛望衡對宇，所以他立刻去謁汪夫人轉達了鄭鶴影的來意，當時陳璧君表示：所有老友，既都在重慶，也應把汪政府六年來的情形，去渝開誠面告。所以同意重慶如派機來接，即當首途，並決定汪夫人帶其長婿何文傑與女傭一名，褚民誼帶高齊賢與×××同去。兩人分別漏夜整理簡單行裝，那時粵省特產楊桃剛才上市，還購備兩筐，陳璧君擬送與蔣夫人宋美齡女士，褚則擬送與吳稚暉。這樣一切整理就緒以後，就專等機來啟程。

在這幾天之內，市內一切雖無特殊事故，但唯一值得疑訝的是偽民政廳長周應湘、財政廳長汪宗準、教育廳長陳良烈、建設廳長李蔭南，忽然不知何往。鵠候至第三天，鄭鶴影始來告飛機業已抵穗，希望立刻動身。陳璧君褚民誼及隨員等遂於是日下午三時，齊集省長官邸。陳國強等多人，也往送行。鄭鶴影派來了汽車十餘輛，宣佈每車祇准乘坐二人，車內其餘各人，當然為軍統的「陪送」人員，褚民誼看到那時的形勢，已經知道情形有些不對。車行後，褚問「陪送」人員是否開往白雲山機場登機，而軍統中人說，來的是水上飛機，所以要至珠江上船過渡。車至珠江大橋附近，已有小汽船兩艘停泊等候，一艘則已滿載了軍統人員。陳璧君等相繼下船以後，鄭鶴影向汪夫人稱，他有事留穗，不能去渝，介紹另一年約三十餘歲的人相見。說完，鄭鶴影即急急登車離去，汽艇亦即開行。那個代鄭鶴影執行職務的人員，先宣布說：在飛機上不能攜帶武器，如有即須交出。汽艇開行方五分鐘，他又取出一通電報宣讀：蔣委員長現因公赴西安，四五日內不能回渝，陳璧君等一行，此時赴渝，殊多不便，應先在穗移送安全處所，以待後命。」那時褚民誼已明白有了變故，鄭鶴影過去說的一切，都是預先做好的圈套，但他並沒有出聲，陳璧君此時則已完全沉不住氣，拍桌厲聲道：「既然蔣先生不在重慶，我就沒有去的必要，若論安全，我自己的家裡，才是最安全的地方。」她堅持著要把船開回原處，而軍統中人見她大發雷霆，不住向她解釋說是奉命辦理，請她原諒。褚民誼也幫同婉勸，暫時忍耐，以等待事態的進一步發展。以後陳璧君雖已不堅持再開回原處，但一路仍在大吵大罵，使軍統的人，面面相覷，也為之毫無辦法。

汽艇就這樣一路開到了石橋，又要他們改坐小船，這時，一切已經顯明是怎樣一回事了。陳璧君厲聲說：「我決不下小船去，再聽從你們的擺佈，除非你們用槍打死我。」四邊的手提機槍也正環向著她，形勢顯得很緊張，但她毫不畏縮，還像她平時一樣地用著申斥的口吻，與命令別人的態度，雙方一時相持不下，成為一個僵局。反而褚民誼又向她勸解，認為這樣鬧下去，與事無補，假如重慶方面決心要為難的話我們祇能聽天由命。這批人是奉命辦事，與他們爭吵，也不會有用。陳璧君想想褚的話也不錯，才算下了小船。又開行了一截路，到了李輔群的住宅，那裡顯然早已給軍統接收了，而且早有佈置，那是一所二樓的房屋，在一個空大院子裡，有十餘個士兵攜著卡賓槍防守。陳璧君等一行，被領上二樓，指定兩人合住一房，陳璧君與她的女傭，褚民誼與高齊賢，何文傑與×××，另一間是看守人的臥室。

看守人員告訴她們，除了不准下樓以外，行動完全自由，飲食用品有需要的，可以通知他們照辦，床上蚊帳、毛氈、涼蓆等也一切齊備。每天，她們唯以看書下棋，來消磨最無聊的歲月，以及等待不可知的前途。最可怪的是樓下每天大聲開放著留聲機片，從清早到深晚，終朝無休無歇。與看守人員交涉；推說是另一機構，不便干涉。忽然一天留聲機有了障礙，祇發出沙沙之音，喧聲一靜，忽然傳來了一陣吃吃的笑聲，陳璧君與褚民誼聽覺很靈敏，斷定這是周應湘與汪宗準的聲音，他們事前失蹤之謎，至此也已明白了一半。

這樣到了十月下旬，約在農曆重陽之後，鄭鶴影又來了，通知重回廣州。下樓時與四廳長周應湘、汪宗準、陳良烈、李蔭南相遇，原來久已同繫一屋，當時不許彼此交談，只能相視以目。一人被送上一輛汽車，兩面有武裝兵士夾持，已經完全是押解的形式。汽車一直駛到廣州法政路附近的一所房屋，勝利前是一個日本軍官的住所，就作為她們新的幽囚之處。每一個人住一間房，待遇很壞，已遠不是石橋時代的情形，但看守人員的態度還算客氣，表面上也還不是監獄的樣子。

那時國軍已開穗正式接收，所有軍政人員，與陳璧君褚民誼非部屬即為舊友，但自廣州行營主任張發奎以次，誰也沒有一念舊誼，前去探望。僅余漢謀派了一個高級人員，代表前去，與褚民誼寒喧慰藉了幾句。此時他們也已經陸續聽到了消息，當她們被誘送往石橋的那天，凡是赴省長官邸送行的陳國強等人，全部已被扣留，禁閉在另一地方。所有各人的住宅，亦已被接收佔領，漸漸的天時轉涼，衣服棉被，全付闕如。要求分赴各家取回應用，經再三交涉，始准由高齊賢一人前去，高到汪夫人家裡的時候，裡面滿地雜物狼藉，一片蒼涼。高齊賢去了真是只許拿了一些簡單的衣被，其他東西，則完全不准攜取。

在廣州又是兩週餘的時間。軍統方面，派了一個姓徐的去告訴她們，不日將送往南京解決，陳璧君當時說：「我有受死的勇氣，但決無坐監的耐性。」而來人卻委婉解釋：「將來一定用政治手段解決，不會經司法程序的，請暫時委屈一下，為時也不會太久了。」陳璧君不再反對。至十一月初，先一日，軍統方面著各人把所有貴重物品，全部交出代為保管，連各人身邊的手錶、墨水筆等也無一倖免。飛機清晨由穗啟飛，陳璧君、褚民誼等原來六人外，有陳國強、汪德敬，以及汪氏的長女公子文惺、次公子文悌，再加上一個年甫兩歲的汪氏外孫女何冰冰。許多人擠塞在一架美國軍用飛機裡，至下午四時，飛抵南京。陳璧君等的幽禁之處，也在寧海路二十一號，戰前本是馮玉祥的往所，她們的囚室，也就是陳公博的後院。那裡的看守所所長徐文祺，原是汪政府的舊人，勝利前任汪政權的行政院庶務科科長，不知如何搖身一變，又擔當起看管汪政權要犯的所長來了。（大概他原來就是軍統局的地下工作人員。）

在翌年（一九四六）的初春，陳璧君與陳公博褚民誼三人，於午夜解送蘇州。在蘇州高等法院開審之日，旁聽的人山人海。其有不慊於陳氏的，以為她平素傲岸，此日俯首就鞫，想看看她的狼狽之態；或有同情於汪氏的，也想聽聽她如何侃侃陳辭，以打破對汪政權六年中謎樣的內幕。

陳璧君在法庭之上穿了一件黑色的旗袍，架上一副細邊的眼鏡，圓圓的面孔，虎虎的生氣，仍然是神色自若，目空一切，態度之驕蹇如前，辭鋒之淩厲益甚，仍不以處境的變更而易其常態。在面對著生死關頭之際，而仍能有不屈不撓的表現，汪政權下數以萬計的人被逮、被審，當庭不是諉責於被迫參加；就是侈言為先有默契。許多人更作繭自縛，斤斤於當局特製的法條之內，以求解脫。而陳璧君卻以為汪政權是一個政治問題，而絕非法律問題，她在庭上的抗辯，為汪氏辯白，為汪政權辯護，為從汪諸人開脫，很少說到自己的個人開題。

陳璧君在庭上的「詭辯」，但並未能變更當局對她預定的處置。或許還是顧念她為中華民國開國的元勳；也或許平時受夠了她的睚眦之怨，所以，在民國三十五年（一九四六）的五月，給她定讞了，並沒有要她死，是判處了她無期徒刑的終身監禁，就在蘇州獅子橋的江蘇第三監獄中執行。她自稱沒有吃官司的耐性，而此時偏要讓她受盡餘生的煎熬。以她燥烈的脾氣，又加上目擊同囚的陳公博、褚民誼等先後被提出槍決。公博是汪氏最親密的同志，陳公博、顧孟餘的為汪氏左右手，其情形正如中山先生對汪精衛與胡漢民同樣的倚畀。而褚民誼又是她的妹婿。當他們就刑前趨前訣別的時候，一向堅強的陳璧君也不免為之老淚縱橫了。重重刺激，她致命的心臟病乃種因於此。

當一九五〇年的初春，中共渡江前夕，國民政府為應變而南遷，政府重要檔案、庫存、物資，以及從汪政權中所沒收得來的金銀珠寶，非遷穗，即運臺。而對羈押在牢獄中的汪政權人物，不知是誰作出了一項特殊的決定，就是：除了已經執行死刑者以外，凡被處無期徒刑以下的一律釋放，判處無期徒刑以上的，分由南京的老虎橋、蘇州的獅子橋，一律移送上海提籃橋監獄繼續羈禁。

那時集中在提籃橋的，現在我還能想得到的名字，已寥寥可數，祇及全部的幾分之幾了。此刻經過了二十多年的時間，有的已被中共槍決了，如錢大櫆、盧英、潘達等人；有些是瘐斃了，如陳璧君、汪時景、吳頌皋等；唯一僥倖的蔡培因病得以保釋。大部分人則因為禁止與家屬通信接見，早已生死不明。

國民政府遺留給中共時的汪政權獄囚，就我記憶所及，有陳璧君，王蔭泰，江亢虎，余晉龢，潘鍊桂，汪時璟，唐仰杜，陳曾栻，文元謨，劉玉書，鄒泉蓀，陳春圃，羅君強，吳頌臯，錢大櫆，盧英，潘達，蔡培，楊惺華，陳日平等，我太健忘了，這張名單當然是掛一漏萬，而且還不免有誤記的。旅中無參考資料，容俟他日再為補正吧！

當一九五〇年我還留在上海的時候，中共對提籃橋的獄囚們依照一般常例，每隔相當時期，還准許家屬接見一次。那時據獄內傳出的消息，附共的國民黨中人宋慶齡、何香凝等，曾經為陳璧君向中共當局疏通釋放。而中共的條件，必須陳璧君有「悔過」的公開表示。那年的初春，提籃橋獄內特別聚集群囚，召開大會，要陳璧君當眾認過。四年的羈幽歲月卻仍並不曾讓她屈服，她登臺演講，她說：「如其中共與蘇聯通好，是為了國家的前途，那末當年在抗戰形勢不利於我的情況下，汪先生的離渝與日人週旋，彼此又何能分其涇渭？假如說中共政權的建立，是為了為人民服務，那汪先生才是真為淪陷區哀哀無告的人民服務。」她並歷舉汪氏生前與日人爭持的事實，始終無一語有所譴責。這一次的演講，就確定了她的命運，從此也斷絕了出獄的希望。

至一九五九年的三月，病勢已到了危急的程度，於是獄方把她移送至監獄醫院，又纏綿了三個月，終於在六月十七日下午九時，病逝獄室。自勝利被逮以迄撒手西歸，兩易朝代，六遷囚處，前後在獄過了十三年有餘的羈幽生涯，距汪氏之死，且已十六寒署。因為其長子孟晉，次子文悌，長女文惺，次女文恂均在港，三女文彬，又在印尼為修女，上海沒有直系親屬留居，當她病歿之後，才由獄方轉輾詢問其親友，領屍收殮火化了。

遺灰不久運抵了廣州，遲至一九六〇年的中秋，因辦理手續需時，始得派親戚赴穗垣迎來香港。骨灰是陳在一隻紅木小匣內，潔白無垢，先供在她次女公子的寓所舉行了一次家奠，然後雇了一艘遊艇，集合了在港的親友暨同志部屬四十餘人，靜悄悄地乘艇出發，環繞著香港的領海，將骨灰散放在煙波浩淼的海水中。一償汪氏精衛填海之願耶？

關於陳璧君獄居生活及其它

朱子家

我曾經為《春秋》寫汪政權始末，陸續判載，歷時四年有餘，成書近百萬字，差幸有些讀者認為尚非虛構之作；不免也有些自認為「忠貞」之士，橫肆抨擊，說成為翻案、為洗刷、為「漢奸」理論。當開始動筆之前，我就先作好了心理上的準備，預料到來自各方的反響，但求無愧，均將坦然一一承受。我唯一的信念，就是想把自己所身親目擊的經過，以及把曾經參與此役的朋好們所口述的遭遇，忠實地加以紀錄，目的僅在憑我良知，稍留真實，以為歷史作證。

我以為寫史料一類的文字，似不應先有某一種作用。除了因記憶上或有的錯誤而造成無心之失而外，寫史料既不同於寫小說，也不同於寫雜感，敷陳事實，總求不失其真。如拾人牙慧而一味道聽途說，或憑某一項假設而主觀地武斷為真實，均非應有之態度；而有人則或挾其偏見，以自炫其忠貞；或為了某項目的，故加歪曲，這都將有慚於衾影。

幾類性質類似的記述

拙著問世以後，也居然能拋磚引玉，這幾年來，曾出現過不少類似性質的書籍和記述，大體上可以分成下列幾類：

（一）很榮幸，也覺得很遺憾！有些作者對汪政權絕無所知，索性就將拙著中所寫的事實，經過裁剪後加以醜化，海外有些報刊上就出現過這種「傑作」。

（二）先懷有一定的成見，於是以謾罵汪政權來表示他的「天地正氣」，可惜寫此類文字的人，與汪氏及其重要幹部既無淵源，也且從不曾在汪政權治下生活過，其立論與敘事，或者採摘了重慶當局的宣傳；也或者摭拾了道路間的浮言，加以煊染誇大。更以懷有成見之故，以假定來作為事實，以想當然而遽下結論。

（三）也有人當年確然曾留居在日軍的佔領地區，一樣吃過戶口米，一樣叫過汪主席，並與汪政權中人有所往來，甚至有所勾結，迨一旦時移勢易，但恐別人說他沾有「漢」氣，於是發為文章，侈言宋正，為了洗刷，乃表白其如何「威武不能屈」的「高超」人格。

（四）更有人巧合地用了與我相同的筆名，寫出其等身著作，無奈在他的筆下，僅是天方夜譚式的空中樓閣而已。

用五先生所寫有懷疑

在各式各樣對汪政權或諷或罵的洋洋大文中，我所最欽佩的是陳克文先生以「用五」筆名在香港發表的幾篇大作，因為他的寫作技巧，實在既高明而又巧妙。我所看到他所寫有關汪政權的人與事，前後共有三篇，一篇是〈汪精衛脫離重慶始末記〉，以日記體寫成，日記起自一九三七年（民國二十六年）一月十二日，迄於一九四四年十一月十三日，並以〈汪氏詩詞和政治生涯〉附錄於後。據作者自謂：「此等記錄，雖有些得自傳聞，或彼此尚有矛盾，未必完全可信，但大體言之，對於史家撰述，或談抗戰掌故者，仍有參考價值」云云。而此文的編者，更力加推崇說：「不但是第一手資料，而且是根據當時在重慶的日記。用五先生與汪精衛關係相當親密，汪精衛出走後，大半追隨而去，其能認清民族大義、不因私誼而誤國事、保持冰霜大節者，顧孟餘之外，首推用五先生，其人可貴，其文價值尤高」云云。此文在香港某雜誌連續發表了三期，當時我還僑居在東京，承岳騫兄按期寄贈，對其筆下所寫的已有所懷疑。

與汪關係不算「親密」

用五雖未參加汪政權，而以一度依附於汪氏之門，因此對汪政權中人，備感興趣。另兩篇是寫〈陳璧君的牢獄生涯〉與有關陳春圃的往事，姑不談其立場如何，用意如何？他所提供的事實，就異乎我所聞、也且異乎我所知。用五雖還夠不上與汪氏關係「相當親密」，因為汪氏掌行政院時，他僅屈居閒曹而任參事一職。汪氏由渝出走，用五竟也毫無所知，親密者當不會如此。而且汪氏離渝以後，其「親密」的左右未隨而同去者，更有陳樹人、甘乃光、彭學沛等多人。至顧孟餘於汪氏一九三八年離漢赴渝之前，即以國事不可為而離去。論用五的聲望與資歷，也遠不足與顧孟餘相提並論。我在懷疑，如其汪氏離渝前真正當用五為親密的同志而攜與同走，其是否能保其「冰霜大節」者，似尚大有問題。在我返港以後，不時與朋友們談及此事，有人說他就是為了自托於汪氏而蠖屈難伸，臨去又無一言以告慰，因有所不慊，而稍洩其怨望；也有人說他久想移居台灣，但以其過往曾參加第三勢力，不易入境，寫此意欲得諒解。我不以為像用五這樣的人，會那樣地淺薄無聊。但在用五筆下，既在在流露出與汪氏有那樣「親密」的關係，尤其他於戰後竟會不避嫌怨、不分「涇渭」，有「冰霜大節」的人而會去監獄探望汪夫人陳璧君，而且欣然把汪夫人寫給他的信，製版披露，引為殊榮，也因此，這樣就容易使人相信他所寫的必然是無一語不真，而確是「價值尤高」了。但作者卻欲抑故揚，以皮裡陽秋之筆，將有些事實有作用地出之虛構；也有些全憑傳聞，曲加附會。與其平時在私室中所表達的態度，截然相反，是十分值得驚異的事。

方君璧曾經嚴厲指責

汪氏盛時，對用五關係的是否親密是另一回事，而用五以追隨汪氏多年之故，自附於「親密」之列，則為當然之事。所以，不僅幾度探監，而且在港又與汪氏遺屬往返甚密，在其談話中，也總顯出其對汪氏的崇敬，而在其筆下，卻又大肆譏評，表示其「冰霜大節」，用五處世對人，面面俱到，其人其文，都有值得欽佩之處。依常情而論，寫回憶或論列人物，除有些人別有用心者以外，是為了發掘史實，提供史料，但以用五與汪氏一家的關係，為什麼竟會有此不盡不實的記述？乘這次返港之便，與汪氏的幾位遺屬以及與汪氏真正有過親密關係的朋友們，曾作過幾度談話，在遺憾中不能不有所辯正。

據我所知，有過不少朋友因用五發表此類不實的敘事而詰詢，特別是曾仲鳴夫人方君璧女士上次來港時，更嚴厲加以指責，但用五還矢言無它，而未能作出圓滿的答覆。因為他如其真是為了提供史料，那麼既與汪氏遺屬等仍有「親密」的交誼，為什麼不先問明事實而就率爾操觚、以自陷於誤謬？他的朋友們所希望於他的，並無苛求，但願其不離事實，但是用五並不曾這樣做。他以日記體發表，即使確為當時所寫，但他既與汪氏有過淵源，而且又處身在當時的重慶，為了對自身的洗刷，就不能不對汪氏有所批評，其間是否有些違心之論呢？況且作者所發表的又並不是原文，他又自認「此等紀錄，有些得自傳聞或彼此尚有矛盾，未必完全可信」而扔「依原來形式，一一摘錄出來，成為此篇，文字間有增刪」云云，試問是傳聞、是矛盾、是未必可信，何以供之世人？且所增者何事？所刪者又為何事？刪節尚可；事後一經增添，也就不成為真正的日記了。也可見其動機並非如其弁言中所說：「對於史家撰述，或談抗戰掌故者仍有參考價值。」

所記幾件事都非事實

論理，用五曾去監獄探望過汪夫人兩三次，她又曾兩度親筆寫信給他，又贈他以手抄的《雙照樓詩詞稿》，是汪夫人的待他，實在不薄，但不知他在〈陳璧君牢獄生涯〉一文中，何以插入了一段既非事實、也且不合情理的記述？他居然還說是「璧君家人從蘇州回到南京，告訴我難以令人相信的消息，但卻是千真萬確的事實。」「難以令人相信」而又說是「千真萬確的事實」，用五也實在矛盾得可以。他所謂「千真萬確的事實」，則是說：一九四八年下半年以後，璧君在獄中注射一種安定神經的針藥，逐漸成癖，每日注射多至二三十針，每日耗費多至數億元，和吸食白面嗎啡的人無異，經其兒媳苦勸無效，見面卻伸手要錢，經過了約莫兩年時間，竟變成了瘋婆子了。其女兒竟為此隻身赴美，做洋尼姑去云云。我問過汪夫人的兒媳，肯定地說既無此事實；也且絕不曾為用五言之。那又為什麼他要作此讕言呢？

據我所知：用五最早是跟隨廖仲凱的，因此而得與汪氏相識。迨汪氏出長行政院時，僅畀以參事一職，偶雖得與汪氏相見，始終未參密勿，亦且始終不獲重用。汪氏離渝之前，也秘不相告，其關係如何，於此可見。汪氏離渝以後，舊部中頗多密函汪氏有所探詢者，用五亦為其中之一人（當時其面中如何措辭，如用五以全文發表，將為顯示其「冰霜大節」的最有力的證據了），但其日記中卻對此偏又一字不提，這又不能不令人感到驚異。當時汪氏以不克對函詢者一一致答覆，乃由林柏生於香港《南華日報》以〈答客問〉為題，作綜合答覆。此後用五仍留重慶，轉輾而與桂系發生關係，陳璧君於給他的函件中，托其營救乃弟陳昌祖，亦即為此。戰後用五來港僑居，任中學文史教習，鬱鬱不得志，近擬遷居台灣，又以曾有參加所謂第三勢力之嫌，而被拒入境，目前處境，亦堪同情，其是否欲借當年「顯赫」之資歷，為文以自顯，作用何在，殊未敢加以懸揣。

用五所寫陳璧君在獄每日注射毒針云云，更是連常識也不具備的謬論。汪夫人於汪氏逝世之時，腿部忽患神經性痙攣，及後被囚，病尤劇發，經監獄當局批准由醫生診治，兼施針藥。試問監獄是何等場所：璧君又為何等人物？監獄唯恐被囚者不堪虐待而自了，假如針藥而含有毒素，能准其注射乎？如以注射而竟然成癮，每日且達二三十針，監獄能任其運入乎？用五原文謂自一九四八年下半年起，繼續達兩年之久，是早已在中共統治之下，牢獄之中，又何處覓毒劑？更何能一任其公然注射？

對過去事始終不後悔

用五以為璧君以不堪幽囚生活，注射毒劑以自毀，此又與其自己所寫之事實適得其反。用五在探獄時一再詳述璧君「態度非常激昂，她對於過去的事，始終沒有一句後悔的話。」他第二次探獄時又描述當時的情形說：「她平心靜氣，討論問題。看她精神，還不算壞：沒有頹喪，也不悲觀；說話聲音響亮，時帶歡笑，前額雖禿得很高，兩眼依然有神。」是汪夫人更無以注射毒劑以自毀之理。依我個人對汪夫人的印象而論，她的性格雖失之於衝動暴躁，有時厲聲指責他人，不論重慶或南京的人，頗多退有後言，實則這一性格，同時也表露出其堅強的一面。她在獄直至一九五九年六月十七日病死為止，前後達十四年之久，經過了國民黨與中共兩朝，時汪氏早已病逝東瀛，自身亦已繫身囹圄，而她在法庭受鞫時侃侃陳辭，有贏得旁聽者鼓掌的怪狀；其對獄吏更不假辭色，一切不改常態，也且無殊於盛時。一九五〇年宋慶齡、何香凝進言中共當局，擬為保釋，唯一條件，即須其在獄當眾發表言論，以指汪氏組府之非，而璧君仍毅然稱汪氏之建府南京，係為淪陷區人民服務。不屈的結果，卒之病死獄中。這豈是一個普通女流所能為？其堅強不屈之精神，最少使我對她完全改觀而肅然以敬。

汪夫人在獄時，家屬接濟從未斷絕，迨其逝世，尚存有人民幣三百餘元。用五謂其向家人即伸手要錢還債云云，可不攻自破。其文中更謂其第二女公子因苦勸戒毒無效而隻身赴美做洋尼姑，尤為無稽之談。汪氏二女公子於汪氏逝世前早已篤信天主教，戰後留居天津修道院，一九四七年曾返上海一行，同年冬進入青島修道院，旋又赴羅馬虔修，其後始由教會派赴美國習醫。一九四七年之後，即未再與其母相晤，更何來與其脫離母女關係之說？

陳春圃夫妻從未分離

用五與陳春圃生前似有相當交誼，而在其筆下，偏又指春圃有離婚之事，其用心何在，令人費解。在汪政權時代，我與春圃僅在公開場合中相見，私人間則絕少來往，我對他的觀感，是平易溫厚。在當時誠不免有些派系間的摩擦，而春圃以號稱公館派人物，能識大體而從不參與其事。迨同羈上海提籃橋獄後，朝夕相見，他人或有憤激懊喪的態度，而春圃卻能保持其一貫之常態。最使我感動的一件事，則是他於初審被判死刑以後，難友們群集其室，紛加慰問，我俟眾人散去，始進而與談，生死大事，況乎黨錮？我以為他定會有憤懣之語，殊不料他一見我就說：「雄白兄，假如有一天我終被執行槍決，我定會從容赴死，決不為同志們丟臉。」此時而能作此語，顯出他的學養，也見得他的氣度。像春圃如此的人，而會鬧離婚的悲劇嗎？按之事實，春圃與他的夫人李惠芳女士相敬相愛，從未分離，一九四五年春圃入獄後，她以癌症病逝上海。不知用五何以要厚誣故交？舉此一例，足見其筆下可信之事有幾？

日記中多不盡不實處

至於用五以日記體寫成〈汪精街脫離重慶始末記〉，並錄汪氏詩詞稿殿以〈汪氏詩詞和政治生涯〉，刊於香港某雜誌，無疑是為了要表示他與汪氏「親密」的關係；為了要表示他的「冰霜大節」；也為了要表示他所寫的是「珍貴」史料。但統觀全文，不能不令人發生太多的感想：

第一、如前所說，他是汪系人物，汪氏既未攜予同走，身在重慶，其所寫日記，即使確是當時寫的，也深恐一旦搜獲，諷汪、反汪，即所以自保，況自承其間又多不可信與增刪之處耶？

第二、日記中往往引用友好的談話與書信，有的已作古人，早已死無對證，而且當時寄往重慶的信，尤其過去與汪氏有過關係的人，為了預防信件的檢查，就不能不作些迎合當道之言。

第三、用五好以「假定」作為事實，以主觀斷。

第四、他保有一九三七年至四四年的日記，又何以獨缺四一及四二兩年？用五還居然以為「這兩年內有關和平政府的見聞紀錄，現已不可復得，這是非常可惜的。」缺少兩年日記，是否是一種巧合？當時他身在重慶，又何能有南京和平政府的「見聞紀錄」？這真是神來之筆，若說所見所聞，係得之於他人的傳述，亦將難辭其為道聽塗說之誚耳！

談雙照樓詩詞多曲解

用五日記中太多不盡不實之處，不勝枚舉，如其一九三八年十二月廿七日的日記中云：

「汪夫人和他們的兒女，在言談中，對於抗戰即時常採取譏嘲諷刺態度，汪先生對於他們的說話，也似乎表示同意：例如戰事失利，報紙不說敗退而說轉進，便是汪公館裡取笑的資料。」

這讕言說得過於離奇：據我所知，那時汪氏的長公子正留學德國，次女公子向來絕口不談政治，三、四兩女公子猶方在童稚，汪夫人殊無與他們談國家大事之理；而且他對汪氏，既說「表示同意」又未寫出如何表同意的說法，而且還加上「似乎」兩字，那未免寫得太離事實，也太離譜了。

用五談《雙照樓詩詞》，都是曲解，是斷章取義，在汪氏的詩詞中，言為心聲，無處不表示其捐軀為國之決心，其早年刺攝政王時之「慷慨歌燕市，從容作楚囚。引刀成一快，不負少年頭。」革命志士之滿腔熱血，舉國傳誦，其它如「士為天下生，亦為天下死」，「勞薪如可爇，未敢惜寒灰」，「人生代謝應如此，殺身成仁何所辭」等，忠烈之心，躍然紙上。而用五卻以汪氏之憂國，喻作悲觀，以當年曾受知之人而於其身後，不惜百計以之詆譭，未免太忍心負義了。於此，我願意抄錄一首為《雙照樓詩詞稿》所未載，以〈題吳道鄰繪扇面一首〉的詞，以見汪氏的胸襟，詞云：

風四號，月半吐，此時攬轡踄長道。風與馬，同蕭蕭；月與人，同踽踽，好將熱血灑山河，欲憑隻手迴天地。戈可揮，劍可倚，一千一城從此始。雖千萬人我往矣。

寫完了對用五寫作的觀感以外，再想寫一些題外文章。這次來港以後，我與汪先生的家屬以及許多也與用五相熟的朋好們作過多次的晤談，他們都對用五一致表示異常不滿，有人對其口是心非的態度，想到世道人心，而寄以憤慨。面臨交責的局面，或許用五先生會深悔有此一文吧。特別我與汪氏的家屬談話時，以用五與他們往來有素，而居然有此等文字出現，其長女公子且不禁為之淒然淚下了。其三女公子更說：「為人女，而能有此憂國忘身之賢父，有父如此，深自慶幸，亦是平生最引為自慰者，我無憾焉。」汪氏遺骨雖成劫灰，蓋棺亦未必即成定論，後之治史者，或會有政治宣傳以外的公正論斷；但汪氏有後如此，亦宜可瞑目於九泉矣。

故人周佛海

馬五先生

我與周佛海是在日本求學時相識的，可謂「總角之交」。彼此學成歸國後，過從亦多，交稱莫逆，相見無話不談，但未曾共過任何事業。所以，關於佛海在政治上一切作為的是非功罪，我不願談論，世人知道的亦很多，更不用我贅述了。我只就佛海個人的若干生活史跡中，而為世人罕所聞知者，略予敘次，藉誌不忘，言念故人，心乎愴矣！

佛海出生吾湘沅陵縣，家境貧寒，初中畢業後，以師友贊助，冒險前往日本，勤奮自修一年後，幸而考入日本帝國大學預科——即高等學校，照例取得湖南省的官費支給。民國十年他已進入日本京都帝國大學的經濟系，日本著名的馬克斯主義學者河上肇，就是該校經濟系的主任教授。斯時蘇俄共產黨人布哈林所寫的書刊，在日本亦很流行，日人稱之為「勞農主義」或「過激思想」。佛海以窶人子而受著布哈林這類宣傳文字的影響，乃嚮往社會主義，參加了陳獨秀在上海策進的共產黨組織，而於民國十年夏間，回到上海參預中共的創建會議，與陳公博、張國燾、包惠僧等，成為中共的主幹人物。

周等在上海創立共黨之際，原係秘密行動，每藉郊區的學校或私宅作臨時集會地點，以避耳目，常與學生們接觸，因而得識上海徐家滙啟明女子學校（法國天主教人士辦的）學生楊淑慧。楊氏係湖南湘潭人，家住滬上，父親經商，家稱富有。淑慧與周熱戀論婚，而乃父不許，且禁止她跟周來往，最後楊氏乘夜深跳牆出來，隨佛海私奔到了日本，乃父無可如何，唯斷絕金錢接濟而已。佛海以一名官費而作兩人的生活費用，當然十分艱苦，狼狽不堪。日本人素來不吃豬腳的，把牠作其他家畜的飼料，價值極便宜。於是，楊淑慧每晨以日幣數角，從屠宰市場購得一小筐的豬腳回來，洗滌乾淨，拔去豬毛，然後連同數升白米，熬成濃粥，加些鹽類，菜飯皆在此，夫婦倆可供兩餐果腹之需。所以，後來佛海在國內政治上顯赫一時，每逢夫妻因故勃谿不相下，祇要楊淑慧大聲謂：「你還記得我在日本每天買豬腳的事情嗎？」佛海即低頭不作聲了。

周在留學時期的生活困苦已極，課餘曾譯述或撰寫文章，投寄上海商務印書館的《東方雜誌》，當時該館的主持者某，規定文字中的標點一格不得計算字數，又凡引用中外古今名人學者的言詞滿十個字以上的，亦一律不給稿費，二者應予剔除。周認為太過刻薄，比猶太人更兇狠。他就約同當時一路投稿的朋友，在文章內儘量引用不滿十個字的名人言論，如孫中山先生說：「馬克斯是病理學家」，如浩布斯說：「政府是盜賊分贓集團」……等等，滿篇皆是，使該館的主持者無法不給稿費。往後，周在上海創設「新生命書店」兼發行《新生命月刊》，稿費計算，一反上述猶太人分毫必爭的作風。這種內幕，現在僑居香港的樊仲雲兄，亦知道的。佛海在社會上嶄露頭角，蜚聲黨政與文教界，就是由「新生命書店」出版的那本《三民主義之理論的體系》宣傳作品開始的。

當民國十三年（一九二四）國民黨實行容共政策時，中共首要份子李大釗、張國燾、吳玉章、毛澤東、陳公博、林祖涵、高語罕等皆麕集廣州，甚為活躍。佛海適畢業日本西京帝大，他以中共創黨人的關係亦回到了廣州，受聘為廣州中山大學教授，主講經濟學，思想自然左傾，對社會主義倡導甚力。迨十五年革命軍北伐佔領武漢，中央陸軍軍官學校在武昌設置分校，共黨份子惲代英從廣州率領一般尚未畢業的黃埔軍校學生到武漢繼續肄業，佛海受任為武漢軍分校政治總教官。這時共黨勢力瀰漫兩湖，厲行打殺土劣，捕捉所謂反革命份子，橫暴不可一世，而對於男女兩性關係，昌言解放，隨便亂來。洎後汪精衛由法國回至武漢作國民政府主席，大呼「革命的向左來，不革命的滾開去」的口號，共黨人士更加囂張，鬧得閭閻騷驛，民不聊生，佛海的思想此時乃告轉變，他先將家小遣赴上海岳家，而於是年夏間悄悄乘輪離漢赴滬，在船上撰寫一篇〈逃出了赤都武漢〉的文章，擬到上海後送交報紙發表，表示反共立場，藉以洗刷共黨份子的嫌疑。不料他一到岸，即被上海警備部捉去了！

周到滬被捕之夕，我適在上海法租界環龍路友人楊虎（嘯天）家的樓上玩麻將，同場的記得有冷欣（雨庵）兄。嘯天於深宵回來時，登樓一面脫去軍服，一面欣然告語我輩云：「今天捉到了一個著名的共產黨周佛海！」我問：「你們審訊的情形如何？」楊謂：「這類傢伙何必再審問呢？已跟陳人鶴（陳群）商量過，改天深夜，用蔴袋把他裝好，加上兩塊大石頭，派人投入黃埔江中就得了！」我聽罷未再答話，牌局散後，立即通知周妻楊淑慧，教她趕快設法營救，楊淑慧即於次晨快車趕赴南京找邵力子，由邵轉報蔣總司令，急電淞滬特務處長楊虎暨東路軍總指揮部政治部主任陳群，以周佛海係重要共黨份子，著即押解來京訊究，不得違誤。這樣，楊陳二人自不便私自處置，祇好遵令將周佛海解往南京，聽候發落。不久，佛海即告省釋，且被派任為中央軍校政治總教官了。當時他聘我擔任軍校政治教官，然我已由國府任命為秘書，乃未就教官之職。此時佛海下榻南京城內中正街「西城旅社」，奉命籌設軍校政治部，正感缺乏助手，而湘人羅君強係上海某私立大學學生，適來京想找工作，卻沒人推轂，無路請纓，他偶爾到「西城旅社」訪友，見旅客牌上有周佛海名字，即以同鄉人的關係，投刺晉謁，周相見甚歡，挽羅助其籌備政治部，給以秘書名義，從此成為周的親信幹部，始終未離左右了。

南京中央軍校設在明故宮舊址，距市內甚遠，佛海要將家眷接來，苦無適當的住宅可以租賃，因為既不能距離軍校太遠，而房租太貴的又負擔不起。旋聞明故宮旁有樓房一棟，門前古樹森然成行，前後左右皆係空曠之地，僅有菜園幾塊而已。該屋久已無人居住，號稱鬼屋，業主但求有人進住，不致傾圮，租值隨便付點即可。周謂「我不怕鬼」，即偕家小卜居於其間。我不時赴周宅探訪，詢問佛海該屋是否有何怪異情況？他說沒有，我不怕鬼，鬼就怕我，很相安。這時候他有男女兩小孩，皆已屆小學年齡，但家住荒遠的明故宮一帶，附近沒有學校，只好聘請一位家庭教師，予以啟蒙教讀。教師係女性，年方少艾，風姿亦不惡，經常寄宿周寓的樓上，賓主甚融洽，慢慢地跟佛海發生了關係，暗渡陳倉，非一日矣。楊淑慧雖覺可疑，但無憑證，自不能說什麼。一夕深更夢醒，床頭良人忽不見了！她料想佛海一定悄然登樓上女教師房裡去了，急披衣前去敲門，大聲呼喚佛海不置，周惶遽間，誤將女教師的長褲穿上，匆匆奪門走到樓下臥室，垂首坐在床沿不出聲，楊淑慧破口詈罵，忽睹佛海穿著女教師的褲子，乃指斥道：「瞧你這副缺德相，竟將女人的袴子穿上，太不要臉呀！」周注視果然是綴有花邊的女袴，大感尷尬，連呼「有鬼」不已，楊淑慧答謂：「是有鬼呀，但不是死鬼，乃是活鬼啦！」說著自己亦忍俊不住，周立將褲子脫下，擁衾高臥，次晨起來，女教師已不告而別。這是佛海後來親自向我敘述的故事，認為太過荒唐，不堪回憶呢！

佛海到廣州中山大學教書，是戴季陶作校長，戴亦很器重周。民國十八年南京中央大學特設「三民主義」講座，挽請戴先生主講，戴講了一學期，改推佛海承其乏，學生亦很歡迎。越十九年初夏，發生中原大戰，周以總司令部訓練部主任，隨同蔣總司令出發到前線去了，中大這項特別講座久告缺課，學生表示不滿，法學院政治系主任劉師舜兄乃囑我繼續講席。我先電詢佛海應該怎樣講法才好？他覆電謂可根據近世紀以來，外國帝國主義侵略中國的史事，以印證三民主義的妥當性，切忌照本宣讀。詎我第一堂講述完畢後，即有學生詰詢我的思想是主張唯物論？抑是唯心論？我感覺是非甚多，很難應付，曾請教當時主持南京市黨務的友人段錫朋兄，他亦認為這是纏夾二的論爭，勸我莫擔任這種吃力不討好的講座為佳。往後佛海由前線回來，聞悉此情，他笑我膽子太小，說是唯物唯心思想，三民主義兼而有之，未可偏廢，根據孫總理的論據，誰能否認呢？然是時南京的黨政方面人士，由於大力反共之故，每惡談唯物思想，我害怕招惹無謂的煩惱，對中大的三民主義講座，唯有奉還佛海，敬謝不敏了。

佛海日常生活，對煙、酒、賭博皆不沾染，就是酷嗜女色，太太管制雖嚴，而所好如故。民國十九年秋末，我跟他一道坐早晨的京滬特快車赴滬，下午抵步後，他領我到「先施公司」旅館部一間大套房休息，據說，這是當時山東主席陳調元租設的長期俱樂部，專供文武顯要到滬玩樂之用的。我倆進入房中，即見吳鐵城、鄭洪年與上海「華成煙公司」（出品美麗牌香煙）經理人嚴惠予等在座，另有某著名電影女明星二人陪侍說笑著。詎料未逾一小時，周妻楊淑慧亦由南京乘飛機趕來了。她早知有此俱樂部，逕來旅館敲門進入房裡，即要佛海陪她出去，說是另有緊要事情，周認為太沒面子，怫然拿著手提包衝出門外，聲言赴機場購機票回南京，楊淑慧亦步亦趨，緊隨其後，夫婦倆在旅館門口大聲吵鬧，我和嚴惠予走下去調解，只聽佛海說道：「你這樣是不是要逼死人？」楊氏依然盯住不放。繼由嚴提議到「新雅酒樓」吃了晚飯再說。是夕，周與太太又坐夜快車回京，一幕趣劇才告終結，而佛海心情之煩惱可知也。

周於民國十六年由武漢逃出後，反共意志很堅決。對日抗戰第二年政府撤移武漢時，陳獨秀亦住在武昌，而中共刊物公然指陳獨秀係日本帝國主義的間諜，說陳每月向日方領取津貼幾千幾百元，宣傳得像煞有介事。佛海甚為不平，挺身聯合文化界人士如柳堤等十餘人，領銜發表宣言，為陳獨秀辯誣，反擊中共隨便含血噴人之無聊。迨政府遷入重慶，周奉命代理宣傳部長，我在重慶《西南日報》作總主筆，曾撰文祝賀蘇俄十月革命紀念，文內提到托洛斯基當年統率紅軍作戰的史事，詎蘇俄大使盧幹滋偕同中共代表周恩來，向中央黨部提出抗議，指為「妨礙中蘇邦交」，情形殊嚴重。我函詢佛海意見，他覆書大為稱讚我的文章，說是「先睹為快」，囑勿氣餒。此時蔣總裁在南嶽，汪精衛以副總裁在渝主持日常黨務，周請汪對蘇俄大使表示中央對於民間報紙的言論未便統制干涉的理由。於是俄使偕同周恩來乃赴南嶽向蔣總裁抗議，蔣為敷衍俄使計，電飭宣傳部查究《西南日報》的社論作者，周不以為然，教我莫害怕，汪精衛且親筆署名為《西南日報》寫社論一篇送來刊出，藉以維護。佛海過去的政治關係，與汪素不接近的，此時他單身下榻渝市陝西街「中南銀行」樓上，我去叩訪他商討如何應付蘇俄大使的抗議問題，他告訴我：「汪副總裁絕對支持《西南日報》，爾勿憂」。便中談到抗戰前途，他說：「許多人竭力倡言焦土政策，長期抗戰之說，調子甚高，我們（周自稱）有些朋友卻唱低調，想到日軍萬一打到重慶來了，應該如何撐持下去？這種座談就名為『低調俱樂部』，希望老兄亦不妨參加」，我漫應之。他對代理宣傳部長的名義，亦表示不愉快，說是「我周某的資格，難道不配作正式部長嗎？」未幾，蔣總裁由南嶽電令宣傳部，將重慶《西南日報》歸併於《掃蕩報》，周雖不贊成，但不能不執行，他曾寫信安慰我，我答言該報原係康澤創辦的，與我無關，歸併亦無所謂，但求我個人不受處分就得了。洎後我奉重慶行營命令，赴自流井作鹽場統制專員，過從乃較疏。

一九三八年（民廿七年秋），我由自流井公幹回至重慶，一日赴中南銀行訪周，平時總是在客廳裡瞎聊一陣，這次他要我到他的臥室內，關起門來對話。他先聲明「不談風月，只談國事」，我謂從何談起呢？他正色道：「日本人宣言要打到重慶來，這戰爭怎能支持？重慶如不守，政府勢必撤往西康，那時候，我（周自稱）是不願去了。俄國的反共人士可以到上海販賣氈子謀生，你我將來到那裡去賣氈子呢？」我說，「中日要停戰言和，蔣先生如不同意，誰也沒法作主的，你我縱然主張和談，毫無作用，祇有抗戰到底之一途，即令亡了國，以後還有復興的機會啊！」他聽我話不投機即不再說什麼，但謂「日內我要赴昆明一行，視察宣傳部在昆明的業務」云。此時汪精衛已到安南，我乃憬悟佛海必係與汪採一致行動，到海外提倡中日和談，卻未想到他們會與敵方勾搭也。因而我笑謂：「汪先生一定前往馬賽害政治病，你看如何？」周默然。過了兩天，他電話告我，下午一時乘飛機赴昆明，我屆時早到機場半小時送行，我倆站在珊瑚壩機場的水邊談話，我說：「你此去恐怕不會回來了，我們政治主張雖然不同，但友情是一樣深厚的，希望隨時通信」。周答道：「你若要作大官，這是好機會，快以電話報告治安機構，說周某潛行去國，別有企圖，立即加以扣留，便是一大功勞！」我作色謂：「佛海，你把我看成甚等樣人？」他急忙答道：「我曉得你不是那種人，跟你說笑的！」又謂：「我到河內面晤汪先生，是在探詢他對國事的意見，然後赴香港探視家小，是否回渝，尚未定奪。」從此一別，我倆即音訊阻遏，直至抗戰勝利還都後，才在南京老虎橋監獄內見面一次。

周離渝之後，我才明白他過去所說的「低調俱樂部」，就是主和派人物的結合，而以汪精衛為領導者，他最後在中南銀行樓上臥室內跟我談話的用意，是想拉我一道走，因我話不投機，只好作罷了。所以，後來我到監獄去探訪他的時候，他第一句話就說：「想不到你會來看我！」言下頗感意外。

佛海在汪政權的地位雖不及陳公博，但其權力卻視陳為高，他除掌握著汪政權的財權警權，乃至軍事幹部的人事權而外，據他所寫的民國廿九年的日記，汪政權成立時的一切重要官員，皆由他開列名單，交汪認可發表的，真可謂一人之下，眾人之上啊！可是，就他的日記中所記兩點事情，我覺得他的氣宇還不夠恢宏。一是他所任用的財政次長湘人嚴家熾，在袁世凱時代做過湖南巡按使，資格很老，佛海認為自己居然能夠驅使這類過去的達官顯宦為之效力，甚為自負。二是他到北平與華北偽政權談判合流時，下榻故宮的的中南海勤政殿，這原是袁世凱作總統和洪憲皇帝時的辦公處。他今日以政治要人住宿於其間。不覺顧盼自雄，躊躇滿志，形之筆墨，未免失之庸俗吧？（註一）

從一九四〇年（民國廿九年）起，佛海即跟重慶的軍統局首要暗中聯繫，實行輸誠了，派赴上海從事地下工作的程其祥、彭壽等人，連同無線電台，即經常藏在周氏的樓上寓所。據周妻說，這電台隨時移動，或在廁所，或置之座椅底下，未被破獲。所以，日本投降後，國府參謀總長何應欽曾在民眾大會演說，聲言周佛海是在政府頒佈「懲治漢奸條例」以前，即已輸誠中央了，依法不在究問之列。但後來周被法院審訊時，上述受周掩護工作的程、彭二人，卻不肯出面為周作證，反而在日本投降後，才由軍統局派往南京接收的人員周鎬，毅然向法院替周說話，證明周確屬掩護重慶份子的各種事實。

民國卅六年春間，佛海已改判無期徒刑，我到南京老虎橋監獄內的典獄長辦公室，跟他談過很久的話——有二小時左右——他告訴我：當他把汪政權的「中央儲備銀行」的存庫金銀，以及軍警機關的槍械器材，全部交代後，關於法幣與偽幣的比率，曾經主張最大限度不要超過偽幣五十元對法幣一元的比額，則京滬一帶的物價，相信不會波動。後來重慶財政部竟訂為二百元對一元的比率，物價即狂躍不已了。言下頗以財政當局之顢頇失策，貽患滋大。

佛海又以感慨萬分的心情，對我敘述他由滬飛渝，再由渝飛回南京的經過情形綦詳，他說：「我在上海交代完畢後，因中央對於汪政權的高級人員如何處置，尚未有明白指示，戴雨農勸我和羅君強等人，不妨暫時離開上海，藉避耳目，我亦同意。即由他準備專機一架，載同我夫婦暨兒子幼海，還有羅君強，楊惺華，另帶厨子與女傭各一名，原定飛赴貴州息烽縣，迨飛到重慶上空時，以霧大無法前進，乃降落渝市，住在磁器口，生活很安詳。不久，戴墮機殞命了，南京方面將我等用專機解回金陵，下機即送往城內寧海路一棟大房屋，然婦女小孩及傭工不許進去。我與羅、楊入門後，全身檢查，各人的褲帶亦得取下，改穿號衣，這才知道我等昨為座上客今是階下囚了！我和君強同住一室，晚間臭蟲從牆壁間蠕蠕出現，結隊成群，直向床鋪降下，我倆乃起身用拖鞋撲殺臭蟲，整夜亦不曾安眠。想到政治生活如此現實，真不禁盪氣迴腸之至！」說著，他的兩眼亦含有淚水呢！我問現在老虎橋獄室何如？他謂很好，獄中大小執事者都對他很客氣，稱呼「周先生」而不名云。

周對自己所受無期徒刑並不悲觀，他相信不久就可能省釋出來，乃跟我暢談中共問題，認為這是國家未來的大患。他向我注視道：「你我在政治上尚可以搞二十年，將來我們唯一的志事，就是注意共黨問題」。我勸他在獄中無事，可寫回憶錄，他說心臟有病，執筆即感頭暈，不能寫作，約我每星期來探監一次，攜同紙筆，由他口述，我來筆記，我滿口答應，認為這是項極有意義的事，彼此珍重道別。未幾，政府頒佈憲法，全國普選民意代表，我奉中央提名為國大代表候選人，於是年八月南歸競選，迨事畢遄返南京，而佛海已以心臟病死於獄中了！故人一別，即成永訣，所志未酬，徒負罵名，為之於邑傷感不置。他安葬之日，我趕到墓地，周妻楊淑慧見著我大聲言道：「怎麼你敢來送佛海的葬嗎？」我瞭解她的語意所在，即答云：「一死一生，乃見交情，我怎能不來呢！」繼而她又謂：「墓上的石碑已弄好了，尚未刻字，將來就請你大筆一揮罷」。我說「義不容辭」。可是，由於大局變動很快，我終於不及為故人題墓碑而離開南京了。

佛海在生之日，交游遍天下，得意時，門庭若市，應接不暇，一旦失敗而死，昔日號稱為知己或受恩的政治人物，連悼唁的意思亦無所表示了，政治場中的勢利相有如是者。我和老友陳芷汀（方）於佛海開吊之際，特往祭奠，並各撰輓聯一付，陳聯甚佳，其詞曰：

有傳世之學，有經世之才，籍甚聲華，一失何從論功罪；
為親者所痛，為仇者所快，棖觸往事，十念空能了死生。

我所作的卻遜色多了，聯云：

一死便成空，蓋棺何必求定論？
九原如可作，遺恨料應太書生！

撇卻政治是非不談，佛海之為人很熱情，亦有血性，例如他在日記上說，當對日抗戰末期，日方急於言和，曾有人教佛海勿與汪精衛合作，單獨進行，他堅決不從，理由是汪以「國士」相待，遇事言聽計從，未可背叛，而表示跟汪氏共患難到底，足徵其品格為何如了。（註二）他的日記冊數，據楊淑慧說：共有六本，大概被接收人員拿去了，迨大陸淪陷後，展轉流傳了一冊到香港來，是民國廿九年寫的，關於汪政權的產生經過記載頗詳，不失為近代政治史的珍貴資料也。

（註一）周佛海日記：「民國二十九年五月廿六日……午赴嚴家熾之宴，嚴於前清在廣州府有能吏之稱，袁世凱時為湖南巡按，時余尚為小學生，今反為余之次長，念此，個人亦頗可足自豪矣。……」「同年九月一日……下榻中南海之勤政殿，與光緒被囚之瀛台遙遙相對，此為第三次到北平，一、為十七年之北伐完成；二、為十九年中原大戰馮、閻失敗後；此次來臨，回憶往事，不僅百感橫生、人事滄桑，此十年中真所謂變化萬端也。……九月三日……十二時就寢，萬籟無聲，不禁遐想，此為袁世凱就任大總統之所，當時余甫入小學，不謂山州野邑之窮學生，二十九年後，竟駐節於此也。……」

（註二）周佛海日記：「民國二十九年九月十五日……此次余來滬，請仲云同來，暗約陳果夫之弟肖賜見面，詢以過去聯絡渝方勸和情形。肖賜謂果夫立夫均有電來，謂蔣仍堅持抗戰，目前談和時機尚早，並謂蔣決不與汪合作，盼余暗中佈置，以備將來去汪。余囑仲云轉告肖賜，余與汪先生生死相共，患難相隨，無論在政治道德上，及個人道義上，余決不能反汪，此與余離渝前情形不同。蔣對余向未以國士相待，且和戰政策與余不同，故忍痛離渝。今汪先生與余，主張既同，而又以國士相待，余焉忍相離，全面和平為余主張，余本人次不能反汪，仲云以為然。……」

虎牢探監記

易君左

我在抗戰勝利後還都，奉軍事委員會令：派往西北的蘭州主辦《和平日報》兩年，在這期間，曾兩度返京。在第一次返南京時，有一件事似乎還可以記述一下。原來那個時候，周佛海已關在南京老虎橋的監獄裡，我去探望過他。我還想起在抗戰前江蘇教育廳同事六年之久，我和周佛海常在一起，常常開小玩笑。我曾戲出一個燈謎給他猜，謎面為「環遊印度洋」，謎底射：現代人名一。他一笑，說：「這還用猜嗎？不是我是誰？」一天，佛海指著他的太太楊淑慧說：「妳們二位太太如果聯合在一起，我和君左就會弄得雞犬不寧了。」這是因為他屬雞，我屬狗，他比我大一歲，前塵瑣事，恍如一夢。萬想不到以一個有為的人，一念之差，鑄成大錯。然而在此以前，畢竟是幾十年的老朋友，人類是情感的動物，我既回南京，又聽到周佛海被囚的消息，忍不往去找楊淑慧。我說：「我要看看佛海去。」淑慧很驚奇，淌出眼淚來。這是因為當時在南京的周佛海的親友和部屬，都諱莫如深的怕提起「周佛海」三個字，自然更沒有人敢到監獄去探視他。我卻不管這些，我在抗戰的陪都重慶煎熬了八九年，真金不怕烈火，加以那時佛海已蒙國家的特赦，改死刑為無期徒刑，國家可以原諒他一點，我們做過朋友的也應該原諒他一點。

一天，我隨著楊淑慧到老虎橋。楊淑慧是一位既淑且慧的女子，她和她的丈夫是生死患難的糟糠夫妻。她費了多少心思，打通了多少關子，才通過獄吏，每週可以出入監獄兩三次，送些衣服及牢飯，還得經過嚴厲的檢查。

我被引導進入一處，一派高牆裡面，有一棟小房子，周佛海等便幽禁在那裡。牆中間開了一個小小的圓洞，用粗鐵絲網著。佛海從小鐵窗那邊出現了，穿一件長衫，光著頭，看臉上氣色還好。他一見是我來，也甚驚奇，笑著說：「君左，隔著這鐵窗，我們今天無法握手了。」這次是他從重慶押回來後，我們第一次見面，百感茫茫，而他還幽默如常。我站在窗口和他談了約半小時。在他的談話裡自然不免發許多牢騷，但痛悔之情與求生之望也隨著流露出來，他只希望我送些畫報給他消遣，因為獄裡太寂寞，報紙雜誌圖書等都不許看，畫報則許看。

和佛海談話將完，發現窗內小院裡一個正打著拳的停下了手腳，走來窗口看我，原來是羅君強。羅君強是我往年在長沙嶽雲中學教書時的高材生，和雷嗣尚、胡雲翼、丁玲同班。君強還是那樣神氣十足，比以前還胖些，笑容可掬。他本來也要定死刑的，聽說當時最高法院的判決書說羅君強在任偽安徽省長任內尚能愛民，赦了他一死，判以無期徒刑。他見我來了，也趕到窗口和我談了一陣。接著又出現兩個面孔：一是丁默村，一是楊惺華。楊惺華是周佛海的小舅子，他的太太周伏貞也是以前江蘇教育廳的同事，這時也正送囚飯來。丁默村罩著一個布口罩，對我說是傷風，那知在我看見他後的第二天，便被拖出槍決了。周佛海蒙國家特赦改判死刑為無期徒刑，據說是因為他在抗戰勝利時有相當大的功績，將功贖罪，所以得免一死。楊惺華判刑則比較輕些，他們都是從重慶用飛機一起押解來京的。我和他們談話後便告辭出來，佛海忽然喊我回去，我問：「還有什麼事情要交帶我的？」佛海又笑道：「你回去最好寫一篇文章，題目是『虎牢探奸記』。注意一是漢奸的奸字，不是監獄的監字呀。」我只好苦笑，對佛海說：「你還是這樣開玩笑的。」現在想起來，他實在是一種笑中之淚，就像太陽將西沉時還留點淡淡的迴光而已。

不久我再同楊淑慧看過周佛海一次，佛海已口不能言，病倒在草蓆上，獄中連木板床也沒有，草蓆鋪在潮濕的地上，黑黝黝一片。我看見這情形，心裡覺得很難過，我帶來的幾本新畫報，佛海也不能看了，於是只好黯然的出來，這是我最後一次見周佛海。可憐楊淑慧為著丈夫的生命，典盡賣絕，求神問卜，四出奔走，磕頭作揖，瘦得不成人形。她曾邀我到一處「圓光」的所在，在一盆清水裡，由術者施法，口中唸唸有詞，經過相當時間，看見水盆裡依約有些影子，像是人影，一會兒又出現兩隻眼睛似的，一會兒又出現一條腸子似的，術者說是病人的眼睛和腸子都有病，很難醫治。說也奇怪，周佛海本是患胃潰瘍，死時瞳孔放大。我因急於要回蘭州，只得和楊淑慧告別，我安慰她，希望她好好侍候丈夫的病。但是等我回到西北不久，就聽到周佛海已病死於獄中的噩耗了。

還有一事似乎可以一提：楊淑慧曾經把她的丈夫在獄中所寫的全部詩稿給我看，那是用粗毛邊紙一條一條寫的，一見而知為獄中所作，共四十四首，並附自序一段，說他十八九歲在中學學作詩，二十歲留學日本，以後三十年不彈此調，自看守所移居監獄後，將「感想所及，抒寫吟咏」，最後記著：「民國三十五年五月廿一日生前廿七日記。」所謂「生前歲日」，我搞不清楚或者是在被判死刑而尚未蒙特赦時所記，預計刑期不遠吧？

讀周佛海的遺詩，有「鳥之將死，其鳴也哀」的感歎。如「生日口占」一首：「前年淞滬去年渝，今日都門一罪徒，居地三遷人兩世，乾坤俯仰舊頭顱。」又「哭丁默村」一首：「東南板蕩憑同保，巴蜀幽羈感互憐，贏得千秋無限恨，孤魂應是化啼鵑。」詩中感傷於世事的滄桑，與人心的炎涼，而戀生畏死之常情，亦有流露。假使他在抗戰期間，發揮才力智能，擁護國策到底，竭智盡忠，圖報國家民族，則前途燦爛，可以預卜；可惜一子走錯，全局皆非，忠奸之辨，千古已定，雖目掩飾，畢竟無補，大錯鑄成挽救無術，臨危抒感，徒喚奈何！所以讀書人最要注重的是人格和氣節，詩人更必須志潔行芳如屈原杜甫。

我所知道的少年陳公博

叔儔

陳公博其人其事，報章雜誌紀述至多，惟所記者，多為陳氏服官從政後之故事或艷史，對陳氏少年時事跡，皆少提及，筆者與陳為總角交，對其早年行狀，所知較詳，多外間所鮮聞者，茲憑記憶所及，拉雜屬文，投刊《春秋》；六十年前舊景，偶一回想，固歷歷如在眼前也！

早年喪父、忍飢求學

陳公博之尊人，在前清時曾任武職，退休後，卜居廣州老城內，杜門不出，當前清光緒末年，廣州城初設電燈局，先在城內各通衢豎立電線桿，以便安置電線，工匠四處審度，劃定位置，恰巧在其寓所大門前立一電線桿，其父以為巨木聳然有礙風水，且出入亦有不便，乃出與電燈匠商量，請為移置他處。幾經磋商，工匠堅不允移，其父怒起，急返寓穿起前清皇帝所賞賜之黃馬褂，並佩刀（按清末武職人員多獲此種賞賜，自洪楊亂後，即曾國藩之侍從，亦多賞穿黃馬褂），忿忿然亢立門前，戟指電燈匠，揮刀欲斬之，工匠等睹狀，懼而逃，陳宅門首終未立桿焉。

公博在襁褓時，父即謝世，其母乃盡典鈿釵等物，以營葬事，從此晝荻和丸，炊爨賃舂事，均萃諸其母一身，亦云苦矣。公博稍長，就讀於廣州市育才學堂與筆者為同窗，所有膏火之資，皆賴其母豢豕及代人縫紉所得，公博亦知家中困窮，於午間學堂放學回家時，如見廚灶無烟，知未舉火，亦不敢見母，暗中含淚去，殆下午放學返家，其母如問及中午何不返？彼即答以學堂功課甚忙，下課後仍須補習，適有同學家中送飯來，邀同共食，故未返等語。忍饑求學，有如此者。

駢體諧作、大受歡迎

稍長，考入廣州法政專門學校，自念家中境況如斯，學費大成問題，乃於課餘之暇，試向報館投稿，作煮字療饑之謀，一經嘗試，果告成功，蓋嘔心瀝血之作品，多被刊出，稿酬所入，數殊不菲，學雜開支，足資挹注。其初，公博以「芳雨」為筆名，以擅為駢體諧作及言情小說，所作〈牛郎呈請離婚狀〉、〈織女訴冤狀〉、〈老婆皇帝典範〉、〈代某愛妾貽某將軍書〉、〈戲擬致意中人書〉等遊戲文章，文采飛揚，著名一時。嗣又得友人之介，主編在香港出版之《彗星雜誌》，時港名記者潘惠疇甚器重之，使撰長篇連載，月餽稿費大洋二十元，公博當時所為諧文，多用駢語，蓋一時風氣所使然。除長篇小說外，更撰「芳雨春廬漫筆」，刊登於香港《華字日報》，出路既廣，收入更多，因藉稿費所蓄，旋離粵北上，負笈於北京大學。

偷光拾錢、可憫可憐

其時北大學生多屬寄宿者，適公博鄰房同學某甲，家頗富有，每將所餘仙士（即銅元）散置几上，即遺地下，亦任之。公博在北大，貧寒如故，每見其同學外出，即伸手向鄰房地上拾取仙士，稍遠者，復以小竹撥之使近，然後拾取，蓋宿舍之房僅一板之隔，而木板距地又五六寸，頗易探取也。鄰房同學同來，見地上仙士不翼而飛，知隔鄰貧寒同學所為，且素知公博孤苦，不僅不加詰問，反於外出之際，故將仙士遺之於地，使公博拾取以資挹注。昔東漢匡衡素勤學，以無錢購油，乃鑿壁偷光讀書，後卒成名。公博隔壁拾錢苦讀，正復相同；但一則為光，一則為錢，略有區別耳。

弔項城文、洋洋洒洒

公博在北大就讀時，仍寫文稿寄香港報刊發表。民初袁世凱稱帝，以各省反對，抑鬱以死，公博曾戲為弔袁世凱文云：

> 嗚呼！爾其死矣乎，爾其果死矣乎！甲午不死，戊戌不死，庚子不死，辛亥不死，壬癸不死，乙卯不死，而死於今日，死何其速，死何其遲！有大英雄而不為，有大總統而不為，棄無上之尊榮，成一世之大愚！嗚呼噫嘻，嗟乎爾愚！今始凶終。跡爾生平，蔽明塞聰。狡而不英，奸而不雄。下慙操莽，上愧奇窮。使汝之年，終於甲午，鄰甲不張，敵怨不府，韓社不沼，國腦不鹽，何至今日，手縛背坿。使汝之年，終於戊戌，仁人不亡，國是且佶，舊稗既去，新猷是壹，惟爾不亡，生機乃佚。使汝之年，終於庚子，外患既甯，內政既理，延攬俊彥，登進英士，周旦王莽，一時溢美。使汝之年，終於辛亥，四方風動，天下夷宰，俯輯群雄，牽補闕殆，功在首民，名垂千載。使汝之年，終於壬癸，晉陽之徒，旗可不指，長江之師，鞭可不捶，生民不痛，瘡痍可起。使汝之年，終於乙卯，黷人無武，貪壬無巧，狂瀾不翻，斯民不撓。唯天厭治，褫其魄魂。思奪天下，私茲一人！民不聊生，四海泯棼。豺狼塞塗，貍虎為群。白骨遍地，肝腦塗野。

平其閭閻，墟其郊社。千里伏屍，萬里枕髁。殺之何因，媚茲鰥寡。親離眾叛，不自量力。負隅阻險，堅不解職。獨夫雖去，天下已□。嗟爾之身，肉何足食。嗚呼噫嘻，爾何其愚！一世梟雄，今安在乎？空遺臭名，群訾獨夫百日虛號，何以自娛嗟乎爾愚，胡今日始受乎天誅！

為己作傳、能不慨然

此文一氣呵成，有若長江大河，極之痛快淋漓。四十餘年前，此文曾登載香港《華字日報》中，傳誦一時。在公博不過快一時之意氣，逞一時之筆鋒，詎料四十餘年後，公博亦蹈袁世凱之覆轍，其文之後一段，雖寫袁世凱，讀之不啻為其自己作傳。凡人非蓋棺不能論定，其信然歟！公博於民國七年仍在北京大學，住北池子逸廬之南苑，常往社稷壇柏村下飲茶。民九，始畢業南下，隨陳獨秀同廣東。

公博返粵後，曾一度任廣東中山大學講師到校之翌日，即向校內會計處借支三百元，會計人員云：「本校各員均欠薪未發，如一入學校即借薪水，此風一開，恐貽各欠薪教師以口實，倘因事一定要借，請向校長寫一條子來，自可通融。」云云。公博覺不便向校長啟齒，遂作罷論。

其時適陳炯明由漳州返粵，驅逐莫榮新，以粵軍總司令名義，兼廣東省長。公博往見，即委為省長公署參議，兼主廣州市群報筆政。公博在未南返時已嶄露頭角，此次歸來，更露鋒芒，未幾入國民黨之汪派，自此扶搖直上，國人幾無不知有陳公博也。

陳公博一段秘辛

陳祖康

政治舞台悲劇角色

民國十五年（一九二六）至三十五年（一九四六）二十年間，在中國政治舞台上，陳公博算是扮演悲劇的角色，現在他墓木已拱，是非恩怨本來沒有什麼可說的。但是在當年南京偽政府的許多投機份子中，比較起來，陳公博還算是個良心未泯，而具有羞惡之心的讀書人。同時，他與筆者有一段不尋常的關係，對國家不無微勞，所以，緬懷往事，略為敘述。

在未談到陳公博以前，我必須先提起一個與陳公博很有關係的人——徐天深。徐是海南島人，在民國十五、六年間，曾充任海軍黨代表。徐與陳私交甚篤。當汪精衛在民國二十七年冬天叛國離渝，發表艷電以後，中央政府斷定汪勢必投敵，不能不未雨綢繆，即密令徐天深靠近陳公博，和陳採取一致行動，作為內線。汪逆表演還都醜劇以後，徐即留居上海，由我負責聯絡指揮，專向陳這一方面探取情報。迨陳任偽上海市長時，徐因得陳的信任，任偽經濟局長。汪精衛病死日本後，陳繼任代理偽主席，水漲船高，徐也升任偽府文官長。在這個時期內，徐天深確實供給了不少珍貴的情報。我中央政府當初的一著閒棋，居然收到了大效用。可見情報工作，要注意到事前的佈置，至於事後經營，則臨渴掘井，乃策之下者。徐雖肺病纏身，但是工於心計，短處在於賦性貪財而喜投機，當他任偽上海市經濟局長時，著實撈了不少錢，那時候，我的單位經濟並不充裕，有時候因交通關係，接濟殊難，但付給徐的薪俸，從不拖延。他既從未表示在經濟方面給我幫助，我亦從未開口向他借過一文錢。因為我知道，向貪財的人借錢，確實是不明智，且可能影響工作情緒。迨抗戰勝利後，徐儼然為上海一小富翁，生活優裕，國家對他也予以相當的表揚。但當大陸危急時，他竟不願離開上海，且和一般政治垃圾，聯名通電向共匪靠攏，迨靠攏不成，祇好隻身逃港，貧病交迫，死於香港六國飯店。死後連棺材都沒有，由他的妻舅龍道孔及友人湯澄波為之照料後事。夫善泳者死於水，喜投機者死於投機，這真是所謂「活報應」了！

情報工作深入偽府

至於徐天深的妻舅龍道孔，我初到上海時，由龍道孔擔任我與徐天深間的聯絡員，就是說我與徐來往間的文件及重要的言語，均由龍轉達。後來因工作關係，接觸較多，且我已斷定徐尚屬可靠，許多有時間性的任務，乃由我與徐直接聯絡。及陳公博任上海市長後，由我央徐請陳公博給予龍道孔一個偽上海警察局督察的名義，作為掩護。於是我與徐天深間的連繫，採取雙管齊下，有時由龍轉達，有時由我直接晤談，及徐任偽府文官長後，他在南京的時間較多，乃以龍專任上海與南京間的聯絡，若徐在上海，則直接由我聯絡。龍為人尚不失為一忠厚長者，其家僑居新加坡，世營橡膠業。勝利後，功成身退，來往香港與新加坡間經商。但在上海期間，他對於徐天深之為人，頗多不滿，我曾力勸龍要保持忍耐的態度，以不破裂為宜。

當我於民國十五年任黃埔軍校政治教官時，陳公博亦兼任政治教官，僅知其為一才子式的人物而未嘗一面，離開黃埔後十餘年間，亦僅知其為汪兆銘手下的一員大將，有時在報紙上及雜誌上看到他所寫的文章，迨抗戰期中我到了上海之後，才從徐天深方面，約略曉得陳的片段麟爪。陳公博乘飛機到南京參加汪記偽組織的還都醜劇時，曾在飛機內大醉而痛哭，及任南京偽立法院長後，除縱酒、打牌、有時寫點風花雪月的文章外，亦常表示極端的消沉。可見當時陳之所以參加漢奸行列，完全因不能擺脫與汪逆精衛的私人關係，而內心極為痛苦。但汪逆則素以陳為左右手，每遇重要事情，必請陳參加討論，這也是當時我們能由陳公博方面，獲得重要情報的原因。

當時，在上海法租界的麥陽路一幢洋樓內，有一個浙東學會，係上海日本陸軍特務機關所支持，主其事者，為上海日本陸軍特務機關囑托（顧問）王丙鏞，他即是我工作單位中的一個組長，其人為我在福建警官訓練所的同事，雖籍屬寧波，而有燕趙俠士之風，當其在福建警官訓練所任職時，與筆者同居一室，交稱莫逆。我於二十九年秋到上海不久，即遇王於西摩路，彼此相談之下，我才知道他是由駐閩綏靖主任公署情報處派赴上海工作，當即電請重慶調王至我單位，蒙上級核准；原來王不僅生長東瀛，且與日本頭山滿一系人物有深切交情，立即請他物色人選，單獨成立一小組，專負對敵深入工作。王為人忠勇而精幹，當他接任組長後，立即物色愛國志士徐慎升、張敬之、陸子再三人共同工作，隨即展開對敵各項情報活動，其本人亦由上海日本陸軍特務機關聘為囑托，因而成立浙東學會，發行《浙東日報》。經費均由日本陸軍特務機關供應。日本人的算盤打得很精，花少數金錢，要有最大的收獲，而我們呢！即以日本人所花的少數金錢，來做我們的工作。為了獲得日方的信任，這一浙東學會，除了房屋水電印刷費外，從不另向日方要求，日方自然也就另眼相看，信任有加。在浙東學會內，除了表面上必須應付日方工作以外，事實上是一個小型俱樂部，作為我單位對外圍的聯繫處所。且隨時弄些哄騙日方的花樣，例如該組組員徐慎升結婚，事實上已電呈重慶核准，故意請由上海日本陸軍特務機關長泉鐵翁證婚，以加深與日方的關係。目的在於利用這一關係以完成我們的任務。譬如我們就曾經利用日方特務機關的汽車送姜紹謨離開上海返回重慶，且由浙東學會的推薦，強迫偽府任用我方人員沈爾喬為浙東行政長官。麥陽路的浙東學會，既又是一個小型俱樂部，當然不時有人下棋、搓麻將、唱平劇等娛樂。尤其在民國三十三年初，有一個日本人田澤寄居該學會內（田澤是日本的留美學生，由東京派來上海從事管制上海經濟工作的），我們更要表現得浪漫、頹廢，以減輕敵方的注意。

私密機關出了事情

民國三十三年七月九日，意外事情發生了，那是一個星期日，又是日方在每月舉行防空演習的固定日子，所以上午九時，我就約好了王丙鏞、任西平、王人麟（此人不是工作同志）在浙東學會打麻將。當時日人田澤亦在旁「觀戰」，上午十一時左右，忽然有兩個憲兵帶了我單位的余會計前來，並問余會計是否認識我們，余答以不認識，當即由一個憲兵摑了余會計兩個嘴巴，並說：「你說電台在這兒，你又不認識這些人，根本說謊」。而在座的日人田澤用日本話告訴日本憲兵，這裡是什麼地方，那有電台？該兩個憲兵，則挾余會計悻悻而去，憲兵去後，王丙鏞即哈哈大笑，向田澤說幾句日本話，田澤也哈哈大笑，我即低語：「繼續打，到了中午再停」。因為，我已猜出，余會計目的在告訴我們已出事，我們必須表現鎮靜，牌局繼續到中午，藉口回家吃飯而散場，先由王人麟、任西平外出，然後，我由樓上向四面觀察，並無發現有人監視，大喜過望，遂請王丙鏞留在學會，我立即到棘斐德路本組的副主管姜紹誠處，告訴他已出事了，須用極迅速方法轉告工作人員躲避。而我也匆匆要司機回家拿點換洗衣服，並告訴家人說我立即要到南京去。事實上，我已棄車不用，再換乘街車至蒲石路路式導家裡，召集姜紹誠、任西平、路式導等商討應變辦法，僉認我宜暫匿在徐天深處，因為他是偽府文官處長，力足以掩護，在路家住了一個晚上便即遷到福開森路徐天深寓所，並囑徐立即外出查訪情況，不數日，得報，書記張友民的太太及交通員朱彥彬女士已被捕，又數日，探知日方用分區斷電的辦法，已將電台的人員全體逮捕並將電台攜去。情勢急轉直下，已到了嚴重的階段，當夜即邀任西平、姜紹誠至徐天深寓所會商辦法。

陳公博慨允幫忙

大家只談到如何撤退，任西平則主張請陳公博想辦法，最後我決定冒險一試，而徐天深則感到躊躇，因恐暴露他的身份，我說：「事到如今，為工作、為國家，不能計及個人利害，你立即去告訴陳公博。能幫忙，則徹底幫忙，使我們能繼續工作，不能幫忙，我們只有撤退。」當時，陳公博恰在上海，而徐天深以偽文官處長的身份自然很容易找到陳。我們焦灼的等了數小時後，徐天深回來了，報告與陳公博談話的結果：

1. 陳罵徐天深不夠朋友，為什麼不早告訴他與重慶的關係，但木已成舟，也不必多計較了。
2. 陳公博答應全力幫忙。
3. 陳公博自信對日方有辦法，但必須告知周佛海。不過，據陳公博估計周已與重慶發生關係不至於阻礙。

4. 明日上午十時，陳要與我見一面。

翌日，上午十時，徐天深偕我同至哥倫比亞路陳公博寓所晤談，略事寒喧後，我說：「陳先生，我昨晚托徐先生轉達的事，諒已知悉，現在我們立場不同，但同是中國人……」我話已說完，陳公博即接著說：「我明白，這個事情，我負責辦理，我已與周佛海通過電話了，我請你來此，恐怕要委屈你一下。就是，假如有日方人員來找你的時候，你可說是我的東機關長，其餘一切可請他們來問我便行了。」談不到五分鐘，我便辭出，陳送我到門口時，用一種微帶淒涼的低聲笑道：「這是我贖罪的機會，但恐怕嫌晚了。」當時，我亦不曉得如何說話，只好點頭辭別，我與陳公博一生，僅此一面，以前沒有看過他，以後也沒有看過他，真可謂祗有「一面之緣」了！

與陳晤面後的第二日晚上，徐天深來告知，說陳公博將於本日中午約上海市特務處處長五島及日本憲兵隊特高科科長長光，在其寓便飯。劈面即責備二人云：「我前到日本時，貴國阿部首相堅請我設法打通重慶路線，我現在剛做到有一點頭緒，你們便來破壞，是何道理？」五島、長光二人瞠目問故，陳乃告以我單位電台被破獲了，五島、長光當即表示歉意，謂事前無聯絡所致，陳公博說：「我與貴首相連絡就夠了，何必向你們聯絡，請你們立即令知將電台送還，並將所有逮捕人員釋放，不要多問，我可以向貴首相不提此事，就算了。」五島、長光乃唯唯而退。

翌日上午，王丙鏞已被傳至上海市特務處，正由日人漫島準備加以訊問，因日方已懷疑到浙東學會，在未訊問前，電話響了，漫島接電話後，神情甚為驚異，並喃喃自語責其上級糊塗，但仍立即執行命令，請王丙鏞回家，並釋放張友民太太及朱彥彬，一天雲霧，就這樣消散了，不過事後，還有三幕收場戲，是由徐天深轉達陳公博的意思而由我同意表演的。

三幕戲作為煙幕

第一幕是：五島與長光要同我見面。我表示可以，但不得談及任何有關工作問題。乃由徐天深在道而西愛路十三層樓住所作東，請我與五島及長光吃飯，吃飯時僅四個人，除一般普通的禮貌問答以外，沒有談到任何其他。飯吃完後，長光比較沉不住氣，便問我如何與重慶互通電訊。

我答以，關於電訊事，我一竅不通，電訊人員是陳主席（指陳公博）派來的，長光只好一笑作罷了。

第二幕是：陳公博要我與其翻譯官林基晤面，我索性大方到底，就在我的寓所，請林基及徐天深吃飯，林自稱是台灣人，我是閩南人，自然和他以閩南語交談，林表示是陳公博的私人翻譯，除此以外，不管其他的事。以我的觀察，林當是日本人冒充台灣人。但這點並不關重要。

第三幕是：以後請我以東機關名義，不時送些報告到陳公博及周佛海處，我同意照辦，不時送些似是而非的報告給陳周二人。

由於這三幕收場戲的表演，我已了解到，陳公博是要使日本人相信我這單位就是他的工作機關——東機關。於是我這單位，在表面上，已成為日偽的工作機關。事態雖至如此，我還不敢相信日本會放鬆我們，一方面不敢冒然與重慶恢復通訊，而由其他方式將詳請呈報，另一方面，通知所有工作人員，停止活動並隨時注意有否被監視或跟蹤的跡象。浙東學會方面，則仍由王丙鏞負責照常工作，但主要的則在如何維持工作人員的生活，此時絕對無法向上級取得接濟，祇有自己想辦法籌措。過去上級有一項規定，萬一因任何障礙而得不到接濟時，可自想辦法，將來加倍歸還，我祇好找到一些富裕的愛國商人商借，這一點倒沒有多大困難，由我私人借款立據，勝利後均由上級加倍歸還，絲毫不少。

這樣靜止的情形，一直延到三十四年初，尚無重大變動，我奇怪的是，日方對我這單位好像忘記了一樣，百思不得其解，最後判斷有二個可能：一個是日本軍事節節失利，已無暇顧到我們這小部分的事；第二是日方確在想尋覓一條重慶路線，以為求和舖路；不久，上級的命令來了，恢復電訊及各種活動，我就大刀闊斧地照三十三年七月九日以前的情況，展開工作。

策動陳公博反正

電訊恢復以後，重慶上級方面，對於我與陳公博的一段關係更為瞭解，當然亦聯想到必要時，如何策動陳公博率領偽軍反正，使抗日戰爭的勝利更能從速來到，我那時候有一個腹案，與上級不謀而合，先命徐天深調查，在偽府中的有力人員與偽軍，陳公博可以指揮者有那些部分，那些人和陳的關係較好，準備蒐集確實資料後，向上級建議如何策反陳公博。但時局急轉直下，到七月間，奉重慶上級電令，大意如下：

「為配合盟軍登陸，須注意二事：（一）如何保存上海三角洲地帶元氣。（二）策動陳公博率領偽軍反正，但應給陳公博何種名義？」

此電令到達後，我了解到任務的重大，保存上海三角洲元氣問題，要看戰事的程度，以當時我所知道的，日方下級軍官，態度頑強，一旦盟軍登陸，戰事必異常激烈，元氣能保存到什麼程度，殊難想像。但策動陳公博反正，確是一著高棋，且由陳的反正，連帶能達成保存上海三角洲的元氣。乃即以長途電話請徐天深由南京趕回上海，並告以上級的命令，從速相機向陳公博策動。數日後，徐天深向我報告和陳公博商談結果：

①原則無問題，但必須有相當時間的準備工作，此時間很難預定。
②工作須在極機密情況下進行，偶有洩密，則貽誤非淺。
③據陳觀察，日方戰事尚可維持到是年年底，屆時當有以報命。（這個觀察是確實的，如非美國使用原子彈，戰事當是另一種結局了）。

我當即根據此項情況，呈報上級，並建議密任陳公博為軍事委員會委員長南京行營主任或京滬警備總司令。詎料這一建議還未獲得上級答覆以前，美國已在長崎、廣島投下了原子彈，使日方失了戰志，八月十日，日本投降的消息就到了上海，這一急轉直下的局勢，發生得太唐突了，使我又驚又喜。因本組在滬，手無寸鐵，國軍未到達以前，日方下級軍官情緒不穩，他們什麼蠻動都撞得出來的，因此我不得不提高警覺，一方面要顧慮到工作人員的安全，另一方面要注意到共匪向上海的滲透。所以，在日本投降尚未確定以前，我們工作人員均異常興奮，日夜奔忙，而我則焦灼萬狀。到了八月十五日，日本天皇廣播投降，局勢才明朗化，而我的心中竟如放下了一塊石頭。

在八月十四至十五日中間，我腦子裡竟忘記了陳公博這麼一個人，到了十六日晨，乃偕龍道孔前往陳的寓所，我原來意思有兩項腹案，一項是要陳留在上海，先祕密躲藏起來，候國軍到達後，會同國軍負責人，收拾全局；另一項是由陳公博立即赴南京坐鎮，約束偽府人員，維持現狀，靜候國軍到達接收。但事情的變化，殊難逆料，當我到達陳公博寓所時，其家人告知，陳已往南京，我乃命龍道孔乘京滬快車赴南京與徐天深連絡，請他轉告陳公博須坐鎮南京，維持現狀，如有變化，隨時報告，當夜接到龍道孔從南京下關打來的電話，稱下關戒嚴不能進城，我當時就感到事有蹊蹺，果然，十七日中午，獲悉陳公博已飛東京，他這一行動，殊出我意料之外，殊不知以陳那樣聰明的一個人，何以要做出如此愚蠢的事，事後始知飛東京之事，完全由陳璧君主動，這是陳公博又一次的宥於私情而昧於正義的行為，不久，陳公博由日方押解回國羈身縲絏，聽候國法的處置了。身敗名裂的定局已無可挽回了。

陰差陽錯最後結局

勝利後，戴笠將軍蒞臨上海，負責滬區的全面工作，每日中午均舉行聚餐會報，在一次會報當中，戴將軍說：「我已經到了杭州監獄中見過了陳公博，告訴他漢奸問題，可能用政治解決，請安心守法，陳答稱：『我個人生死問題及其他一切都無所謂了，祇要對國家有利便可』。於此可見這個人倒是一個漢子，這事容報告委員長核定後再議。」至於陳的眷屬，自然百般設法營救，替陳作了一篇自白書，事前曾徵求我的意見，可否將陳與我的一段關係列入自白書中，我告訴徐天深轉告陳的家人，這一段事實，我均先後詳報上級，當然可以列入自白書中，必要時，我陳中平（當時我在上海用的化名）可以挺身證明。這個自白書，我手中本來有一份，可惜因遷徙流離而遺失了。但後來這一篇自白書並沒有發生作用，原因是戴笠將軍於三十五年三月十七日，在南京上空因飛機失事罹難，而他所主張的漢奸問題用政治解決，也就胎死腹中了，既無奧援，而就事論事陳公博祇好受到國法的制裁了。當執行的命令到達杭州監獄時，陳正在寫一對聯，聯文為：「大海有盡能容之量，明月以不常滿為心」恰好寫到滿字，監獄官告訴他，他說「請讓我寫完這兩個字」，對聯揮就後，默然走出監獄就死，這一對聯，我曾要徐天深取來作為紀念，三十八年由上海搬至福建時，尚在手中，如今則不知遺失何處了。

我與陳公博緣僅一面，工作上的聯繫，完全由徐天深傳達，上述的一切，經過事後的證明，確實性是絕對可靠的。

陳公博玩火自焚

林光灝

才智無雙荒唐第一

讀中外圖書出版社出版《中外珍聞》第一冊有〈周佛海風流孽債〉一文；使筆者想起陳公博來。

陳公博與周佛海兩人，是在抗戰時期南京偽組織的兩支台柱，地位僅次於汪精衛，這是誰都知道的。

陳公博是一個聰明絕頂而又極富風趣的人，所堪惋惜的是不務「正道」，一生以權變著稱，結果，聰明反被聰明誤，遭受國法的懲處。正如他自己所套著紅樓夢上嘲賈寶玉的打油詩：「天下荒唐第一，古今才智無雙，燕趙吳越孤心賞，任憑他人說短長」。

陳公博廣東乳源縣人，乳源是粵省北江的一個小縣，有名的丹霞山，就在乳源境內。明末名僧澹歸（即故給事中金堡）和詩人屈翁山密謀抗清，在丹霞山都有過轟轟烈烈的紀錄；虛雲老和尚修復的雲門寺，也在乳源縣境，說也奇怪，乳源人口只有三萬多，卻出了這麼一個「風流人物」，雖曾叱咤一時，而竟不得善終，山川有靈，其亦唏噓嘆惜呢！？

陳公博於北京大學畢業後，留美鍍金，風度翩翩，有口才，擅文事。據他在〈我與共產黨〉一文中所述：他在北大是唸哲學系，畢業後回到了廣東，然後再去美國的，他之所以要去美國的動機，即因只有美國，才可「半工半讀」，在其它國家便沒有這種方便了。他到美國就讀於哥倫比亞大學，一面在紐約的所謂中國城的華僑學校夜班當教員，月薪八十元，賴以維持學費，但那時中國城的華僑「堂鬥」時有發生，且械鬥很烈；假若誰介入了這個漩渦，生命是非常危險的。當時曾有人警告過他，要他莫到中國城去教書，以避免危險。而他為了「去教書是可以打死，不去教書是可以餓死，打或者不死，而餓是一定餓死的。」最後他還是冒著險去教書，而且卒賴教書所入來完成他的學業。

他在哥大整整三個年頭，由於沒有錢，只好埋首苦讀。三年之中只去過一次華盛頓，一次波士頓，什麼黃石公園，什麼洛磯山，都沒有力量去遊覽。當他在哥大考碩士學位後，本應繼續考博士的；但哥大的制度，凡是博士都要把論文繕印三百本送給圖書館才能得到博士證書，而這三百本論文的排印費卻需要美金一千元，他苦於無法籌措這一筆錢，祇好忍痛放棄快要拿到手的博士頭銜，而鎩羽東歸。其實他原是受陳炯明之招回國的，他曾經為陳炯明辦過一份報，後來他眼看陳炯明日暮途窮，其政治生命即將結束，才轉過頭來投奔革命陣營。

關於陳公博與共產黨的關係，可說是淵源於陳炯明，按民國十二年二月，廣東省曾辦理地方自治，實行縣長民選，開辦經濟調查局，籌擬生產事業，計劃全省公路。同年夏，令高劍父為籌備主任，舉辦全省第一次美術展覽會，陳炯明自任會長，提倡美育。

這時，陳獨秀並應陳炯明之聘來粵，欲利用時機播下共產種子。陳到粵後立即著手團結左派勢力，拉攏譚平山、陳公博、譚植棠及無政府黨員數人加入，因廣東之工作較為自由。故陳之陰謀順利施展，而且陳炯明對他所擬的各項均予採納實行；准其設立宣傳講習所，並委陳公博為所長，事實上，這一講習所，是以推動共黨組織工作為主的。同時，勞工運動亦加緊推行，如廣州城內各種工會一百三十餘處，均經陳炯明批准立案，這些工會組織在是年夏陳炯明出師攻桂時幫助軍隊示威，頗著功效。依此看來，陳公博和中共的淵源是和共黨的成立以俱在，後來總算他迷途知返，毅然脫離共黨而投入國民革命軍的陣營，但又因所事非人，而成為政治舞台上的悲劇主角，終於枉送了自己一條命。

民十四年國民革命軍從廣東出師北伐，陳公博擔任國民革命軍總司令部政務局局長及總政治部主任。到武漢後，他才將總政治部交給鄧演達，轉任中央黨部的工人部長。在武漢的初期，陳公博真是炙手可熱，他可以委任民、財、教、建各部門的官吏，同時，還可以處理外交事務。不久汪精衛以黨主席的身份來到武漢，釀成寧漢分裂之局。這時的陳公博和顧孟餘同為汪的左右手。寧漢合作後，他寂寞了一個時期；但此人生性不甘雌伏，好搞風搞雨，就在上海這一段投閒置散時期，他又奉汪精衛之命，組織起所謂「中國國民黨各省市海外改組同志會」，這一項組織，在民國廿一年汪精衛重返南京出任行政院長以前，不曉得為黨國製造出多少的痛心問題！？

「九一八」變作，中樞當軸在「共赴困難，全力禦侮」的昭示下，進行寧粵合作，汪精衛遂乘機出長行政院兼中政會主席，一人得志，雞犬昇天，他的手下兩員大將，顧孟餘出長鐵道部，而陳公博這個書生政客也爬上實業部的寶座了！

陳公博確實有他的一套，他擅長詞令，也能下筆成文，其詞令和文章，頗富煽動性。但所學在於盜名欺世，而行為又是在狗苟蠅營，故鑽藏在他腦子裡的都是一些歪思想。幾如仲尼之責少正卯「心逆而險，行僻而堅，言偽而辯，記醜而博，順非而澤」。但就才華而論，他確是不同凡響的。

千古罪人風流自賞

他在其所作〈偏見〉一文中，曾列舉了他「自以為是的偏見」九項；其證論如下：

（一）我有一種偏見，自己的思想和行動專以男子作出發點——就是拿自己作出發點。（二）我有一種偏見，除了文章上以用字和行文的便利，偶然談談「犧牲」。（三）我有一種偏見，我平生絕不相信幸運，祇有信本領。（四）我有一種偏見，對公家絕對節儉，對自己非常的浪費。（五）我有一種偏見，我一生內沒有私人的敵人。（六）我有一種偏見，以為我自己的個人和自己的事業是分離的。（七）我有一種偏見，我絕不相信天地間有被人包圍的事。（八）我有一種偏見，我以為天下沒有蠢人，如果你以為天下有蠢人，那你就是最蠢的一個。（九）我有一種偏見，就是以為婦女實在不宜於政治。

對於他的種種歪思想，可謂發揮盡致，也表現得最露骨。他開宗明義就說：「人總是有多少偏見，如果一個人沒有偏見，或者就夠不上喚作人」。「不過我的偏見太多了，有這麼多不成理由和偏於成見的偏見，或者夠不上喚做一個好人和完人罷。」其實他雖瞭然於「偏見」之為物，其怪不可思議，其害亦不可思議。但他振振有詞由於「偏見太多」而又都是「不成理由和偏於成見的偏見」，不僅使他「夠不上喚做一個好人和完人」；充其所及把自己導致成為「千古罪人」了！

至於他生平的「吊兒郎當」，風流自賞，原就受了他那滿腦子的歪思想影響。而在他自己的寫作裡，亦每喜以此為自我宣揚，以示洋洋得意。他在南京做部長時，曾和夫子廟一個叫做曹俊佩的歌女打得火熱，經常出入中央飯店，人家問他，他也直承不諱。擴大會議結束後，他隨汪精衛到了太原，當時有坤伶名粉菊花者，以色藝著稱，粉菊花登場，他無日不到，有人諷示謂粉菊花乃楚司令禁臠，肥水不流別人田，閣下未免自作多情。他聽了以後，立即寫出一首「鹹詩」自嘲曰：

國事果真丟那媽，此行心意亂如麻；從來不食山西醋，明日請看粉菊花。

此外，他尚有〈過永勝寺〉七律一首（作於參加汪政權以前），極其纏綿悱惻之情，與清幽淒婉之致，他那首律詩前還有序言三百餘字，亦雅潔可誦，惜瑕不掩疵，終使人有「卿本佳人，奈何從賊」的慨歎！併錄之如下。

十六年冬，共亂平後，軍書正粟六，迺莊來見，謂其姊管青已逝世，臨終囑以珠簪相貽，藉紀念，惻然久之。翌日古君郵我以巨函，中有管青筆記一冊，字以鉛書，中述其對我思慕之懷。古君於函中滕以一牋，謂管青彌留時，坦白述其婚前所念，並囑古君於其逝後，至母家往日居室藏笥，搜其筆記寄余，至管青之棺則暫厝於東門外永勝寺云。得書泫然！夜間把玩遺珠，摩挲筆記，終宵不能成寐。詰旦趨永勝寺，則棺於前一日移去葬白雲山深處，餘香殘燭，無限淒涼，細雨斜風，愈增忉怛，雖欲撫棺一慟，不可得矣。徘徊至暮，寺僧來逐客閉門，始黯然歸去。余識管青七年，初不知其意有所託，當其臨命之頃，正不必以所懷語古君，而卒語之，古君在悲逝之後，正不必以所知語余，而卒語之，此世之所謂真性情者耶？嗚呼痛矣！

荒寺衰楊不見人，玉簪羅襪倏成塵。
遺珠光隱淒涼色；絕筆鉛留慘淡痕。
未燼餘烟魂宛在，已灰殘燭淚猶新。
不堪惆悵黃昏後，細雨斜風閉院門。

民國二十七年十二月，汪精衛背叛抗戰陣線，離渝由滇而越而滬，在南京建立偽組織之初，陳公博並未前往，他對汪「獨行其是」的行為，曾婉言勸阻，惜汪不聽，好像經過了一段不甚算短的時期，由陳璧君赴港再三勸駕，他始勉強赴滬，及偽府成立，任立法院院長，旋又兼上海市市長。三十三年，汪精衛病死日本，他晉位「代主席」，這註定了所應負的叛國罪名了！

三十四年八月十日，日本接受波茨坦宣言，宣佈無條件投降。南京偽府中人，紛紛集會，通令各機構負責人各安本位，靜候接收，陳公博仍留寧待罪，但因某方人員周鎬等擅自行動，一時秩序大亂，陳公博乃與其妻李勵莊及林柏生等諸人，飛日匿居，後經國民政府電令拘送返國受審，於三十五年四月十二日，經江蘇高等法院判死刑，同年六月三日奉令執行，當命令抵達之時，他正為典獄長書寫楹聯：「大海有真能容之量，明月以不常滿為心。」猶不知其已到臨刑之頃，及獄卒持命令到，乃草草收拾一過，持平時所用一茶壺，直趨陳璧君室，鞠躬行禮說道：「夫人！恕我先行，此去應有面目見汪先生於地下，幸自珍衛。」陳璧君為之痛哭流淚，握手勿釋，陳公博僅略一蹙額說：「人生總有一死，幸夫人抑悲。」乃脫手叩首辭，復和獄友一一握別，到庭時已近午，直與庭上推檢人員揮手為禮，隨行刑者趨刑場，彈從後腦入，右面頰骨下出，以兩彈畢命。玩政治有如玩火，偶一不慎，適足自焚，一個風流才子因好要政治而下場如此，可悲亦復可嘆！

陳公博當年逃亡日本目睹記

任思

年來日人對近代歷史故事大感興趣，尤其對太平洋戰爭期內各種經過為然；那是因為經歷過太平洋戰爭的人，多數尚在人間，通過了這些尚未作古的人所口述，一切顯得更生動親切。以下介紹的一段「陳公博逃亡日本」經過，就是分別由好幾個親歷目睹的人分段口述、綜合而構成的。最近我在日本小住，偶然在不同的場合發現了這些資料，覺得把它們連貫起來，倒也相當有趣，故草就本篇，聊供本刊讀者談助。

岡田清憶述南京末日

以下請先看日治末期南京總軍司令部軍事顧問岡田清的憶述。此人現在是東京一間商行的董事，住在東京世田谷區。他說：

一九四五年八月十五、十六兩天，南京市面一片「不安」氣氛，因為日皇已宣佈接受波茨坦宣言，南京汪政府的那班要人，都擔心自己的未來命運。這批要人當中，主要的一批我們稱為「公館派」，也就是汪兆銘派，汪本人已於前一年（即一九四四年）在日本逝世，所以該派頭目已由他的夫人陳壁君所代，由她統屬之下，有外交部長褚民誼、內政部長梅思平、曾任宣傳部長而調任安徽省長的林柏生、做過實業部長的陳君慧、經理總監何炳賢、行政院秘書長周隆庠等，至於那時已任主席的陳公博，則不算什麼派，在我們日人看來，他是單獨地存在的。

和「公館派」對立的，則是以周佛海為首的「周派」，此外還有立法院長梁鴻志、陳群；海軍部長任援道等，也都自成派別，內容相當複雜。

當時南京的汪公館在頤和路，該路中央有一迴旋處，在這附近的高尚住宅，幾乎全為公館派要人所佔，而我所住的地方，是與頤和路成交叉點的牯嶺路十六號，和我相隔一間的鄰居，就是周佛海的心腹羅君強的私邸，對面則是滿洲國駐南京大使館，其鄰是陳群寓所，從我家可以大聲叫過去，對面是聽得見的。陳群當時任考試院長，是個沒有實權的高位。他和汪精衛同是日本法政大學出身，我因為在以前「維新政府」時代工作關係，與陳群相稔，現在又對鄰而居，所以很熱絡，加上陳群一直不很得意，喜歡找我聊天，發發牢騷，我經常從他那裡聽到許多有趣的消息。其中如某幾位官太搓麻將啦！陳君慧家裡的雀局則卜晝而不卜夜啦！多數是三女一男啦！又如：羅君強近日喜與南京市長周學昌喝酒啦之類，要言之，都是些無關痛癢的「情報」。

人心惶惶樹倒猢猻散

但是進入八月（一九四五）以後，由於日本的戰場已明顯逆轉，陳群對我談及的「消息」已不再那麼輕鬆，他說的是有關汪政府要人們對大局的擔心，因為這些要人，自己家裡都有短波收音機，可以收聽重慶或美國方面的廣播；對於原子彈投下廣島，盟國迫令日本接受波茨坦宣言之類的消息，都知之甚詳。特別是周佛海、丁默邨之流，更有意無意之間，向人透露他們和重慶方面有直接聯絡，消息靈通，引得其他達官貴人，莫不設法向他們打聽消息。

陳公博的公館裡，連日召開會議，但是會議是沒有結論的，到頭來不過是傳出一些「周佛海式」的重慶情報，真偽莫辨。有一晚，我在陳群家裡吃飯，席上還有我的一位拜把子兄弟——湖北省主席葉蓬，我們三個人談到深夜，忘了睡覺，我記得陳群說的一番話，他說：

「萬一日本屈服，我們這班人的命運相當可悲，目前只有周佛海自稱他是重慶CC集團（按：指陳立夫、陳果夫）在和平區的負責人，所以他可以安然無事，至於其餘的汪政府要人，就難免被目為漢奸囉！」

陳群嘆了一口氣，又說：

「其實，我們何嘗做了什麼壞事，國民政府退入重慶抗戰到底，淪陷區的老百姓難道就不必照應了？我們這一班人，不過是在國民政府還沒有回來之前，代為照顧一下淪陷區的民眾吧了。」

陳群最後認為，即使他們被指為漢奸，充其量也不過是撤職、沒收財產、坐幾年牢吧？相信不致於判死刑的；但是陳公博就不同，因為他是一面幌子，無論如何，擒賊擒王，他是難免被徹底清算一番了。

果也，在八月十一（或十二）日，陳群告訴我：「陳公博已決定亡命日本。」消息從何而來？自然有其根據。但是一經傳出，南京城內全體要人，人心惶惶。老實說，不管你是什麼派，陳公博這時總是最高領導人物，他也要走了，其他的人的狼狽，也就可想而知！

日本急欲與重慶謀和

以下的一節，就是當年日本派駐汪政府軍事顧問團人員小川哲雄中尉的憶述。小川是安排陳公博逃亡的負責人，他說：

一九四四年九月，東京舉行過一個「最高戰爭指導會議」，事前給予中國派遣軍以一項特別指示，略稱：「汝等如有任何善策，認為可以使中國大陸能全面和平者，祈即來東京陳述……。」

中國派遣軍當局，經考慮後，乃派出駐汪政權最高軍事顧問矢崎勘十中將返東京，並由我（小川自稱，以下同）擔任副官。

簡單來說，所謂「使中國大陸全面和平」，就是對重慶媾和。日本政府之所以忽然重視起這件工作，乃是由於是年六月十八日，塞班島被美軍奪回，七月四日，日方自承印巴爾作戰失敗，十八日東條內閣辭職，小磯內閣成立，即於廿二日下令與美軍在菲律賓決戰，但不久，美日艦隊在雷伊泰對開海面遭遇，日艦隊被擊毀大半。

既然在南太平洋方面作戰失利，日本就想到要向北方的蘇聯賣交情，在中國要盡量設法誘使重慶方面談和。根據當時日本大本營戰爭指導班長種村大佐所寫的《大本營機密日誌》，當日召開會議，決定《對重慶政治工作實施綱領》如下：

一：如獲全面和平，僅求中國保持中立，日本即於心已足。

二：重慶國民政府可以還都南京。（按：意味著重慶政府及汪政府合而為一，而以國民政府為新的被承認的中國政府；至於如何處置汪政權原日人物，日方未有提及。）

三：日本政府與汪政權所締的「日華同盟條約」予以廢止，另締中日友好條約。

四：駐華美英軍隊如撤退，日軍亦自中國撤退。

五：將當時在日軍佔領中的香港交與中國。

可是這個綱領在第二天奏上日皇裕仁時，裕仁居然認為日本讓步太多，面露不悅之色，又表示應該比較上尊重汪政權的地位，始不失道義云云。小磯首相無奈，只得攜返會議室再加修正潤飾，結果該綱領改名《關於對重慶政治工作實施事通知國民政府（指南京汪政權）》，原文如下：

帝國（日本自稱）為傳達對日華和平之真意，茲列出和平條件如下，其餘則在彼（指重慶）我會談時盡量尊重中國（指汪政權）之意向而進行之。計開：

一：隨著和平之到臨，重慶與美英之關係如何，盡可能尊重中國方面意向。

二：蔣汪關係視為中國內部問題，任由兩者自行取決。

三：有關未來之保障，則需獲知重慶之希望始決定之。

四：只要美英自華撤兵，帝國亦必完全撤兵。

小川奉命護送陳公博

小川哲雄中尉回憶說：

這個所謂「對重慶工作」，其實就是日後陳公博逃亡日本的伏筆，因為日本對南京政權仍然抱有一份期待，認為它總有一天會在中日全面和平上發揮一些作用，所以在事急時候，想到要暫時庇護一下它的頭目。

小川繼續憶述當時情形說：

當年我跟隨矢崎中將返東京開最高戰爭指導會議，因為他去了開會，我無所事事，便從東京到名古屋，探視因病入了該地帝大醫院的汪精衛（按：時汪氏尚未逝世）；當時汪氏見到我，表面上裝成精神很好的樣子，實際上我早已看出他已不容易康復了。

後來我在日本方面任務完畢，與矢崎中將到朝鮮，轉返中國，由北京乘津浦鐵路火車回南京，火車渡江時，有日本憲兵某趨前報告：「汪主席已於十一月十日逝世。」由於我們剛在東京決定了「對重慶工作」，而這個工作有賴於汪政權作橋樑，正是倚賴正殷，它的領導人卻遽爾故世，對當時的我們確是一種打擊。

小川中尉說，他做夢也沒想到，不出十個月後，他突然奉到密令，要負責帶領汪精衛的繼承人陳公博到日本去，而命令是來自當時的中國派遣軍副參謀長今井中將。

我依稀記得他給我的面諭大意是：你要帶陳主席一行到日本去，你要對他的生命、財產、居住、生活，一切負責，所以，你並不是帶他們到達東京或任何地方便說再見，而是要一直一致行動下去，可能要在駐日盟軍和日本警察的耳目下，隱藏十年或二十年；只要躲上十年，時代必有變化，而中國政權亦必有變動，那時陳主席將東山復出……。

小川說，他記不起今井中將的命令中有沒有講述「亡命」二字，但毫無疑問地，那確是亡命。陳公博的亡命，終於由南京頤和路要人住宅區的耳語傳說，變為事實，那是一九四五年八月二十五日凌晨的事，當天凌晨三時，小川中尉即驅車前往頤和路陳公館，同時，軍方亦派參謀小笠原中佐，身穿全套軍服，來到陳公館，協助一切。

原來美軍方面，前一天有電報拍來通知日軍，說重慶國軍先遣部隊，將於二十五日上午九時進入南京；要言之，陳公博一行，必須在此之前離開，嚴格說來，是要在上午九時之前離開中國領空。

小川說：

小笠原參謀的任務是送我們到機場，因為飛機的起飛權由他掌握，同時他也要親眼看到起飛，任務才算完結。

我已忘記了是誰先入陳公館，也忘了是誰把陳公博一行帶出來，他們事前是知道要逃亡的，所以早已準備停妥。載他們去機場的是兩部黑色房車，我的腦子當時已專念於飛機會不會順利飛行，或者應否在青島降落加油之類的問題。我只記得中途曾經換車兩次，繞了不少曲折的路，才開到南京城東南的故宮機場。在跑道上，停放了一架中華航空公司的MC型機候命。

陳公博說無政治野心

關於這一段經過，那個負責送陳公博一行到機場的小笠原中佐（現仍生存，居東京新宿，失業）回憶說：

八月二十四晚深夜，我親到陳公博公館，告訴他出發就在明天一早，請即準備一切，翌日凌晨當來迎接；我也告訴他，一切均係今井副參謀長吩咐。

第二天一早我去迎接時，陳等已在廳中等候，面露焦急之色，只聽他對旁邊的幾個人說：「我們現在要到日本去，老實說，我很不願去，因為我也沒有什麼野心，不過事到如今，也沒有辦法可想了。」我在旁邊催促，說：「主席，請登車！」

我記起當時與陳公博一同起行的，有他的夫人李勵莊、行政院秘書長周隆庠、實業部長陳君慧、前任宣傳部長而當時任安徽省長的林柏生、主計長何炳賢、主席秘書莫國康女士等，這些人以前我都見過面，不過從未有機會交談，只是點點頭而已！這時大家更沒有話說了。我最記憶清楚的，是他們所有人，手上都沒帶著稍為像樣的行李，也許他們以為到了日本便可以受到優渥待遇，所以不必帶東西了吧！其實要帶也帶不了。

我只記得來到機場時，天色尚未放明，而那架由我利用軍方權力調來應用的日本民航機（名目上是中華航空公司），早已停放在跑道上。

那時南京機場還由日本警備隊守衛，我們來到機場，先到附近一間很小的休息室休憩一下，為的是要等候天色轉亮，視線清楚。

後來我向機師詢問：「可以了嗎？」他答：「一切正常。」我就叫：「主席一行，請即登機。」

當他們登機以後，我就站在機旁用很高的聲音，務求在場的人都聽得到也似的向機師命令：「從現在起，此機須直線飛往青島，完了！」

原來這是今井中將想得週到，他認為替陳公博一行開汽車到機場去的司機是中國人，消息早晚要洩漏出去，所以就欲蓋彌彰，故意叫我大聲命令該機飛向青島，不予人以飛往日本的感覺。

飛機於是發動引擎，不久，開始離陸，我就跑到休息室去打電話報告今井副參謀長：「報告，該機現已啟飛，一切順利，報告完畢。」那邊回答：「很好，辛苦你了。」於是我就回到總司令部去。

飛機內祇有一個座位

現在且聽那個護送陳公博一行逃亡的小川中尉的憶述，前一段和小笠原中佐所述差不多，不必贅述，他繼續說：

這個南京機場除了跑道之外，是一片草原，飛機用力上昇，一忽兒便浮上半空，越過了南京城牆，向右邊繞了一個彎，掠過了作為南京象徵的中華門。

飛機儘管上升，卻還談不到心理上的安全，那時我的心境，是不足為外人道的。八月二十五日這天天色晴朗，飛機飛得十分平穩，照理應該很高興，可是當天的我，適得其反，我從機窗外望，暗暗不滿，何以不降雨和刮場大風呢？我又回過頭來看看機艙內部，只見陳公博以次各人，都在默默無言，用眼睛朝著機窗，看來像對那逐漸遠離的中國大陸，有無限感觸。現在且讓我來談談機內的情形。

這架MC型機並非軍用機，在日本投降後，機身剛改塗銀色，所以並沒有老爺感覺。它最多可載十五人，可能為了增加容量，乘客用的椅子已全部拆去，只在機師旁邊剩下一張，我和小笠原參謀就請陳公博坐在那張僅有的座位上，其餘的人就很對不起，在起飛時請他們握住機艙旁一些可以扶手的地方，起飛後就席地而坐，我也是以同樣姿勢，坐在機艙尾部，以便可以一眼望見各人。

陳公博是穿了一套灰色西裝，夫人和秘書莫女士都穿中國旗袍，前者作寶藍色，後者因為比較年輕，所穿衣服色澤較鮮明，她們兩人一般說來都是比較矮小的，夫人的頭髮顯然因為匆匆就道，未經潤飾，紮成一把，而兩人腳下穿的同是綉花軟底鞋，其他幾個男性都穿全套西服，各人身邊行李無多，差不多可以說是空身出走。

預備了生活費一億元

飛機已進入揚州上空，這時面臨的問題是：飛到青島去呢？還是直飛日本去？二者必須當機立斷，因為一飛出大海，就要決定方向了。今井副參課長確然指示過，到了青島體察情勢再續行程也好，不過我想，陳公博等七人，如果在青島降落，就要找地方藏匿，將來再去日本，又要另行打算；再說，在青島究竟要躲多少天？是否百分之一百安全？都是一大疑問。還有就是飛機降落青島，不能長此停放，必須立即離開。照此看來，陳等下一程便不能再有飛機可用，如要到日本去，除非混在遣返日本的日僑隊伍中搭船，但是到了那時，各人的身份如何掩蔽？還有……呵，我倒忘記了，那些逃亡用的金錢又如何處置？

關於這件事，我可以順筆一提，就是今井少將在南京日本大使館召見我，面諭帶領陳公博等人逃往日本時吩咐過：「他們赴日及留日的生活費用我已準備好，將在此間滙出中儲券一億元（按：中儲券是汪政權所發紙幣）」，照當時比率，恰為日幣一千八百萬元，如以目前物價為當年的三百倍計，則等於今天的五十四億日元（伸港幣九千萬元或美金一千五百萬元），確是一筆巨款。照我記憶所及，這筆錢並不是軍方支付，而是由日本駐南京大使館滙往日本正金銀行（即今之東京銀行），看情形，陳公博亡命日本，在日本方面看來，是一個外交問題，所以要由外務省處理。他們幾個人有了這筆錢，如果平安無事，老實說，可以在日本過最豪華的生活，一輩子不怕餓死了。

且說我為了面臨「直飛」抑先飛青島的抉擇，遲疑不決，這時離開南京已有二十分鐘航程，我一想，就向行政院秘書長周隆庠打了個眼色，和他一起走到陳公博的座位旁去。

兩個方案由陳氏裁決

這位周先生，是日本九州帝國大學畢業，日本話講得不錯，他在汪精衛時期起，以迄陳公博，在正式場合都擔任通譯，通常，通譯要說一段譯一段，但是周先生可以譯一段很長的話，而不須打斷話頭。我自問中國話講得不好，在大人物面前更不知如何應用有禮貌的措詞，所以就拉了周先生權充通譯，和陳公博商量一下。

我用手蓋著嘴吧，大聲說：「主席，有事商談。」這時飛機引擎聲實在太響，不能不如此講話。

陳公博不知是否聽得見，但他知道我有話要對他說，所以也把頭側向我這邊。

周隆庠上前代為傳譯，他告訴陳公博，現在不是二者擇一，而是有兩個方案，任由裁決，一個是飛到青島除圖後計，一個是直飛日本。

我們在商談時，機首已直指上海，換句話說，離南京後，我們是向東飛行，因為我對機師（二人都是日本人）要求沿著長江左岸直飛出大海再定行止。至於為什麼要沿左岸而飛？相信熟悉京滬地理形勢的人都知道，如果沿著長江右岸飛，等於在京滬鐵路上空飛，換句話說就要經過無錫、蘇州等人口稠密的城市，這時距離停戰雖然已有十天，但一架飛機在上空飛過，仍然會引起神經過敏反應的，所以還是盡可能避免飛過這種領域，改在人烟較疏的農村上空掠過，較為明智。

陳公博一面靜聆我和周隆庠的發言，保持緘默，良久，才說了這麼一句話：「我想完全交給小川中尉來決定好了！」

他聲音很低沉，幾乎聽不清楚，但我可以從他的臉部表情看出他的意之所指。

對的，我們已在機窗望到前面一片汪洋，原來已飛到東中國海了。我們決不能在這片大海上遲疑逡巡的，所以只有由我作出決定了。

決定飛往鳥取縣米子

小川回憶當時情形說：

我是九州大分縣出身，知道九州有許多機場，九州是距離中國大陸最近的，論理可以在九州任何機場降落，但後來我回心一想，陳主席一行此去是亡命，一切應以秘密為上，同時飛機汽油有限，不能到時再行打算，一定要立刻決定目的地，於是我就想到，不如找一塊較為接近山嶺、人口稀疏的地方降落，於是我就和機長商量。

這位機長當然也知道我們此行目的，於是他就量了一下汽油存量，然後對我說：這架飛機當然不能飛到北海道，甚至本州東北，最後是飛到山陰地方（按：指日本本州西部）。

機長後來提議了鳥取縣的米子，這地方有沒有機場，我也不大清楚，不過附近有許多溫泉。按照日本情況，有溫泉就有旅館，所以不擔心沒地方住。

「好的，直飛米子吧！」我對機長說。講起這位機長，我一直不知道他的名字，現在想再見他一次亦不可得，真是人生憾事。

從飛機俯瞰，東中國海一片藍色，波濤不興，一片自然風景，可是機內的人，顯然為了前途不安而緘默。

飛機逐漸離開中國大陸，在朝鮮濟州島的右邊飛過，當時我坐在陳公博的左側，左邊的機窗正好清楚望見整個濟州島，我心裡不禁暗想：越來越近日本了，我的責任不但沒有卸下，並且愈來愈重了。

交小笠原一封親筆信

我記起了在南京起飛之前，曾經有過這麼一件事。

在機場簡陋的休息室等候登機前，陳公博確實是寫過一些東西，寫畢且以信封入好，交給來送機的小笠原參謀。內容如何，非我所知，但因為是出發之前匆忙寫就，不免令我印象較深。這封信交給了小笠原參謀之後，究竟怎樣處理了？當時我不知道，事隔很久才曉得真相。

關於這封信，筆者另據上述那個送機的小笠原中佐憶述說：

我是清楚記得主席（指陳公博）寫過一信交給我，那是用普通信紙，鉛筆所書，並且封固。依我記憶所及，信似乎是在頤和路陳公館就寫好了，不過在機場才交給我罷了。

當時陳公博對我說：「這封信是寫給蔣介石主席的，請你遲些時，交給進駐南京的何應欽總司令轉呈。」

我接受了他的委託，收下這封信之後，回到總司令部副參謀長今井報告了陳公博一行起飛經過之後，便回到我自己辦公的外事處，把信放入保險庫。

可是事有湊巧，我回來以後，忽然遇到一件緊急工作，原來一枝從外蒙向南推進的蘇聯軍隊，雖已明知日本在八月十五日投降，但仍繼續推進，十七、十八兩天，還派了幾架飛機轟炸張家口，而蘇軍地面部隊，且於十九日向日軍陣地進攻，日軍派一軍使高舉白旗擬向對方解釋，也被射傷。南京日軍總司令部迫不得已，下令張家口日軍後撤，這還不打緊，最慘的是當地日本僑民因為奉到急令隨日軍撤走，多數來不及攜帶細軟而逃。日軍總司令部覺得，撤退張家口，不算什麼，最多是整個華北被蘇軍所佔，也顧不得許多了，值得擔心的，是北京、天津方面約有十萬，內蒙古一帶約四萬，加上山東、山西一帶共約二十萬的日僑，安全可慮，如何應付，煞費思量。為了這件傷腦筋的事，我忙於處理，竟然把陳公博交給我的信，放入保險庫之後，就此忘得一乾二淨。

米子機場內人影全無

這一節交代過，且讓我們轉回正題，聽聽小川中尉有關陳公博一行在飛往日本途中的經過。照小川中尉的憶述，飛機降落日本本州西端靠近日本海的米子機場，是在八月二十五日上午七時左右，米子機場那時叫做大條津機場，是當時日本海軍飛機的一個基地。小川中尉說：

我們的飛機在米子上空盤旋，俯瞰下面，發覺機場上一切設備，都被美機炸得稀爛，簡直連殘垣敗瓦都不足以形容；還有一兩架飛機殘骸，是日本飛機被美機擊毀的殘跡。

老實說，我們這些在南京的人，雖然聽到日本投降消息，卻從未受過空襲，所以也未見過空襲的慘狀。現在還是第一次見到。

我們是開始降落了。機長沉著應付，兩次、三次，結果，砰的一聲，機輪著陸，我們全體都平安地接觸到日本的土地了。

我首先下機，視察了一回，但見太陽直照地面，半個人影都沒有了，乃通知機上的人落機。落機的次序是男性在前，接著才是陳夫人，及莫國康女士，陳公博則是夾在中間，這一點我記得相當清楚，因為當時並沒有扶梯設備，我們只是逐一從機上跳下來吧，所以女性必須押後，以便有人在地面攙扶之故。

我們這班人在飛機上連水都不曾喝過一口，所以下機後各人都面露疲乏表情；不過有一點，就是似乎大家都因為平安著陸而有點鬆一口氣之感。

我們確然希望找個地方好好休息一下再作打算，可惜那裡有這樣的地方呢，除了我們七八個人之外，我不是早已說過麼，簡直連人影都沒有，甚至連樹蔭都找不到一塊。姑勿論如何，我非要帶他們離開機場不可。

對一行七人作一簡介

在這裡，我要介紹一下，跟在我後面的一行人。

先說陳公博，他是汪政權的「主席」，已不必再向大家介紹了，他幾乎完全不諳日語，當年五十五歲。

陳夫人李勵莊，身材略矮小，是個典型的中式賢內助，她是一位教育家，看來年約五十，也不諳日語。

周隆庠，我早經介紹，他是九州帝國大學出身，日語流俐，國字臉型，膚色略黑，他是廣東人，當時任行政院秘書長，與林柏生同是此次亡命的中心人物。

陳君慧，他是汪政權的實業部長，膚色白而身材高，聽說他有一百七八十磅重，也不諳日語。

林柏生，廣東出生，是年四十四歲，瘦而目光銳利，自汪政權成立以來，即任宣傳部長，之前曾在香港任汪政權御用報紙《南華日報》社長，是一位滿口理論的雄辯家，一面講一面自我興奮型，據說他是汪夫人陳璧君的親戚，是「公館派」重要台柱。在日本人心目中，是個最熟悉的汪系人物，他在戰事末期，任安徽省長。

何炳賢，也是廣東人，非常年輕，大概只有四十歲，我從工作接觸上，曉得他是一個對於金錢相當廉潔之人，所以為汪政權信任，他的職務相當於主計長，這樣年輕的人被任為政府的「管家」，實在少有。

何是哥倫比亞大學出身，英語甚佳，日語則不懂。莫國康女士，一望而知為女秀才，蓋北京大學高材生也！因為她剪短了頭髮，看來頗似二十多歲，她是陳公博的私人秘書。

從上面的簡介看來，我發覺有點頗值得注意，就是他們幾乎全是廣東人，在我的想像中，由於汪精衛是廣東人，則他的政權任用廣東人較多，也是情理之常了。

先到米子市政事務處

閒話少說，且講我帶了這班人，一面步行，一面思索，此去何處？既然找不到地方休息，只好找個地方歇宿了，一想到這一點，又不禁有亡命之感，一個人到這個地步，求生存的慾望就掩蓋一切咯！

米子屬鳥取縣，要到縣政府去，相信有一段遠路，目前唯一可行之法，就是到米子的市政事務所去，要他們替我們找住的地方。

當我們走了一千多呎的路，來到一條公路上，左面忽然來了一輛貨車。

「喂！」我高舉雙手，叫他停車，那司機看來很年輕，臉部似乎被太陽曬得很黑。

他停下車來，看見我是個軍人，有點尊敬的表情，那時日本雖已宣佈投降，但軍人的威望仍然存在，不過當他看見跟著我背後的是幾個穿西服的男人，此外還有兩個穿中國長衫的女子，未免有點納罕。

「你能把我們載到米子市政事務所嗎？」我語帶一半要求、一半命令，因為戰時日本軍人說話總是這樣口氣的。大有順者存，逆者亡之大概。這個年輕的司機回答說：「好的，我的車子剛好要向同一方向走。」

於是我就請陳公博和他的太太登上車頭司機旁邊坐位，我們其餘的人便站在貨車後面載貨的位置，好在那是一輛空車。

車向前行，左轉，右轉，繞了很多路，不久，我們聽見機場上一陣飛機的引擎聲響，原來我們從南京乘搭來的飛機已起飛，這架飛機按照軍方指示，必須在八月二十五日正午之前離開日本，回到南京去的，現在，它總算完成任務，順利回航了。儘管機師不可能看見，我們還是衷心感謝他，情不自禁地向著細小的機影揮手作別。

汽車駛入一條村落，我命司機停車，向一戶人家借了電話，打到米子市政事務所去。聽電話的是一個女性，我說：「我是陸軍中尉小川，想找市長聽電話。」

對方聽說是軍人，不敢怠慢，連忙把電話交給一個男人接聽，對方不是市長，但他連聲：「好，好，恭候，恭候！」

請求市長安置陳公博

關於陳公博一行來到米子市政事務所求見市長請求安置的經過，這裡又有另一個人的回憶可供引述，此人名叫東中動，現任米子協同組合的理事，日本投降時他在米子市政事務所擔任兵事課工作，他回憶二十六年前的舊事說：

八月二十五日（指一九四五年）正午左右，我在辦公處二樓看見有一班人魚貫而入，其中有身穿中國旗袍的女人，但一群人裡之一位，令我直覺：「呵唷！怎麼陳公博會在這裡？」

我是負責兵役事務的，所以每天讀報，在報上常常看到陳公博的照片，無論如何，這位中國的陳公博來到寂寂無名的日本小城市米子，是一件十分可驚的事。

當我出到走廊察視時，一行人等已進入市長室，當時的市長是一位退役的軍醫中將齋藤干城氏，他和來賓談了什麼，自非我等小職員所知，但不久，市長就把我叫了進去，有所吩咐。……

一行七人有如喪家犬

東中勳引述到這裡，且讓我轉回正題，再繼續引述帶領陳公博亡命的日軍中尉小川的話：

這位市長顯然是軍人出身，光頭而外貌率直，我初時本想瞞他一下，但後來覺得身旁有兩個穿旗袍的女人，要瞞也瞞不了，所以就把他們的來歷據實相告，並請求他替我們找尋一處足以保密的下榻之處。

市長起初非常吃驚，也同時聯想到一旦盟軍入駐，他收容了陳公博這班人，該當何罪！但後來他低頭沉思半響，終於欣然答應，市長說：「一切了解。我也是在滿洲國做過軍醫的，彼此總算有些淵源，當盡辦法相助。」說著，他便把助手叫進來，吩咐準備一些點心給我們吃，他一面吩咐，一面自言自語：「那麼早就動身，看來現在也該肚子餓了……。」

不久，市長和助手們商談之後，便過來對我說：「米子沒有酒店，普通日式旅館，在機密上不大妥當，我剛想起市內有一海軍將校集會時使用的水交社，因為昨天海軍人員已全部撤走，這地方似乎用得著。」於是，我就把市長的話告訴周隆庠秘書長，請他徵求一下陳主席的意見，陳公博不等到周隆庠講完，便不住點頭說：「一切委託小川中尉決定好了。」

從市政事務所到「水交社」，大大概只有十分鐘步行距離，可是市長仍然吩咐準備汽車送我們去。我們在市長室等候了一小時左右，據說車已準備好了，於是相率下樓。

原來在門前等候我們的，是一輛髹上紅色的消防車，據說有關方面已到處想辦法，結果可以派來應用的，全市就只有這輛救火用的消防車了，對方連聲對不起，請我們原諒，客氣萬分，陳公博雖然貴為「主席」，不致於連消防車都沒見過，他臉上浮著無可奈何但又不能不作出愉快狀的微笑，以表示他充分接受了米子市政當局的善意。

我迫不得已，只得請陳夫人李勵莊坐上車頭司機旁邊的唯一坐位，其餘就只好權充消防員，站在車的後面了，於是這輛消防車便開動起來。

水交社原來另有用場

關於陳公博一行入住水交社的經過，當年任職於這一間將校俱樂部的管理人松田善治（現年已七十四歲）也清楚記得當時情形。他說：

這間水交社本來只准大尉以上軍階的軍人應用，後來開放給特攻隊隊員，在他們出發前一晚，特准到來享受一次，或舉行送別會，為了這個緣故，社內經常存有兩打庄啤酒八十箱以上，好讓特攻隊員架機出擊前作最後一次狂飲。可是到了八月十五日，上面忽然命令把小交社內所有文件焚燒，並派了一個主計長之類的海軍兵曹到來監視焚燒，接著，這個主計長便把社內一切物資運走，不知所終。

這間水交社本來的名稱是好日莊（任思按：直至目前，仍經營日式料理及旅館業務），全部日式建築，佔地甚廣，八月廿五日我接到電話，說有重要人物要來小住，吩咐立刻打掃乾淨，我聽了不敢怠慢。到了下午五時左右，一行人來了，我認出其中之一赫然就是報紙上常有刊載的陳公博，這一驚非同小可！我曾低聲詢問陪同前來的市政人員，他們以手指貼著我的口，叫我不可聲張。

我們把陳公博夫婦安排住在內進的房間，而其餘一行人則住在接近入門處的房間。……

對日本料理不感興趣

以下又是小川中尉的憶述：

抵達水交社後，大家都已疲態畢露，因為由前一晚起，大家已開始緊張，接著又搭飛機離開南京。總而言之，現在才算在日本有了歇息之地，這些人又不習慣席地而坐，後來雖然把椅子搬來應用，但在沒有搬來之前，只好用椅墊疊高坐，權充坐椅了。

晚上，水交社的人端出他們自以為精心調製的日本菜式，可是我冷眼旁觀，大家都不以為是珍饈美味，不大吃得下嚥。

好了，今天總可以睡一覺，但在我看來，這不過是個開始，我們不能在這裡長住下去，一定要另外物色地方，遠離一般人的耳目。於是，我就和市政當局的代表商談，這個代表就是（上文所說的）東中勳。

帶來中儲券悉成廢紙

下面又是東中氏憶述當日商談情況：

當天黃昏時分我到好日莊去，那是為了要詢問他們要住在這裡多久，以便準備糧食。小川中尉見我來了，便和我走進右面的房間，和那個能操日語的秘書長周隆庠一起，舉行三人會談。

在那時候，小川先生從他的褲袋掏出一大帙鈔票來，原來是汪政府發行的中儲券，為數一百萬元。

那時中儲券一元相當於日元一角八分，一百萬元就是十八萬日元，以日本物價目前等於投降時的三百倍計算，亦即等於今日的五千四百萬日元（約合港幣九十萬元），是一筆可觀的巨款了，可惜日本投降後，南京政府已於八月十七日發出解體宣言，這些紙幣已不能流通，所以形同廢紙。小川也廉悉其情，第二天由他出面請求，向市政當局暫借二萬日元，作為應付各項支銷之用。

為了找尋新的隱匿場所，小川由我的上司兵事系主任倉敷恆德陪同出發，這位倉敷先生當時約五十歲年紀，已在距今十年前物故。

喬裝改扮搬進望湖樓

閒話少提，且說小川由倉敷陪同，離開米子，搭火車向東進發，終於在距離米子不遠的東鄉湖附近，物色到淺津地方一間名叫望湖樓的旅館，經洽商後，以月租一萬元代價，同館主中島租得全座，作為陳公博一行的居停，小川當時向館主言明，住客是中國（南京）政府主席和他的隨從，以後費用由日本駐南京大使谷正之滙來一億元項下撥付，不必擔心，但有一點就是必須守秘。當時一萬日元是個大數目，旅館主人正苦於沒有生意，忽然來了這麼一位大主顧，不禁喜出望外。（任思按：關於這一切經過，館主中島本人和他的太太現仍健在，照常經營這間旅館，下面我還要引述他們的回憶，以實本文。）

地方找妥，小川回到米子，把陳公博一行帶來。

說起「搬場」的經過，也相當有趣，陳公博等五個男性全部穿上日軍屬制服，腰掛長劍，頭戴軍帽。兩個女的則穿上由米子婦女會借來的戰時日本婦女「服務裝」（略似軍服），又恐怕搭火車會露出破綻，結果借到一輛大巴士。

中島夫婦回憶當年事

關於陳公博等抵達望湖樓後的情況，望湖樓主人中島夫婦均在場目擊其事，以下是夫婦二人的憶述：

中島：他們一行人（指陳公博等）從那輛燃木炭的巴士走下來時，人人都作軍裝，其中且有佩著短槍者，這些槍械其後由小川中尉統統交給我保管，原來都是實彈的。日後我在他們離開時，把槍交還，但槍彈則早已全部拋入湖中。

中島夫人：我對他們的第一印象是覺得抱歉，因為據小川中尉說，陳公博主席是一個地位足可與日本天皇相抗衡，對等談話的身份，而現在落得要逃亡到日本的窮鄉僻壤來棲身，再說，美軍早晚都要來到這裡，萬一被他們發現陳先生的蹤跡，則我們該當何罪！想到這裡，不寒而慄！

三封親筆信報告行蹤

以下是小川中尉繼續的憶述：

坦白說，我從南京出發以來，精神肉體緊張疲勞已達極點，論理要像死一般地睡一大覺了，可是來到這裡，湖光山色雖然美麗極了，也不過好比到達了亡命的大門口，今後方針如何？一定要到東京走一趟，向上級請示才對。為了這樣重大的原因，第二天晚上，我偕同周秘書長訪謁陳主席，把我的意見陳述。

陳公博當下說道：「您說得對，我也希望早日向日本政府報告我的行蹤。」我當即點頭表示贊同，因為我是奉日本的中國派遣軍總部命令帶領陳等一行來此，當然要聽軍（指陸軍省及參謀本部）及政府的指示。為此之故，我要求陳公博給我寫三封親筆信：一封致首相東久邇；一封致陸軍大臣下村大將；另一封致外務大臣重光葵。以便由我單人匹馬，逕到東京請示今後行止。陳公博對此立刻同意，答應馬上就寫信。

但是，信寫好不等於就可以立即啟程，因為留下陳公博等於望湖樓，是否安全也有問題。關於這一切安排，小川中尉本人也忘記了，倒是那個陪同前來的米子市政事務所職員東中氏有所記憶，他說：

我們在八月廿六深夜到達望湖樓，第二天或第三天，我就和小川中尉到該地所屬的鳥取縣政府去，請求對陳公博等人加以保護。經過和警察部長和內政部長談商，他們認為茲事體大，不能由區區一個縣政府負責，應由國家（指東京的日本政府）出頭應付。不過說來說去，他們還是答應派兩名便裝警探，到望湖樓當值，暗中保護。至此，小川中尉也就放心啟程到東京去了。

陸軍部反應十分冷淡

在小川啟程之前，他已打了一封電報到東京，內容簡單，僅說：「陳主席一行已離南京，現在淺津溫泉」。收電人是「支那班」，照理應由陸軍省或參謀本部收取，下署一個「梅」字，那是中國派遣軍總部顧問部的略稱，如果收電人是陸軍省或參謀本部，他們會知道發電人是誰的。因為一有「梅」字，電文便會交給專門處理中國事務的「支那班」辦理。

小川中尉回憶他從淺津溫泉到東京是八月廿八或廿九日，那時鐵路交通相當混亂，復員軍人和疏散難民重返家園者絡繹於途，好不容易才捱過一天旅程，在當晚深夜抵達東京，就在車站的長椅上歇了一宵，天亮時便逕到陸軍省，請求謁見陸軍次長若松只一。若松見來人不過是個中尉，當然不會出見，僅派副官出問何事？小川便將事實說明，同時把陳公博的三封親筆信交出。

親筆信的內容我是知道的，那是陳公博在望湖樓當著我們面前用毛筆所寫，原文係中文，措詞十分謙虛，大意是：

余感覺繼續留在南京，可能發生更多意外紛爭，對中日兩國均屬無益，故採納來日本之提議。余亦不願因此使日本政府感覺困惑，如有需要，請不吝告知，藉此機會，向閣下傳達余已抵達日本之訊息而已。……

不料那個副官接了信，僅冷冷的回答：「此事當交由有關部門處理。」完全是打官腔，一點沒有進一步商談的意向。

外務省要接管陳公博

小川滿腹憤懣，又不敢發作，只得告辭，轉念這個時候，軍方已面臨解體，誰也不願再擔責任，事情至此，該由外務省解決，一想到這裡，小川就逕到外務省求見外務次官田尻，和總務課長大野。

田尻聽了陳公博來日的消息，恍如晴天霹靂，一驚非同小可！此人本是大東亞省的負責人，大東亞省就是戰時日本政府專門用以處理東南亞各被佔領國家事宜的部門，日本投降後，已於八月廿五日撤消，那時正在辦理未了事務。

小川後來得到的答覆也非常可驚，這就是：外務省決定「接管」陳公博。小川因為是軍方人物，外務省叫他「不必再管這事」。這答覆也使小川有如「晴天霹靂」。

幾天之後，外務省所派的專員，已出現在陳公博等隱匿的望湖樓，其中二人，一個是當時的外務省調查官山本晃（此人在戰後歷任駐中華民國大使館一等書記，現任外務省事務官）；另一人是當時大東亞省中國事務局總務課事務官（現職為宮內廳事務官）仲村清。

山本晃與仲村清憶述

這裡且先聽山本晃對於此事的憶述：

我因父親經商關係，在中學畢業前一直隨父在中國到處居住，後來回到日本讀大學，又替一個英國人做私人秘書，碰巧他也是和中國有關的商人，使我又有機會在中國走動，一九三五年我入外務省工作，奉派在北京、上海等地服務，所以中國好比我的第二故鄉。

太平洋戰爭前，我有一個時期奉派在華盛頓工作，不久又調到巴西，目的在利用中南美的中立收集有關美國的情報。後來調回日本，在外務省追隨外務大臣重光葵，主要是擔任中國語的傳譯。

關於陳公博事件，我也是突然接到命令，說陳公博來了日本，命我立刻去照應他，當時吩咐我的是外務省人事課長湯川（任思按：現任日本駐英大使），至於當時是否為此事曾晤見重光葵外相，則已忘記。

至於我所瞭解的，當時情況是陳公博一行人等乘搭一架日本軍機從南京飛到米子，這事外務省絕不知情，是他們抵步之後才與外務省有聯絡，實在這事也令到外務省十分困惑，不過既來之，則安之，只得立刻派人照應，再作打算吧了。

另據當年偕同山本晃到望湖樓「接管」陳公博的另一官員仲村清說：

我也是突然奉召謁見重光葵外相，他告訴我們，陳公博來了日本，要去照應他。我雖然在上海及廈門的日本領事館工作過，但中國話說得不好，不過有山本兄在，我也放心了。我想我被選為專使，主要理由是那時我年約三十，又是獨身漢，進行照應工作比較方便。

記得我很快就偕山本兄出發，和陳公博主席晤見，他們住的地方是湖中的一個溫泉旅館，我們也在那兒住過一兩天，當時奉命來照應陳公博的，還有吉川重藏（任思按：現任駐以色列大使）、大野勝己（曾任駐英大使）等人。

這件照應陳公博的任務，我記得外務省稱之為東山工作，第一步就是把陳公博一行從望湖樓接到京都安置。

「東山工作」早有計劃

根據山本、仲村兩人的說法，則陳公博亡命日本的有關任務，早已由小川中尉移到外務省負責，而小川中尉本人也不知情，還以為親自到東京請示，所以當外務省的次官田尻對他說「這事已不要您管」時，小川覺得茫然不知所措。

到底外務省在什麼時候接辦這件任務？在陳公博等從南京起飛時便開始嗎？還是抵達日本時才移交？如照仲村所稱，接應陳公博是「東山工作」的話，則工作而有名稱，自必經過事前準備，看情形是有計劃而不是突然的。

又根據望湖樓旅館的主人中島夫婦憶述日外務省派員前來接應陳公博的情形，也和前述相當吻合。

> 中島：我記得外務省派來兩個相當年輕的官員，他們還向我出示身份證明，表明此行係奉命將陳主席等帶往京都。由於事出突然，我也不知怎樣才好，我只記得他們在旅館住了一兩晚，很快就把陳主席等帶走了。
>
> 中島夫人：外務省到底派了多少人來我已記不清楚，只記得那位當日帶陳主席來此的小川中尉已經沒有再回來。可能他們和陳主席談過以後，一行人已同意被帶到京都，不再在此逗留。

自從陳公博等被外務省接管之後，他們的亡命生涯有了整個變化。

陳夫人惦念留港兒女

陳公博一行離開望湖樓向新的亡命地點京都進發，是那一天的事？有關人等已不復記憶，但根據他們抵達京都的時間資料加以倒算，則可判定為一九四五年九月一日；亦由此可以推斷，陳等在望湖樓只住過五天左右而已。

有關陳等離開望湖樓的經過，望湖樓主人中島夫婦因為從頭到尾目擊其事，知之最詳，這裡且聽他們的憶述：

中島夫人：我在上面說過，外務省突然派人來接陳公博，弄得我也急著要替陳夫人及莫國康女士準備兩套日式女裝戰時制服，那兩位女士見我為了她們而忙，也覺得過意不去，尤其是莫女士，更隨口而出講了一句日本話「阿里阿多」（謝謝之意），這是我第一次聽到她講日語。

後來我又拿了一些化粧品來，請她們打扮一下，還塗上口紅，我清楚看見她們一面化粧，一面淚承於睫，心情不好過也在意料之中。接著，我就陪同大家到湖上坐船到松崎車站去，轉搭火車，我清楚記得那時還是很早，我還送了一批二十世紀梨給大家。

火車很快就開動了，當車廂逐漸離開月台時，莫女士把頭伸出窗外，通過傳譯對我說：「我們有生之日，定當圖報。」我看到她一面揮手一面抹眼淚。

中島：我記得陳公博一行由望湖樓，出發是吃過早餐馬上動身的，當時各人表情尚算鎮定，抵達車站時，有一輛車卡兩端入口處都有警察守住，制止一般乘客由此登車，這輛車卡是二等車，我一直送他們搭到鳥取站才下車。

我最記起臨別時，陳夫人提及惦念著留在香港的兒女，可見無論怎樣的人，也有兒女之情。

山本晃及仲村清的話

關於陳公博一行首途前往京都的車內情形，這裡正好引用負責陪伴（其實是押送）的外務省官員山本晃及仲村清的話：

列車全部垂有窗簾，使外間看不見車內情況。當時陳主席和夫人並肩而坐……。

這輛二等車，臨時闢為專車，使到沿路有許多火車搭客叫嚷著：「裡面不是空的嗎？為什麼不可以坐呀！」這些乘客當然不知車內是什麼人，所以不時有人嘭嘭聲響的敲門，負責守門的警察也不便向人說明裡面坐著什麼大人物。

又根據當日在半途登車奉派保護陳公博的便服警官廣瀨秀夫（當時任職於京都為警官，現在是京都一間教授駕駛汽車的學校校長）憶述：

我奉京都特高課長之命，到半途去保護一位要人，我以為一定什麼來自外國的大人物了，但初時以為是緬甸的巴莫，卻未想到是陳公博。

對了，和我一同在半途登車的，有我另外一個同事及前首相近衛文麿的秘書塚本義照先生，而塚本先生事前已向京都大酒店定了一層樓，準備用來安置陳公博一行人。

外務省聘塚本做囑託

廣瀨氏在憶述裡牽出塚本其人，陳公博亡命的真正內幕，也就快要揭曉了。塚本現仍生存，住在京都。他說起當年整個事件的經過。他說：

我本是一介商人，一九四五年八月二十三日，外務省突下了委任，要我擔任外務省囑託（按：「囑託」係日本官方一種臨時性職位，寓有客卿之意）。到底聘我做囑託，用意何在？說出來十分簡單，就是要我照應來日亡命的陳公博。

老實說，我並不是在八月二十三日才知道陳公博即將亡命來日，而是在是年五月就曉得了。當時近衛公爵在他的私邸「荻外莊」對我說：「義（按：塚本之名），中國的陳公博就快亡命來此了，他大大概要帶三十多人來，義呀，到時你要負責照顧他們了，你要好好準備一下。」

「知道了，敬謹遵命！」我答。

這裡要交代一下我和近衛公爵的關係：話要說到許久以前，近衛是明治二十四年出生，我則生於三十二年，換句話說，他比我大八歲。明治四十五年近衛畢業高中，轉來京都帝國大學，我常到他家玩耍，那時我才十幾歲，十足一個小孩子，近衛常以「義，義」呼我之名，自此之後十年間，我和他常有往還，特別是太平洋戰爭末期，我搬到近衛的私邸，日夕追隨他左右，有時又在近衛的女婿細川護貞之家幫閒。日本投降前一年我以鐵道省「囑託」名義，領得一張全國通用的火車頭等免費車票，到處走動，相當活躍。

近衛何以關心陳公博

約在日本投降前一個多月，日皇召見近衛，說：「近衛啊，這回要靠你走一趟了。」原來日本要派一個高級使節到蘇聯去，請求蘇聯堅守中立，同時也希望蘇聯從中斡旋和平，這個特使人選，就落到近衛身上。這時近衛打算帶我同去莫斯科，還叫我趕快回家去執拾必要行李。可是結果此行告吹，因為蘇聯一直沒有答覆是否同意近衛來訪。而接著，日本也宣告投降了。

日本投降之後，東久邇奉命組閣，近衛也被任為國務大臣，那時大東亞省的次官田尻愛義召見我，說：「塚本兄，你蘇聯去不成，這回卻要有勞擔當一下對華事務了；我不久就要給你一個正式任命，讓你成為外務省囑託，你隨意做做樣子，寫一張履歷書給我吧！」他的所謂對華事務，顯然就是指中國要人的亡命來日，要我出而負責了。

我接到任命是八月二十三日（一九四五年），他們叫我到外務省管理局第二部第一課辦公，但隔了一天，即二十五日，內閣發表明令，再加給我一個銜頭，是近衛國務大臣秘書，這就是說，我可以有正式資格，去接應陳公博這班人了。

說到這裡，我不妨透露一下，近衛為什麼要這樣關心到汪政權的首腦亡命問題？各位都會曉得，近衛就是中日戰爭爆發時的日本首相，他確曾設法使中日事變獲得和平解決，無奈事與願違，「事變」越來越升級，終至不可收拾，於是他被軍部所迫，發表過那篇著名的「近衛聲明」，其中有謂「今後不再以國民政府（指重慶政府）為對手。」以後日軍陷入中國長期抗戰的泥沼，以迄太平洋戰爭發生。其間汪精衛響應近衛第二次聲明，發表艷電，願以平等原則與日本談判和平。在近衛本人看來，今次日本打敗了，汪政權那班人，來日本躲一躲，照顧他們一下，也是道義上所應為；何況日本投降後國內形勢也極不穩定，不少軍人要密謀政變，反對降服，而另一方面，日本政府又要準備一下如何迎接盟軍入駐，在這樣複雜的局面下，確實需要派出專人去照應陳公博一行的。

而在初時，我們既以為陳公博一行將有三十多人，所以就包下了京都大酒店，作為他們的「行營」。

三好重夫回憶當年事

關於在京都大酒店設立陳公博行營一事的總指揮，經證實為日政府外務省另一囑託岡部長二氏。此人曾任汪政權經濟顧問，是著名中國通，可惜他已在七年前因胃癌病逝，無從向他採集正確資料。現在且聽當年京都最高地方官「京都府知事」三好重夫的憶述：

我是昭和十八年（一九四三）七月至翌年七月底任岐阜縣知事，其後即轉任京都府知事。猶憶戰事結束後某日，外相重光葵突派外部官員大野勝己（按：此人現任阿剌伯石油會社副社長）及矢野征記二人到訪，告以：「陳公博主席亡命來日，將在京都予以安置，請協助一切。」

我奇而問何故別處不去，偏要來京都？他們說：「大臣（指外相重光）認為，不是任何一位知事都可以託以此一重任，只有閣下（指三好）可以，又因京都受戰禍較少，故地點較為適合。」

我忘記了在京都大酒店設中華民國（指汪政權）主席行營的事了，但在另一間「都酒店」籌備設滿洲國皇帝行營的事則有記憶。原來大野等二人來訪我談商照料陳公博之事以後，又打過一個長途電話來，說「滿洲國天子溥儀皇帝又要逃亡來日了，亦請代為安排照料一切。」我接電話後，只得定下「都酒店」作為滿洲國皇帝下榻地點，後來又聽說他的飛機會降落大久保機場，於是又一早派定汽車多輛到機場接應，不料等了又等，那皇帝一直沒有到，及後許久，才聽到消息，說他已被蘇聯軍隊抓住了。這事終於告吹。由此記憶，陳公博的行營定在京都酒店一事，似乎與我無關了。不過有一事似須一提，就是我奉命接待這些大人物之後，為了使我轄下的京都市早日脫離戰時色彩，曾向東芝廠買了五萬個電燈泡，使全市街燈復明，藉此振奮市民，又下令及早封閉防空壕，剪除路旁野草等等……。

陳公博反對住大酒店

聽完上面這位京都最高官員的憶述，且讓我們繼續聆聽近衛秘書塚本談及當日他在半途登上陳公博等所乘的火車的情形：

當時主席（指陳公博）以次各位男性均穿日本軍服，女性則穿日式女制服，驟看雖然令我吃驚，但毫無疑問，和我面對面的，就是那位有名的陳公博先生，他對我說了句簡單的見面話：「多蒙照顧！」當然，除此之外，他是不諳日語的。

我感覺意外的，就是初時近衛公爵對我說過來者將有三十餘眾，而現在只得七人，既然人數少，也就容易應付了。可是我們一談之下，陳公博卻有了意見，他聽說此去以京都大酒店作為居留之所，當即表示異議，他說：「酒店這種地方，耳目眾多，實在不大適宜，可否另覓別處？」這就糟了，我們早已訂了這地方，甚至內人也趕去那兒幫手佈置一切了。不料主席既有意見，我們非要尊重不可，一定要想辦法。於是，我就和一同登車前來護駕的便裝警官廣瀨商議。

誰都沒心情遊山玩水

這裡且聽便裝警官廣瀨有關此事的憶述：

照我記憶所及，當日陳主席等一行確有問我們「到底帶我們到何處？」當我們告以「已租妥京都大酒店時」，陳主席就反對，說：「不好，酒店這種地方，盟軍遲早必來駐紮，為什麼你們不想到這一點呀！」我們聽了當時面面相覷？結果火車在半途的福知山站停下來時，我就打電話回到京都警廳，要求在三幾小時內，替我們另覓一處幽靜的地方。對方說，幾小時內怎可找到合適的地方呵！也罷，只有盡力而為，我看你們還是在未到京都之前提早下車吧，這樣可以拖長一些時間。結果我們就在距離京都還有四站的嵯峨站下車。這個車站從前是日皇室人員來訪京都時的下車地點，所以站內設有貴賓室，一行人等就在這兒暫時休息，後來為了拖長時間，還帶一行人等到附近的嵐山遊玩了一會。當然這個時候，誰都沒有心情遊山玩水，說來說去是為了拖時間，讓京都警方有更多物色地方的餘裕而已。

說到這裡，我不能不順筆一提，就是當日帶領陳公博等人離開南京，飛到日本米子的日軍中尉小川，自離開望湖樓單獨赴東京請示後，已一直沒有消息，意料不到，當陳公博等在嵯峨站下車小休時，小川中尉又突然出現了！

這裡是小川中尉的憶述：

> 我去東京，訪問過陸軍省，找不到商談對手，只得到外務省去，得晤田尻愛義次官，他告訴我，此事已不必你操心。我追問何故，他才說：「陳先生一行已由外務省派人由米子接往京都，如果你要再見到陳先生，可去京都。」所以我就算了一下日子，在東京多住一天，才趕到京都，並向警方探得主席一行在嵯峨站下車……。

匆忙中搬進柴田別邸

上文說過陳公博反對住進大酒店，要求找一個遠離市井的地方避人耳目，日方不得已，乃另覓適當地點。其後在匆忙中終於找到京都市右京區花園町內田町二十五番的「柴田別邸」，這座別邸，是曾任鈴木貫太郎內閣國務大臣櫻井兵五郎所建，但當時的業主卻叫柴田，故名柴田別邸，不過柴田本人並不住此，那時他租給一個名叫不破貞子的年輕女子及其母親同住。這裡且聽不破貞子的憶述：

> 當時是有一個常常在我家附近值勤的警察到來說：「警方很想借你們的家舉行會議。」我們當然答應，因為這間別邸面積很大，有四房一廳，還有一層二樓。

就在我表示答允後不久，門外就駛來兩三部黑色舊汽車，車前還有開路摩托車，情形相當隆重，我母親看見了也吃了一驚，但不知是何許人，只記得其中一人身穿警官服裝，我認出他是警察部長青木貞雄。他告訴我：「來人都帶備寢具和食物，所以一切不必麻煩你們了。」

第二天，我暗中向隨侍這班人的便服警官廣瀨打聽，想知道他們是什麼人。

「是緬甸的巴莫嗎？」我問。

「不是！」廣瀨答。

「那麼是中國的陳公博吧？」

「你很夠眼光啊，真的是陳公博，不過你應該保守秘密。」

「知道了。」

有一件事我注意到，就是每天早上膳食從京都酒店運來，只帶來四份，而一行人等不是共有七人嗎？還有三個人吃什麼？

依照不破貞子後來詳細觀察所得，原來在柴田別邸下榻者，實際只得四人，而另外三人則仍然住在京都酒店，無怪早餐只供應四份了。

京都酒店再搬對文莊

關於這件事，那個率領陳公博逃亡日本的小川中尉有所憶述，他說：

住在京都酒店的，有林柏生、陳君慧、何炳賢三人，那是因為一早就定了京都酒店，如果不進住又會啟人疑竇，所以決定入住柴田別邸者，只陳公博夫婦、莫國康女士及周隆庠秘書長四人，此外就是外務省兩人，和我（小川）。那一共也是七人，不過我們不吃從京都酒店運來的食物。

林柏生等三人雖然住在京都酒店，但每天必到柴田別邸和陳公博等在一起。晚上則回到酒店睡覺，不過他們在京都酒店也住不多久又要搬家了，這因為我們接到消息，知道美國第六軍軍長愛格巴卡所部即將進駐京都，而京都酒店正是他們要接收的建築物，似此，除迅速遷離之外實無他途。

我們搬到一處名叫「對文莊」的旅館。

（任思按：美國第六軍四萬二千人進駐京都，實係一九四五年九月二十七日，距離林柏生等倉卒遷離京都酒店尚有三星期以上。）

陳公博口述一份紀錄

且說陳公博住在柴田別邸那一段寂寞的時間裡，以口述方式，由近衛的秘書塚本義照（能操國語）一一把他的「心境及意見」記錄，這份記錄是陳要求塚本面向近衛傳達的，因為塚本在安頓了陳公博一行之後，便要回到東京向近衛覆命。根據塚本最近將這項紀錄公開，它的內容有如下列：

一：公博此次離開南京，並非逃避，而是暫時隱匿。
二：曾直接上書蔣氏（指蔣主席）一次，表明心跡。
三：此次逃離南京，最初係日本駐南京大使谷正之提議；而谷正之之所以有此提議，自係獲得日本最高方面之示意；而此一最高方面，隱指近衛本人。
四：日本投降後，汪政權海軍部長任援道起義，他以重慶密使姿態勸我最好暫離南京，這樣對於國軍前來接收時，一切會好辦一些，故於八月二十五日下定決心，二十六日出發。（任思按：此節日期記錄有錯，應為二十四及二十五日。）
五：當時南京軍隊尚有三十萬，我已命令他們服從蔣氏。
六：今後中日親善前途樂觀。
七：美國必援蔣壓制共黨。
八：蔣對日本理解甚深，相信必對日本寬大。
九：今後中國全局非蔣氏一人所能肩負，必與日本合作。
十：蘇聯與重慶修好，全屬謊言。（按：國民政府於一九三七年八月二十一日與蘇締訂不侵犯條約。）
十一：只要蔣氏早日統一全國治安，共黨被壓制，則本人（陳自稱）於願已足，對個人出處前途，絕無芥蒂。
十二：請近衛指示如何向日皇致敬。
十三：蘇軍侵入中國，不安情況大增，內戰迫在眉睫；但無論如何，中日國交，前途樂觀。

十四：亡命日本期間，盡可能隱匿不露面，搜集情報講求對策，如有機會，甚欲面謁（近衛）藉聆教益。

十五：我係受近衛聲明及汪先生之友誼感召毅然投身和平工作，如重慶方面認定和運不可，和運有罪，而命我返國受審時，則將隨時返國，不令日本為難。相信蔣氏會同意抗戰是為國，和平亦係為國，如有此見解，則不必擔心。

對懲治漢奸事抱樂觀

塚本憶述說：

上述記錄係我本人親自記下，如有錯漏，是我的責任，但現在看起來，可見陳主席對戰後國際情勢洞燭機先，很有眼光，不過他認為重慶對他自己會寬大處理，事後證明是看錯了。當時陳公博覺得樂觀的原因，也許他自問無政權野心。事實上南京政府的成立，汪氏本人也有「為了民眾」的信念，而非為一己，這一點如果得到重慶理解，那麼未來處分的樂觀，也是可以想像得到的。

塚本繼續憶述他帶了上述記錄，還有一封由陳公博親筆所書的簡短的信，逕到東京，把上述各件交給當時住在世田谷區瀨田的近衛文麿。

塚本說：

公爵（指近衛）看了陳公博的親筆信，再經我拿著前述記錄一一詳讀。之後，他說：都明白了。我應該回他一封信的，只是，這封覆信十分難寫呀！真是頭痛了！

近衛艱於覆信的表情，令我印象甚深，我記得他想了一天、兩天，就是想不出如何答覆陳公博。因為他本人被人視為中日戰爭的罪魁之一，而今次打敗了仗，中國問題處理不善也是原因之一呢！雖說對華責任不應由近衛一人來負，但在個人感情而言，中國要人的亡命實乃近衛本人的一個「傷口」，他是需要對這個傷口加以「治療」的。我記得近衛內閣的書記官長富田健治便對我再三提示，說：「你奉派去照應陳公博，這份工作表面上是你，背後則是近衛，雖然近衛本人不願也不方便出面，但他比任何人更掛慮這件事情，所以你要認真將事才好。」

這樣一直等到第三天，近衛才寫好一封信，他對我說：「義呀，你把這信交給陳主席吧。」他又說：「義呀，我想如果我不親自見見他們，人家就有閒話說了。」聽了這句話，我意識到近衛經過再三考慮，決定到京都和陳公博見一次面。

近衛覆陳公博一封信

這封由近衛寫給陳公博的親筆信，因塚本交給陳公博閱畢之後，又由陳送給塚本留存作為紀念，所以現在還可以看到全文，它的內容是這樣的。

敬啟者，大東亞戰爭之結果，誠屬遺憾，時至今日，事成過去，夫復何言。展望將來，惟有冀望中日兩國之親善及東亞之興隆。今次承蒙來日，未能略盡照顧之義務，殊深汗顏，際此不自由之際，尚求寬諒。小生定於下月赴京都，居時定謀拜訪，藉聆教益，諸維珍攝。此致陳先生。

文麿

據說近衛這封信，所用信紙是上海九華堂所製的畫宣紙，而陳公博寫給近衛的信，所用者為日本著名的因州紙。

根據塚本出示上述近衛親筆信和所述經過，則陳公博逃日，至少可以證明是近衛一早所策動，因為塚本說過，他在陳等逃亡前三個月便知道有這事發生了。而陳到日本後，和日本重要政治人物交往，亦唯近衛一人，事實上近衛也是汪政權的催生婦，由他來「善後」一下，誰若不宜？事實上，近衛確在是年十月一日赴京都與陳公博謀面，不過也剛好是陳被押送返南京受審之前夕。陳返國後不久即被判死刑，而近衛亦於是年十二月十六日服毒自殺，以逃避戰犯法庭裁判。凡此種種，都不屬本文範圍，所以寫到這裡，也就暫時告一段落了。

陳公博垂死之言

朱子家

在對日抗戰時期，南京出現了一個主張與日本停戰和平的新政權。領導這一政權的汪精衛氏，稱之為還都的國民政府，在淪陷地區的人，稱它為和平政府，日本人又稱之為南京政府。勝利以後，蔣介石氏領導的國民政府稱之為偽組織，有些「忠貞」之士，則索性稱之為漢奸政府，而一般人稱為汪政權。以一個政權，居然有那樣多不同的名稱，豈非怪事？它自一九四〇年三月三十日成立，至一九四五年八月十六日正式宣告解散，前後經過了五年五個月又十七日。

如其不純以成王敗寇這一立場來衡量那個政權，他們之所以甘冒天下之大不韙而另創局面，或者還會有他們的看法與想法，也就並不能直覺地即認為是一群賣國求榮者漢奸們的醜劇。今天，離這一幕已經二十八年之久，正如雙照樓詩中所說：「良友已隨千劫盡；神州重見百年沉」！過去的已經過去了，蓋棺既已論定，也不勞我這個當年微末的角色來為他們洗刷。但是，有些事，雖蓋棺而仍不能論定的正多，歷史上的無數大事，經千百年後而依然爭議不息。特別是汪政府的那一幕，說他們是為了賣國求榮嗎？平心想一想，政權建立在日軍的佔領地區，在這一地區中，國家的主權和土地，人民的生命與財產，都早於戰爭中失去而在鐵蹄下的日軍掌握之中，尚有何國可賣？說他們是求榮嗎？正好相反，抗戰既已成為國策，違反這一國策而與日人交往的，人們就會毫不思索地說他是漢奸。況且日軍在節節勝利之後，首都已自南京一遷而至漢口，再遷而至重慶。使日本軍人的氣燄囂張到了極點。在戰爭之前，他們可以在國內發動政變，殺害首相，此時連日本傳統上奉為「神」的天皇裕仁的論旨，且可以陽奉陰違，而對日本的內閣，更是頤氣指使。汪政權建立在日軍的直接控制之下，交涉的對手又是失去人性的日本軍人，尚何榮可求？

說到「榮」，汪氏也實在太夠了。他是中山先生生前與胡漢民為其左右手，僅四十歲的年齡，他就出任了廣州時代第一任的國民政府主席，連蔣介石氏的第一軍軍長職務，還是由他委任的。一九三八年汪氏脫離重慶的時候，雖然已辭去了行政院院長一職，但他還是國民黨的副總裁，戰時國民參政會的議長。也儘管政見與蔣氏有所不合，而在形式上蔣氏仍不能不對他表示尊敬。異族的日本軍閥，會那樣對他禮遇嗎？誠榮於何有！

汪氏曾經留學日本，在幫助中山先生從事革命的時期中，更有過一段長時間居留在日本，他對日本人應該有較深的瞭解，況且在他擔任行政院院長的時候，對日本的交涉更有過痛苦的經驗。全面抗戰以前，最不為人所諒解的兩件大事，一是一九三一年九月「九一八事變」因不抵抗而失去了東北；二是一九三三年五月為了挽救華北的被蠶食以確保平津，與日本簽訂了屈辱的塘沽停戰協定。關於前者，汪氏在歐聞警，星夜搭輪返國，宣稱以「跳火坑」的精神參與國政，為蔣氏分憂。關於後者，在國力尚未能對日作戰前，挺身負責。在簽訂塘沽停戰協定的這一事上，蔣氏還特派了與他私交最深而又為他最所信賴的黃郛赴華北主持其事。在這一事件上，蔣汪之間的意見是應該一致的，但簽訂這項協定，又是最不為國人所諒的。人們也自然歸咎於汪氏。但汪氏卻有其不可為而為之的精神。在局勢最危急的時候，也是我國要當機立斷的時候，汪氏有兩個電報打給黃郛、何應欽與黃紹竑，充份表現出他對國事犧牲小我，勇於負責的態度。

（一）民國廿二年五月二十一日電

北平何部長敬之兄、黃部長季寬兄：馬未、馬酉兩電敬悉。(1)軍費自當盡力籌措，政府存在一日，決一日不放棄責任。其籌措方法，容與財政部商定再告。(2)我軍應付方案，政府實難遙制。茲授權敬之（何應欽）、季寬（黃紹竑）、膺白（黃郛）三兄便宜處置，安危榮辱，與兄等共之，即使國人不諒，祇求無忝於職，無愧於心，一切皆非所計也，敬覆。汪兆銘、馬亥（見黃膺白夫人沈亦雲女士所著《亦雲回憶》下冊四七九頁）

（二）民國廿二年五月二十九日電

北平何部長敬之兄、黃委員長膺白兄：承示代表已派定，明日在塘沽開始談判，請兩兄查照國防議決堅決進行。倘因此而遭國人不諒，反對者之乘間抵隙，弟必奮身以當其衝，絕不令兩兄為難。區區之誠，祈鑒察為幸。兆銘、艷午（見《亦雲回憶》下冊四九二頁）

汪氏也確實具有這樣不畏謗的倔強性格，他的哲嗣孟晉曾對我說過幾句話，一直留著極深刻的印象。他說：「我並不想為親者諱，但論我父的一生，在私生活上，他不賭博，不吸煙，不二色，也不斂財；他唯一的樂趣，僅是淺飲與吟詩。對於國事，可說他無日不在焦思苦慮，儘管有些事也許會被視為錯誤了，而他的動機是純潔的，除了國家民族，絕不曾為自己打算過。戰爭中在南京時期，他一再告誡我們，要準備接受失敗的勇氣。他說：有一天，我們家破人亡了，也就是國家得救的時候了」。知子莫若父，反過來說，知父的也應該莫若於子吧。

假如不純以成敗的偏見或成見來論人；也假如並不完全主觀地以意氣、立場等的關係而評論歷史上的一件大事，就應該依據各個方面的事實與文獻來發掘真相。我以為汪政權的那一幕，留下來無數有歷史價值的文獻中，不是發動對日和平，汪氏從河內所發出的「艷電」，也不是證明最高國防會議決議接受德國駐華大使陶德曼調停的「舉一個例」。因為汪政權的最高領導人物，自然是汪先生本人，他從這一政權的成立起，直至一九四四年十一月十日病逝日本名古屋帝國大學附屬病院為止，他一直擔任著主席和行政院長的名義。那年的十二月二十七日，陳公博繼汪氏而出任了代理主席，他們兩人，才是這一幕歷史悲劇上的兩個主腦人物。以常情來說，像汪氏與陳公博，論他們的學識、抱負與歷史，都不應該喪心病狂得竟會墮落得甘心為賣國漢奸的。汪氏離渝出走的時候，舉國正在屢北屢戰；而且國人皆曰可戰的時候，他的獨排眾議，想的是什麼；為的又是什麼？至陳公博的繼任主席，已在日寇在華所為，原形畢露太平洋戰爭，也已到了日暮途窮，那他為什麼要這樣做；又為誰而做？到底是求榮還是犧牲？要真正瞭解他們，那末，汪氏於病革所立的國事遺書——〈最後之心情〉與陳公博在南京獄中所寫〈八年來的回憶〉，應該是這一幕中兩個最重要的文獻了。

引起爭論的汪氏遺書〈最後之心情〉，在一九六四年二月初，才有人郵寄給我的。因為汪氏逝世以後，許多接近汪氏的人都曾經詢問過汪夫人陳璧君以汪先生有無預立遺囑，汪夫人曾堅決說：「沒有」，我們也因此而一向相信汪氏，臨終前未留一字。其次，因那封信的來路不明，也使人疑竇叢生。但當我徹夜雒誦之後，覺得遺書的語氣，遺書的筆調，都不是別人所可模仿的，原文雖非出之於汪氏的親筆，而〈最後之心情〉五字則是無疑是汪先生目己的墨跡。我所寫的那部《汪政權的開場與收場》全書六冊（吳興記書報社經銷），儘管限於才力，寫得不好，但當我下筆之時，因斗膽要為歷史作證，憑我良知，力求真實，自不能雜以一項出於他人偽造的文件。我在把它作為拙著第五冊的附錄而加以發表之前，心情很亂，自不當以贋鼎充數；也不欲對這一最重要的歷史文件，一手加以湮沒。因之我曾先後遍訪汪氏遺屬與追隨他多年的朋友們，請他們提出意見，以供抉擇。反而是汪氏的遺屬沒有一人認為出之於他人的仿冒，特別其中有一位更提供了我有力的線索。雖然他想不出汪氏何時寫下這一份遺書的，但有兩項遺書中所指出的往事，卻非他人所知的：如民十九的擴大會議曾通過憲法，張季鸞在天津《大公報》上為文論之，謂政局失敗而憲法成功。其次，汪氏於戰前在港創刊《南華日報》，苦無註冊之保證金，而英國首相麥當納自英倫電港，免其繳費。汪氏，認此二事為雪中送炭，而時為其家屬言之。寄給我遺書的人，雖無附函，但要我轉交給汪孟晉夫人譚文素女士的地址與姓名的附言，赫然出於龍榆生的筆跡。龍榆生為汪氏生前的詩友，又與汪夫人同羈於京獄，他又曾一度授孟晉夫人以國學，他雖仍留身大陸而與我所訪問的那位汪氏遺屬，那時還保持著

陳公博（中裝載船形帽者）行刑前攝影

通信關係而熟識其字跡。他相信為汪先生謄錄遺書的是他，轉輾寄遞的是他，也唯有他，汪夫人才會以此遺書交他保藏。我所以決心把它發表，就根據了這一席話。也儘管汪先生的有些朋友，還堅決認為是出之偽造，甚至說是我的偽造，但他的理由卻太可笑了，他說：「我認為偽造的，就一定是偽造的」。

其後，日本三大報之一的《每日新聞》，也把這遺書的全文加以譯載，該報為鄭重計，事前先邀約了在華多年，不斷對汪氏曾親謦欬的日本大使館的清水董三，日本軍部後往芷江洽降的今井武夫等人舉行座談會，以鑑定其真偽。卻一致認為從他們當年與汪氏談話中所獲得的印象，與遺書中所表露的是一致的。雖然曾任汪氏在上海所創辦的《中華日報》主筆的胡蘭成，「胡說」一起，對我大加攻擊，但他同樣不曾否定汪氏遺書的真實性。

在相反情形下，另一重要歷史文獻，陳公博在南京獄中所寫的〈八年來的回憶〉（附刊於拙著第四冊之末），卻從無真偽之爭。我記得這一件文稿，公博雖寫成於南京繫獄之中，而發表則已在蘇州高等法院開庭鞫訊之際。他在庭上表示生死榮辱非所計，而唯一的要求，則是把這一篇〈八年來的回憶〉，予以公開發表，俾明心跡，那時政府為了表示其民主作風，各報固競相刊載，有些書店，還印成專書出售，我還在上海提籃橋獄中時，已由獄吏私帶進來而看過。當一九四九年中共進入上海以前，所有留在書齋中的一紙一書，認為可遭時忌的，一律予以焚燬。故一九五〇年我再由上海來港，倉皇登程，更未攜有片紙隻字。

但當我撰寫《汪政權的開場與收場》那部拙著時，又想到了那篇〈八年來的回憶〉。我曾經盡最大的努力在港訪求，而且我也確知有幾位留港的公博好友還有人保藏著它。無如他們什襲珍藏，始終秘不示人。我正在十分懊喪的時候，突然有一位文友郵寄給了我。他已經是馳名國際的學者，因他諄囑我不要透露來源，今天還不便指出他的姓名，以表達我感泐之忱。他寄給我的那一份，是上海書肆出版的鉛印本，最後且還著一個「完」字，我也真以為已經是全文的完璧了。

最近《大人》編者沈葦窗兄遠道貽書，說他不久前無意中在舊書攤上獲得了一份〈八年來的回憶〉的手抄本，發現了在拙著上所刊其最後一節的結論中，竟然遺漏了七段語重心長的文字，篇末且有「民國卅四年十一月於南京」的字樣的寫成日期。葦窗兄辦事的認真，一向為我所心折，他於獲得該項文件後還急急地邀集了當年汪政權的舊人，出以傳觀，以確定其真偽。而據當年與陳公博同機飛日的陳君慧先生對葦窗兄說：陳公博先生在獄中的草稿文字，多數由同獄的前汪府司法行政部次長汪瀚章為之重行謄錄，這一份抄本，也就可能即是汪瀚章所寫，真偽自更不待言。葦窗兄來書要我對此有所評述，客中無俚，亦且義不容辭，就不能不抒寫出我個人的一些率直的感想，若說這是阿私文飾，則我豈敢。

老實說：我對陳公博的為人，當年曾有過極端矛盾的觀感。陳公博與顧孟餘是汪氏最所倚畀的左右手，正如中山先生之有汪精衛與胡展堂。對汪而言，恐怕也只有他們兩人才敢進一些諍言。但不幸得很，當汪氏在重慶暗中進行對日和平的時候，陳公博因遠在成都並未參與其事，直至他因公赴渝，與汪氏見面，才隱約為其言之。當時他的態度，鑒於戰局的節節失利，他雖不反對汪氏提出和平主張，但卻力阻汪氏不宜在兩國交戰中，另立政權，陷國家於不利，貽人以口實，一度且引起汪夫人的不快。其後汪氏轉輾由渝而越而滬，於一九三九年八月從上海飛抵廣州，公博且由港赴穗，再加勸阻。以後汪氏又在上海召集幹部會議，以決定應否建立政權，公博又派了何炳賢專程赴滬，作最後的努力。也可以說，所有汪氏的部屬中，也只有陳公博一人，曾一再表達了反對的意見，可見他決不是一個求榮之輩。

直至一九四〇年的三月，當原屬於CC系而首先與日方暗通款曲的高宗武，在渝媒孽汪氏響應日首相近衛文麿和平三原則的陶希聖，忽然叛汪而去，公博在港聞訊，覺得汪氏左右已為CC系的周佛海、梅思平、丁默邨等人所包圍，不忍見汪氏陷於狼狽之境，乃不遑自謀，才毅然由港就道去滬。

論公博與汪氏的關係，以及過去他在黨國方面的地位，他之抵滬參加，一般認為會代汪氏而出任行政院院長的。而最後竟然屈就了無事可為也且無可展佈的立法院院長的那個冷衙門。其後他又兼任了上海市市長的職務，不客氣地說，他卻做得了無政績。當時使我所認為奇怪的，他與周佛海、梅思平等不屬於同一派系而卻能融洽相處，交往甚密。陳氏有著英俊的外表，一襲中國長袍，一頂船形帽，操著夾雜有廣東音的國語，瀟洒中有些吊兒郎當的樣子。我看到他的毫無展佈，形同伴食，而且在私生活上也相當放縱頗不以為然，及今思之，他既反對這一政權的出現，而又目擊日人的專橫無狀，他之所以隨汪，已抱定了為友殉身的決意，如此又怎樣能教他會熱心從事？而且醇酒婦人，也許正是英雄末路的一種消極表現吧！

在接到葦窗兄的來信，準備撰寫本文時，我特地去訪問了兩位日本友人，聽聽他們對陳氏的批評。第一位我所看到的是小川哲雄，勝利前他是陸軍中尉，服務於影佐禎昭主持的機關。（現在東京聯友公司經商）公博一行的赴日暫避，是他奉命一路護送而去的。我率直地問他對於他所目擊的公博在他最後一段生命之路的感想。他說：

在去日的飛機上，陳先生已面臨著自己的生命，家屬的命運以及國家的前途那一份複雜的情緒。不論為追悔或憤激，論理總該有些表露，而他卻默默地坐在機上，非常的鎮定，不，應該說是出奇的平靜，一切像是對他毫不縈心似的。我對他不能不感到驚訝，因為我是一個軍人，有些我的長官們，平時意態飛揚，而一旦要開往前線作戰時，就會露出那種慌張或驚惶的神態，沒有一個人會像陳先生那樣出奇的平靜。

我與他分離的最後一刻，更使我萬分敬佩。他們抵日後，幽居在京都的金閣寺中「一處水閣內。一天，時任外務省次官的大野，匆遽趕來，他說：「陳主席來日的消息，因在中國的日本軍部所發的密電，為重慶方面所查出，行蹤已無法掩藏，這將如何是好？」而陳先生卻毫不考慮地衝口而出說：「那末，我就回國去！本來我就準備隨時要回到我自己的國家的。但我有一個條件，請通知國民政府，我不坐美國飛機，就請政府派一架飛機來接我回去吧。」（小川中尉說完了這一段話，又感慨地說：「在我的印象中，陳先生確是當代的一個偉大人物！。」）

寫到這裡，忽然想起了一段插曲。數年前我在東京遇到了矢畸堪十中將（現已去世），戰時他是華南特務機關長，又是香港的軍民長官，最後還任汪政權的最高軍事顧問。太平洋戰爭爆發的上一年，在廣州舉行了一次東亞新聞記者大會，我被派為中國代表團的團長，赴廣州出席，曾與矢崎有過多次接觸。那時他態度囂張，神情傲慢，在拙著中，曾備加指摘，而在東京重逢，他雖看到過我寫的那本書，卻未存芥蒂，反而屢次邀我在他主持的亞東工商協會演講。有一天，他請我在一家酒樓中宴聚，忽然問到我汪夫人陳璧君怎樣了？我說：「已從南京老虎橋獄移押上海提籃橋獄」。他又問我她犯的是什麼罪？我說：「漢奸罪」。他忽而大笑地說：「奇聞！奇聞！當年在廣州時期，雖然我是有權力的日本特務機關長，但我最怕看到的是她。一見面她總是嘮嘮叨叨、聲色俱厲的指責我們日本，而我們卻無法動搖她半點，她居然也會被指為漢奸，這真是天大的笑話」。日本人與中國人對於汪政權，竟會有那樣不同的看法。

我訪問了小川哲雄之後，又去看了岡田酉次少將，他現在是橫濱日本發條公司的副社長，戰時往來於南京上海之間，擔任著日本陸軍經濟方面的職務，他是周佛海的密友，他知道佛海的任何公私上的秘密，所以當佛海兼任上海市長時，他又是上海市政府的最高顧問。他對汪、陳諸氏，都有深刻的認識。我向他提出了關於公博先生的問題，他卻避免作直接答覆，他笑笑說：「我正在寫一本當年在中國時代的回憶錄，預定年內完成出版。我為什麼要寫這本書，有兩個目的：（一）為了我自己，戰時我把妻子兒女都留在國內，孑身在中國工作了十餘年，我要告訴我的子孫，我那時究竟做了些什麼。（二）本著我所看到的一切，我要告訴世人，中日戰爭的時期，重慶方面的抗戰是為了愛國，但從事和平運動的汪精衛、陳公博、周佛海等人，也同樣熱愛著他們自己的國家。我所體驗到的，他們怎樣也不能稱之為漢奸」。

當我在獄中看到了公博的〈八年來的回憶〉之後，使我對他本已完全改觀。而他在獄中判處死刑的放棄上訴，作為服法的範則，臨刑前，當被提離監獄時，特趨向汪夫人獄室前說過的一段話：「夫人！請恕我先去了，今後，請夫人保重！我此去，也可以有面目見汪先生於地下了」。公博也真正做到了以身殉友而無憾。他在法庭上寫遺書時的那份泰然的表現，在臨死之前，假如胸懷愧怍的話，此時更決難掩飾。我在香港曾遇見過一位由重慶歸來的人，他對汪政權抱有很深的成見，但因為過去他與公博也是朋友，他驚訝於公博居然也甘心做了漢奸，特地去看公博在法庭受鞫以及被執行時情形。最後他嘆息著對我說：「公博真做到了從容赴死的程度，他那份氣大概，使我每一念及，迄今還感到了無限的痛悼」。

公博假如在汪先生離渝後，仍在蔣先生領導的國民政府下工作，任何人會相信他反而會受到更大的寵遇。懸想他那時是痛苦的，一方面不願有負於平生知己的汪先生，一方面又無日不想做到「黨不可分，國必統一」的局面。他終於封金掛印，飄然引去，擬之古人，關羽差堪相比，但有人一定以為我擬於不倫，但三國鼎立，而曹操挾持的漢獻帝，以正統的眼光來看，還是國家的正朔呀！

他的遺書〈八年來的回憶〉，共分七節，而在拙著上遺漏的，就是結論的最後幾段。公博在獄中，既決以一死酬知己，而且願為服法的範則，文過飾非且屬多餘，又何在乎身後的是非呢？那篇遺書，說得那樣坦率，那樣沉痛，那樣真摯，語重心長，不但顯出忠於汪先生，為了整個國家民族，他也同樣忠於蔣先生。這裡不必我再多辭費了，《大人》的讀者，自會有公平的判斷。這一份遺書，可留作千秋萬世之後，讓治史者來把它作鷺的依據吧。《大人》重刊全文，並補充結尾的闕漏，我認為是太有意義了。

（一九七三年三月廿一日寫於東京旅次）

大事記：

一九三九年

八月九日：汪精衛由上海飛廣州，陳公博由港往見，力勸汪氏以發表國是主張為止，勿另組政府貽人口實。

一九四〇年

三月十三日：陳公博由港抵滬。

三月三十日：汪政權成立。

一九四四年

十一月十日：汪精衛在日本逝世。

十二月廿七日：陳公博繼任代主席。

一九四五年

八月十六日：陳公博下令解散政權。

八月廿五日：陳公博偕林柏生、陳君慧等飛往日本京都。

十月三日：陳公博被遞解回京。

一九四六年

六月三日：陳公博在蘇州被處死刑。

由陳春圃說到陳璧君

禺翁

陳璧君娘家的諸弟侄之中，以陳春圃較為突出。彼早歲留學美國，習政治經濟，成績良好；在美國遇中山縣人李澧川（十餘年前尚居澳門，如尚健在，當近九旬）之次女麗芳（麗芳亦在美國留學），兩人情投意合，願偕白首，歸國後即結婚，渡其美滿生活。

出任汪府行政院秘書長

民十三、四年間，春圃又赴莫斯科留學，曾與劉少奇同班肄業。回國後，任汪精衛氏之隨從秘書。民廿一，精衛出任行政院長，改組派各要人，出而為特任官者，凡三人：一為鐵道部長顧孟餘；一為實業部長陳公博；一為僑務委員會委員長陳樹人。其他隸屬於行政院之各部會長官，均多舊人蟬聯，未有更動。此時之陳春圃，以資望較輕，被分配在僑務委員會為委員，兼教育處長。僑委會為一清閒機構，春圃無所表現，其崗位類於閒曹。

日寇侵華，國民政府播遷重慶，春圃亦隨陳樹人西行。在僑委會任事先後凡七年之久。

民廿七，汪精衛離渝赴河內，發出對日主和之艷電，繼而計劃組府還都。當時改組派諸要人，不盡同意，顧孟餘、陳樹人均不肯附和。獨陳公博因私誼關係，勉強參加汪政權。春圃乃陳璧君之堂姪，他眼見汪精衛與陳璧君已離開重慶，而僑委會之職位，又類於冷官，難求發展，遂亦離渝往依汪氏夫婦。

民廿九，汪精衛在南京組府，以陳春圃為行政院秘書長，行政院長與副院長，皆是汪氏自兼，惟甚少到院視事，故秘書長的任務，相當繁重，而春圃竟能勝任愉快，故極為汪精衛氏所倚重。

顧寶衡唯命是從當部長

汪政權中之重要人物，大約可分為四派：一為實力派（握有實權者），周佛海、梅思平、丁默邨、傅式說等屬之；一為公館派（與汪精衛、陳璧君最接近者），陳春圃、林柏生、褚民誼、陳君慧等屬之；一為元老派，陳公博、趙尊嶽（別字叔雍）、徐天琛、何炳賢、何卓賢、梅哲之等屬之；一為維新派（即汪政權前身之維新政府人物），梁鴻志、溫宗堯、任援道、陳群等屬之。而行政院實居於領導地位。

陳春圃名義為行政院秘書長，以汪氏極少到院，故實際上幾乎等於副院長，且居公館派人物之首席，故炙手可熱，足與周佛海分庭抗禮。

行政院初期設有糧食管理委員會，任用顧寶衡為委員長，寶衡對於春圃，惟命是從，得其信任，故以後糧食管理委員會改為「糧食部」時，即以顧寶衡為部長。

時江蘇、浙江兩省及上海特別市，亦設有糧食局，顧寶衡提請任命某甲為浙江省糧食局長，已獲通過，由汪府任命矣。不意浙江省長傅式說予以擋駕，而另薦他人充任，當提出行政院會議時，顧寶衡亦反對之，使不獲通過，雙方演成僵局，遂令浙江糧食局長一缺，虛懸數月，亦汪政府之小小趣聞也。

傅式說挽汪希文主糧政

汪精衛之祖墳皆在紹興，自其父在粵寄籍後，汪姓家人已無在紹興居留者。時彼之胞姪汪希文（已故，曾為《春秋》撰稿多年），在行政院為參事，民卅一之重陽節，精衛遣其返紹興掃墓，道經杭州，浙江省長傅式說設筵為之洗塵，席間傅氏詢問希文在行政院擔任什麼工作？希文答稱核閱財政、實業、糧食三部公事。傅氏又問道：「然則閣下應該熟悉糧食的行政情形了。」希文答：「自然懂得一些。」傅氏道：「浙江的糧食局長一缺，因糧食部不同意省方所提之人，部方所提出者，我方當然亦予擋駕，局長人選竟因此不能產生，致杭州市五十萬人口之食糧，發生嚴重困難，米價繼長增高，我相當焦急，擬請你出來擔任此職，不知肯屈就否？」

希文婉謝道：「你的好意，自當感謝，但我此次係奉命返紹興掃墓，倘省署於此時提出此事，家叔可能誤會我來鑽營做官，實有不便，請你另請他人吧！」

翌日希文逕赴紹興掃墓，傅式說於汪希文去後，竟電呈南京行政院，請任命希文為浙江省政府委員，兼糧食局長。汪精衛接電後，乃徵詢陳春圃意見。春圃考慮了一下，答道：「部方與省方鬧意見，歷兩月而無法委出浙省糧食局長，以致影響民食，若由行政院內銓選人員出任，倒是折衷的辦法，今既由傅省長呈請，似可照准。」於是，遂提出行政院會議通過，由汪府任命。

陳璧君聞訊怒斥陳春圃

時陳璧君不在南京，未知此事，及後聞知，竟大怒，質問精衛「何故任用希文？」精衛乃將此事推諉在陳春圃身上，謂完全是春圃之主張。陳璧君與希文孀姪之間夙有微嫌，聞其出任浙江糧食局長為自己之姪陳春圃所主張者，乃立即以電話著春圃到頤和路汪公館，怒斥道：「希文是一名荒謬絕倫之糊塗蛋，何以你主張任用他，你快些講！」說時聲色俱厲。

春圃不慌不忙，從容答道：「希文兄在行政院擔任參事職務時，為辦事最得力之一人，本院遇有困難之懸案，別位秘書數月辦不通的，交其辦理，輒能圓滿解決。我和他共事七閱月，知之甚深，他到杭州就職後，實施配給制度，僅一閱月，即已壓平米價，政聲甚好，傅省長到京述職，亦稱其能，四姑姊說他荒謬糊塗（春圃是璧君之姪，故如此稱呼），未見得吧！此或者是四姑姊與他太隔膜之故。」

璧君語塞，少頃又道：「倘他日希文在浙江鬧出亂子，或有貪污不法行為，我一定向你是問。」

春圃唯唯退出，此事遂告一段落。

春圃回家，將情形告知其妻李氏，李氏埋怨春圃道：「你已經知道四姑奶不慊於希文，又何必一定要支持他，你著簑衣救火，自焚其身，豈非太笨？」

春圃曰：「不然，四姑姊的偏見太深，我們受先生厚恩（先生指汪精衛），愧無以報，先生的至親，除兒女外，在南京者僅希文一人，他受了四姑姊的委屈，倘若我仍不說公道話，那太過對先生不住了。」春圃於此事，公私兩方面均能顧到，是難得的。

糧食局長貪污被處死刑

上海特別市糧食局長胡政、江蘇省糧食局長后大椿，兩人均是陳春圃夾袋裡的人物，由春圃介紹給糧食局任用的；兩人走馬上任，比汪希文之赴浙江事還早幾個月。

大家都會明白，糧食機構主管米糧，乃是一個肥缺，最容易舞弊，何況胡政、后大椿兩人，比較汪希文年輕，讀書又少，不懂「君子懷刑」之道；兩人就職後，一致大刀濶斧去「刮龍」，只見「銀紙」好，不顧犯了貪污，是要治罪的。

胡、后二人雖然是陳春圃所提拔，但其職務與行政院秘書長沒有關係的，不過胡、后二人念在陳春圃大力栽培之恩，每逢年節，亦致送些年敬、節敬，為數亦不會太多，春圃卻之不恭，亦予以接受。

民三十二，汪精衛因病赴日本名古屋治療，陳璧君隨行，國府主席任務，由立法院長陳公博代理；行政院長職務，則由副院長周佛海代理，陳春圃照舊任事。

胡政、后大椿兩人，對糧食部長顧寶衡巴結得很好，自以為有陳春圃、顧寶衡做後台，舞弊貪污是沒有問題的。他二人替日本軍部採購米糧，亦照樣獲取巨額的回佣，日本人看不過眼，在米商某日售出米糧帳部內，查出其價格，與胡、后二人開報之價目，有巨大的距離，成為舞弊貪污的鐵證。遂由日本特務機關部據情函送「外交部」，「外交部」轉呈「行政院」，陳春圃看見二人貪污的憑證，鐵案如山，為之嚇了一跳。代理行政院長周佛海，立即下手令將胡政、后大椿兩人扣留，發交南京高等法院訊辦，胡、后二人無法抵賴，承認罪名，惟供稱糧食部長顧寶衡、副部長周乃文均有分贜。南京高等法院絕不客氣，由檢察長通知憲兵協助，將顧、周二人亦逮捕扣押。胡、后二人在法庭指證顧、周分贜情形，顧周亦無法不認罪。南京高等法院最後依法判決，顧寶衡處有期徒刑十二年，周乃文處徒刑八年，胡政、后大椿處死刑。各犯請求上訴，大概被駁回，結果一律依法執行，顧、周同時入獄，胡政、后大椿被押赴南京兩花台山腳，執行槍決。

陳春圃不願任廣東省長

在此案未判決之前，胡政、后大椿二人之妻，屢次往謁陳春圃，企圖求情緩頰。春圃不予接見，不得已求見春圃之夫人，同樣被拒。蓋鐵案如山，春圃亦深感愛莫能助也。胡、后二人之妻，因此懷恨在心，故有日後之報復（下文再詳）。

陳春圃因胡政、后大椿二人，均是他所薦舉，乃引咎堅決請辭行政院秘書長之職，經陳公博與周佛海會商之結果，調陳春圃為建設部長，以周隆庠繼任行政院秘書長。

淪陷時期，談不到有什麼大建設，所以春圃調職之後，反而比較清閒。但不到三個月，華南卻又鬧出意外的亂子，廣東省長陳耀祖被人刺死。此時主持南京中樞政務的，是陳公博與周佛海，因廣東方面的人事，一向由陳璧君支配，陳、周乃聯電東京商璧君請示繼任人選。璧君覆電，著即調陳春圃為廣東省長。

胡政、后大椿二人在法院受審時，曾供稱每逢年節，均有致送財物與陳春圃。法官問以有何憑據？胡后皆謂名為送禮，當然沒有收條。法官乃斥其胡說，有意誣攀。惟春圃受賄之罪名雖不成立，然犯人在法庭上有此供詞，在名譽上不無損害，因此心持消極，遂萌去職之念。陳璧君雖命其回粵，改任廣東省長，春圃不願行，面向陳公博、周佛海請辭。

陳氏飛日本面見陳璧君

陳、周二人皆謂：「此事係汪夫人之主張，不關我二人之事，倘不願就，宜向汪夫人請辭。」陳公博又道：「汪先生出國治療，已逾半載，不知近狀如何，你既不欲回粵，何不趁此機會，赴日本一行，一來探視汪先生病狀，二來你可以與夫人面商，解決是否去廣東的問題，豈非一舉兩得？」周佛海亦表贊成，春圃遂以代表、汪府同人探望汪氏病狀為理由，與日本軍部連絡，乘日本軍用機至名古屋，下機後即往醫院省視汪先生，惟以醫囑不許探視，僅在門縫一窺而已。關於廣東省長問題，春圃曾面向陳璧君再三懇辭，並推薦廣東財政廳長汪宗準陞任省長。惟陳璧君的主觀向來極強，她對春圃說：「你還是去廣東就職吧，寧可六個月之後，我另派別人接替便是。」春圃不得已，乃回南京，向陳、周報告後，便赴廣州上任。

六個月後，陳璧君乃囑陳公博、周佛海任命褚民誼繼任廣東省長，調陳春圃回京，任用為國府委員。此職原甚閒散，故春圃從此留居上海的時間為多。

到了民國三十四年，其妻李氏，忽患肺積水症，相當嚴重，入上海之鐳錠醫院留醫，春圃日夕在院內陪伴愛妻，大有只羨鴛鴦不為官之大概。

在上海被逮判無期徒刑

當司法行政部長羅君強，外放為安徽省長，周佛海初欲以春圃繼任司法行政部長，是時已經接近抗戰末期，人人知道日本注定了失敗命運，春圃不願再跳火坑，乃向周氏婉辭。

民三十四之秋，日寇宣佈投降，春圃以汪政府委員身份，僑居上海，本來目標並不算大，倘能深居簡出，或可無事。詎知國軍開入上海之後，軍統局人員張開了逮捕汪政權人物的法網，春圃仍在上海馬路上逍遙遊行，冤家路窄，被胡政、后大椿之妻碰見，春圃患近視，他看不見別人，而別人卻看到他，當年胡、后犯罪下獄時，其妻欲謁春圃求援被拒，卒處死刑，因之她們銜恨在心，此時乃尾隨春圃，得知其滬寓住址，即向軍統局告密，春圃遂被逮。而其妻之病勢，本已不輕，聞丈夫入獄，病更沉重，不久便與世長辭。

春圃無子女，其妻既死於醫院，彼又入獄，於是家中所有財物，皆為其岳丈李澧川所有。澧川是汪政權的立法委員，屬簡任職，本亦可構成漢奸罪名，不過立委類於閒曹，不為軍統局人員所注意，故澧川待至港滬輪船復航後，即將春圃家中所有之書籍、字畫、傢俬等，儘量變賣，紛得港幣數萬元，挾之南來，以之在澳門買一住屋，卻未留下一部分資金以予春圃，致彼在上海提籃橋獄中，缺乏用度，困苦不堪。

上海法院初判春圃死刑上訴改判無期徒刑，在獄中被派作編輯工作；大陸易手後不久，即瘐斃獄中矣。

我所知道的「好好先生」褚民誼

惔卿

筆者按：要觀察一個人，而欲得到稍為公平的定評，實非易事。因為站在不同的角度，就發生不同的反映，其所得結論，就會太有出入。所以有時在公認為壞人中，可以發現那個人的優點；在好人中，同樣可以尋找出其劣點。筆者與褚民誼的相識，為時不能算短，那時他尚未婚，後為一代英雌陳壁君女士所賞識，以其妹舜貞妻之（也許該說是義妹）。從此他與汪兆銘先生結為連襟。可惜筆者的性格對於與己無關之事，向不關心，故所知於褚的，並不算太多。他一生被視為糊塗人，專作糊塗事。但以筆者所知，有時他的行徑，確屬使人不可解，但有些對他有關的傳聞，則又確實是冤枉好人的。

多才多藝、糊糊塗塗

循例先來一個介紹：褚民誼，字重行，系出浙江南霧縣望族。生於清光緒九年。其人身材魁梧，缺乏之南方秀氣，可說是南人北相。留學法國，得醫學博士。早歲曾在教育界服務，出長過中法學院。他對太極拳及崑曲，均造詣精深，其逍遙閒逸之丰度，大有法國人作風。然而一般人提到褚民誼，客氣些稱他一句「好好先生」，不客氣便說「此人糊塗」。的確，他平日待人接物，和藹可親，毫無架子，那種不急不忙，優游自在的性格，對於「好好先生」渾號，應受之無愧。說他「此人糊塗」，亦確算得糊塗，一生不知作了幾許糊塗事，有時直糊塗得使人不能置信！

抗戰前，他一度出任行政院秘書長，但他卻不甚關心政事，有些事就是給人越俎代庖了，他也無所謂。他卻喜歡做些與職務無關的活動——民眾娛樂，公共運動，如：放風箏、踢毽子、駕腳踏車、游泳等等，無一不在他提倡之列。他不單以口頭去提倡，更且身體力行，他做起來件件內行。天高氣爽的時節，他帶頭放風箏、踢毽子及腳踏車比賽，參加的人非常普遍，不限於學生，男女老幼都有。酷暑迫人的時候，游泳比賽又上演了，各種活動，在他的提倡下，無不應時舉行。他興之所至，也會登台客串京劇，大唱其花臉。有一個時期，為了演戲，竟留長了鬍子，活像一個長鬚公公。至於唱崑曲，更屬家常便飯了。

廿餘年前、一段韻事

有一回，他為了提高人們對游泳的興趣，在舉辦比賽時，特地邀請民二十二年全國運動大會時，一舉成名的游泳女名將「美人魚」楊秀瓊女士來南京表演。楊女士果應邀偕乃姊入京，下榻於中央飯店，此為游泳比賽籌備會所代定以招待「美人魚」的地方。一切停當後，褚氏免不了要盡地主之誼，到訪一次以示歡迎。那天，褚乘自備馬車而來。楊女士生長嶺南，乍見在南方未多見的馬車，正如外國遊客到香港對人力車之好奇一樣，總以一坐為快。況褚之自備馬車相當華麗，楊女士頻加讚賞，褚一時高興，忘了堂堂行政院秘書長身份，竟邀楊氏姊妹同坐車上，己則執鞭，就車伕高位，親自駕車。一時旅館門前，大街之上，引得途人圍觀，記者群更爭相搶著拍攝如此罕見之珍貴鏡頭。褚高踞車上，笑口吟吟，一任記者拍照，一任途人看個痛快。翌日，行政院秘書長充作「美人魚」馬車伕之特別新聞及照片，使京滬各報刊增光不少。一時傳為韻事。在褚氏坦坦白白，確無醉翁之意，但若在別人為之，其不引起家庭糾紛，太太實行三部曲——一審、二鬧、三服毒——者鮮矣。從前三部曲本是一哭、二餓、三上吊，後來太太們修改了對策，由消極的哭，變為積極的審問；由消極的絕食改用積極的鬧或打；室中上吊不若假高貴旅店房間服毒，可使事情街知巷聞。而褚太太確屬賢德，竟未加之責，其度量之大，愧煞不少人也。久而久之，人錫褚以「雜耍秘書長」之尊號，他聞之亦一笑而已，毫不介意。

重返金陵、出使扶桑

民二十九年春，褚氏參加了汪政府，出任行政院副院長兼外交部長，他這次重返金陵，人民方遭戰爭蹂躪過後，驚魂未定，生活無著。褚當年曾倡導的種種活動，因不合時宜，他也不再提了，一心一意唯政是務，前後判若兩人。在職甫一年，即被派充任駐日大使，原有職位被瓜分了，行政院副院長為周佛海接充；外交部長由徐良升補。是年初赴日履任，年底（十一月，太平洋戰爭之前一月）又奉命與徐良對調職務，復任外交部長，副院長職位不再屬他的了。

他那次帶領著隨員侍從乘火車離東京，起程回國。沿途均有日本特務警察隨侍左右，負責保護，不過，名為保護，實則監視成份居多，蓋日本國內當日情形，總不致有什麼危險份子可以活動，實在用不著保護。戰時日本交通也相當困難，東京至福岡並無直通車，必須在下關換車（按即馬關，中日會在此簽訂馬關條約），下關開福岡之火車半日始開一班，而飛機只能在福岡起降。褚自東京抵下關，候車期間，乘便遊覽各地，日特警責任所在，當然亦步亦趨，「保護」得確屬周到。

下關要塞、攝入鏡頭

褚平生嗜好攝影，所用相機，一向相當講究。從不輕易借給人，他這次在歸國途中，沿途所經各地之景物，均一一拍攝以留紀念。行經下關要塞時，瀏覽一會，笑對日特警說：「好景緻啊！」說時遲，拍時快，轉瞬間，下關要塞形勢已入了他的鏡頭。日特警睹狀，頓露緊張神色，欲索回膠片，卻又猶疑不決，因為地屬軍事要塞，即在平日亦禁止拍照，況在戰時。若是此舉在普通人來論，則犯了軍事重罪。但日警當時雖緊張焦急，卻終未加以制止，亦未索回膠片。僅對其隨員說：「若是別人，今日的事可不得了，褚大使一向是好好先生，相信他不會有別的壞意，這就算了。」褚表面似乎未注意到這一切，只顧欣賞風景，盡量拍攝，半天時間過去了，一行人踏上開往福崗的火車，離開下關，窗外風景，也未嘗放過。抵達福崗後，日警交過班，褚問那隨員說：「方才日警所談何事，神色那麼緊張？」那隨員將日警所言告之，他笑笑，低聲對那隨員說：「全靠我乃出名好好先生，出名糊塗，始能大大方方拍攝日本有名的下關要塞形勢。」接著更得意地說：「這張珍貴照片，除我之外，恐怕中國不會有第二個人有了，如果國家需要這張照片，我可以貢獻出來。告訴你，這就是糊裡糊塗的好處，妙在不會招人忌，一不會啟人疑。」聽說這張照片於勝利後，於混亂中失去所在了，至為可惜。

寫錯對聯、另有用意

在汪政府那時期（大大概在民三十三年），周佛海曾在南京大興土木，修建其西流灣住宅，新宅將落成之某日，周佛海太太特親趨褚公館，懇褚書一對聯，褚允於翌日寫奉。到了第二天早晨，褚於上其日常晨課——第一課練太極拳，第二課唱崑曲，第三課寫字，所寫多為抄錄唐人詩句——但是上第三課時，不再抄唐詩，改寫周太太所囑之對聯。寫畢交手下送往周公館，當日下午周公館遣人將對聯退回，並附有周太太字條一紙，大意謂：「所寫乃送殯輓聯，並非慶賀之句，不能接受。」引得褚公館在座各人捧腹大笑。褚太太笑罷對褚說：「你這個人糊塗也不要糊塗到這個地步，竟將輓聯寫作賀聯。」褚只報以一笑，旋附耳對座中一職員說：「這就是九十九次都給人家說糊塗，有一次不糊塗，人家也當作是糊塗了。」這一說足以證明他實非因為人糊塗致抄錯內容，而是另有用意，用意何在？他未有說明，別人也無從知曉了。

造三藏塔、也有苦心

同在那一個期間，駐在南京中華門外的日軍，在構築工事之際，在無意中發掘出了唐三藏化石遺骨，日人對之非常珍視，交由重光大使隆重地交還當時的南京政府保存，南京方面特派外交部長褚民誼代表接收。接收過來後，褚擬在玄武湖附近某山上為三藏化石遺骨建造一座塔，以資保存，而供人憑弔。為進行此事，他不辭勞苦，各方奔走，募集款項，不久，款已募足，塔形圖樣亦繪就，照圖建築，由底至頂所需水泥數量相當大，當時水泥是被列為戰略物資的，歸日軍部統制，有錢也買不到所需材料，只有向日軍部交涉之一途，而日軍中則有兩句警語：「一滴汽油一滴血，一包水泥一塊肉。」為建造與日軍部毫無關係又絕無戰略價值的三藏化石遺骨塔，日軍部那裡會答應，這簡直是挖他們的肉了。但那次日軍部礙於交涉對方乃南京政府外交部長，只得婉轉答覆，考慮考慮。但褚不因此而灰心，仍不惜用盡九牛二虎之力，利用任何可能利用之機會，一再交涉。時南京政府中不少人對褚此舉大加批評，認為無聊之極，因為在那個時期，多少急要工務尚待進行，如何他偏偏故態復萌（指其恢復戰前任行政院秘書長時的作風），豈不貽笑異邦，招致輕視？可是他夠涵養，對一切煩言皆充耳不聞，繼續進行不懈。結果終於說服了日軍部，答允配給所需水泥。褚氏這時才舒出一口氣，對其職員某君說：「人家總當我是糊塗，批評我無聊，我有我的用心，不過以建造三藏塔為藉口，從日軍手中要出一些水泥，就等於消耗他們一些軍用物資，可使他們少造一些軍事工事啊！」他這番苦心，這番用意，不說出也不會知曉，這豈不可說與地下工作人員從事破壞工作是殊途同歸嗎？至於效果如何，那是另一問題了。

汪偽政權時代三小丑
——褚民誼、傅增湘與江朝宗

翟志賢

褚民誼的華北傀儡夢

陳公博當時以汪政權前立法院長兼上海市長及公安局長，顯然亦以此十里洋場為其安樂窩；周佛海則但求汪政權發行的「儲備券」能吸收現金，即認為是財政上的成績；梅思平以實業部長身份，竟縱容親信囤積棉紗、炒賣黃金，亦自以為得計。其他如江亢虎等則可憐到利用貴賓乘車證走單幫做生意，甚至攜帶沉重之豬鬃，嘗被憲兵及日人察出，但以江氏貴為院長身份，又不得不給予面子，私貨得免充公。彼時的南京要人，大都以京滬路為發財捷徑，從來就不理會還有華北五省三市之廣大地區，此汪政權之所以每下愈況也。

褚民誼一度為汪政權之外交部長，既有人捧他入主華北，私心為之大動，乃假借迎孫中山先生之五臟而至北平（孫先生之五臟存北京協和醫院）得以聯絡日方及華北各「督辦」級人物，結果各方均以褚氏為人直爽厚道，可以奉為傀儡，褚氏亦有自知之明，也甘於為傀儡而不辭。褚氏抵平迎臟時，乘機又代表南京方面接收天津的英、法、德、比、俄、奧等各國租界，予人印像特佳（按俄、德、奧租界，已於早期收回，英、法兩租界則係由日方接收再轉交褚民誼接收者）。

褚回南京後，將華北經過情形，報告汪精衛，汪聆悉後，亦一團高興，對於華北問題，在未正式提出中央政治會議前，某日在早餐時特與周佛海等作非正式討論，如何收華北回歸中央，不使再形成特殊化。按理這種事應該無人持反對意見的，不意周佛海卻別有所見，他以為此時若亟亟於使華北完全置於南京政府之下，徒使日人加深對南京政權之疑慮。又認為：即使華北一切聽命於南京，對中央亦無多大裨益。這種似是而非之論，在當時固能自圓其說也。汪氏一片統一華北之心，既被周佛海澆了一盆冷水，似默認頗有道理，此案部未再正式提出中政會議，褚民誼出主華北一事遂告胎死腹中。其後周佛海對於此事，曾向人另發一番議論，據周表示：褚氏為人忠厚有餘，才具不足，若以之主持華北，徒供他人利用，又與特殊化何異？（按：周氏指供他人利用，顯係指的華北方面舊人汪時璟、李景武、齊燮元等利用，但周又提不出南京方面其他大員能入主華北者，當時陳公博、梅思平及周本人，均戀戀於上海，勢難放棄，而對華北又不甘為他人所得，乃任由華北特殊化。言之能不慨然！）

傳增湘不足為人師表

華北「臨時政府」時代，各部首腦原稱總長，乃沿用北洋時代之舊稱呼也。自南京汪政權正式任命第一任華北「委員長」後，華北在表面上總算服從南京汪政權，為了正名定份起見，地方官署不能與中央部同稱，乃改華北各部為總署，首腦人物改稱「督辦」及「署長」（即等於部次長，不過署長只一人而已）。

華北各部改署後，「督辦」均屬舊人蟬聯，惟「教育總署」為新設，前教育總長湯爾和已死，「督辦」人選未定，一時逐鹿奔此缺者頗不乏人。王揖唐初屬意於傅增湘，嗣因李景武同京之便，特囑李請示於汪，再行任命。李抵京謁汪時，先未明言王揖唐屬意何人，但稱「教育督辦」一缺虛懸待補。汪當時亦以傅增湘為問，並言傅氏出身前清科甲，在教育界中頗有微名，學問文章亦多為人稱道，若以傅氏補此缺，華北教育界當無人反對。汪雖有此意，不料李景武向汪說道：「傅先生的學問文章，可能無人反對，不過傅某在道德與人格品性方面，似應加以考慮。」汪問：「此老有何不理於眾口之事嗎？」李答：「此老人格品性大有問題，其對大兒媳婦曾有父代子職之事，幸這位大兒媳係出身花界，娘家無人提出異議，數載以來，隱忍無事，但此一風流公案在華北則人所皆知也。」

（筆者按：傅氏之大兒媳，本是由妾扶正者，自傅氏父代子職，得償所願後，即以之為管家。又數年，傅氏次兒結婚，二兒媳乃貴州狀元夏同龢之妾所出，從小送與李景武家之二姨太撫養，及長，嫁給傅家次公子，萬不料傅老又施故智，居然一箭雙鵰。平日間倒也相安無事，某日妯娌兩人，因家務爭吵，口角之間，遂將此不可告人之事，暴露無遺，騰笑舊京。其二兒媳因此要求離婚，法院有案可稽，試問如此人格，豈能使其長教育。）

汪氏聞言搖頭嘆息不已，即向李景武道：「如此亂來，實不足為人師表，不要再提他了。」

汪氏以教育首長不易物色，沉思頗久，忽然想起了周作人，以為周氏尚無劣跡，在教育界，薄具聲譽，當又問李景武道：「若以周出任，但不知此人思想是否有問題？」李答：「周某因其兄周樹人（即魯迅）思想言論左傾之故，頗受牽連，但他本人的著作並無左傾言論，就目前而言，他的思想當無甚問題。」汪氏又經過一番考慮後，終決定以周作人接長華北教育，並提出中政會議通過。

繆斌忽然榮任副會長

當華北「臨時政府」成立之初，日本人忽然想起要搞政黨組織，乃倡立「新民會」，以王克敏為「會長」，繆斌為「副會長」。該會成立後，並未作一件所謂有關黨務之事。

王克敏以「委員長」兼會長，從不到會，會務由繆斌負責，繆氏實為重慶方面派來華北臥底者。

繆氏的外號名「小道士」，因其父曾是無錫一個廟裡老道士也。華北「臨時政府」初成立時，並未聞有繆斌其人，在早期的華北組織中，亦未見有此人蹤跡。茲一旦榮任「副會長」，叫起來好聽，其實不過閒曹而已。須知日本人一時心血來潮，成立黨部，不同於黨權高於一切的國民黨，所謂聾子的耳朵是也。

繆斌既係啣命而來，若一無作為，何以交代，乃妙想天開，以和談代表身份（按此並非繆氏之職責），曾去東京騙過日本人。這是後話，暫且不表。他當時在北平既無事可為，亦難以掩護其身份，遂終日以徵歌選色為務，在北平社會裡，一般人並不知繆斌乃無足輕重之人，以為王克敏以「委員長」之尊而兼「會長」，而繆為「副會長」，其地位僅次於王，豈可小覷。北平當地的一般小政客，且以結識繆氏為榮，常與繆共遊宴，繆亦不自菲薄，且顧而樂之。

再說到北平於淪陷後，未成立王克敏之「行政委員會」以前，本有北京維持會之設，既談華北，則不能不一談維持會，談維持會，則首須一談江朝宗其人。

江朝宗是維持會專家

江朝宗（字宇澄）乃前清末年北京之九門提督（按北京內外稱九城，由九門提督管理，前後左右共有九門）。在北洋政府時代，北洋軍閥，你敗我勝，勝者入北京，敗者退出，新舊交替，地方從無糜爛之事，人民亦從無傷亡，此為中國各省不常見之舉，究其根源，此去彼來，在此間隙中必產生一維持會以保治安。出而維持治安之人以往必須有相當地位，堪稱「和平使者」，且須與各方具有好感者，此種「和平人物」亦不易尋覓，歷次事變，出而維持青黃不接之局面者，若非王士珍，即屬江朝宗。當宋哲元的冀察政權退出北平時，由北平市民及紳商共舉江朝宗出而維持大局，一俟局面粗定，再交給後來者接替，江朝宗遂由市民公舉為維持會長兼市長。江氏當時已八十高齡，本無意於再作馮婦，不過其子江寶蒼，欲借乃父過渡後，自樹政治勢力。老江就任後，江寶蒼即出任財政局長，藉此大發國難財。

江氏父子維持三閱月，即產生了王克敏主持之「行政委員會」，江氏的「維持」局面便成曇花一現。江朝宗亦從此隱居不再出山，其子寶蒼雖做短期財政局長，收穫已自不菲，惟善財難捨，人之常情，其後江寶蒼得識繆斌，以為繆氏可作彼之活動橋樑，乃與繆交往極密，打成一片，留連於八大胡同，花天酒地，莫非醇酒婦人而已。

此時江寶蒼敷衍繆斌，可說無微不至，八大胡同既玩膩了，轉而又大捧坤伶。時江氏有乾女名新艷秋，本名王玉華，其姊乃北班名妓，別號「九尾狐」。新艷秋原習梆子小生，藝名珍珠鑽，後始改習京劇，工青衣，因嗓子奇劣，無法走紅，嗣以扮像與嗓音頗類「四大名旦」之一的程艷秋（程伶後改名硯秋），乃遷就其劣點以學程派，果然學得有幾分相似，一度挾藝赴滬出演，以新艷秋藝名為號召，生涯不惡，返北平後居然大紅。拜倒石榴裙下者，一時大有人在。江寶蒼既雄於資，新艷秋拜為乾父，固為極平常事也。

關某替死的咄咄怪事

江自介紹其乾女於繆斌後，不久即成為入幕之賓。其時新艷秋每月總有十天八天上演於東安市場吉祥戲院，只要新伶有戲，繆氏必包廂大請其客，包廂多由新伶囑戲院方面預留者，長期捧場，已非一日。某次，因新伶排演新戲，繆為報效計，定了三個包廂（按包廂分前後排，每廂可坐八人，位於樓上之兩側，繆氏所定之包廂位，在園之右側），是夕繆入座不久，忽有人報繆太太到，繆本懼內，聞聲倉惶由包廂後路跑入後台藏躲不敢出，太太至，不見繆乃去。繆之側本坐粵人關某，為繆約來為新伶捧場叫好者，繆去後，躲於後台，良久未返座，不料就在此時，突有槍聲數響，發自包廂後，一時全院大亂，觀眾狼奔豕突，結果，該粵人關某卻倒臥於血泊之中。

院中秩序既亂，中日憲兵命即停演，大事搜捕兇手，但兇手已逃去無蹤。日本憲兵乃拘捕新艷秋，解往憲兵隊拷問，備受一切非刑。新伶對此次事件，本一無所知，用刑拷問亦不得要領，始終不知兇手為誰。翌晨，江寶蒼聞知新伶被捕，始往憲兵隊具保領出，雖一夜之間，新伶已無復人形，遍體鱗傷。而繆氏卻因太太突至，僅以一兩分鐘之差，得免於難，亦云幸矣。然抗戰勝利後，繆氏終判死刑，仍不免受一槍之厄，或命中早有註定耶！

關某與繆氏不過泛泛之交，因同為捧新艷秋者，遂常被繆邀請。當關某未死前一星期，忽然心血來潮，預立遺囑，分配遺產，似預知其死期將至，真是咄咄怪事。至於刺繆之兇手，究為何方神聖，則不得而知，因兇手始終未獲到也。關繆二人之身軀，同為矮胖子，兇手似已預先測妥繆座之位置，然後下手，不料在此剎那間，繆妻突然掩至，繆遁入後台，兇手卻於此時開槍，關某竟作替死鬼，何其巧也！新艷秋後嫁一郤姓商人，曾任煙台市長，勝利後郤某被捕，於解往法院途中，竟被兔脫，在若干法警獄卒押解之下，何能公然逃脫，法官以為必有預謀，乃下令逮捕新艷秋，於是新伶又再入獄，重度鐵窗生活，可謂紅顏多薄命矣。郤某名資軒，陝西人，終未能尋獲歸案云。

由科員爬到部長主席的羅君強

宦遊人

這短短數十年間，中國政治上卻經過幾度大變動。亂世多才，我們也就看到不少政治上的暴發戶。本文所述的羅君強，初僅微員，不見經傳；嗣經騰踔，仍屬幕僚。不謂魚龍漫衍，在汪政權下內而閣員，外而疆寄，夤緣際會，居然亦成為政治暴發戶中之一員。跡其生平，不妨加以一記。

獲得楊永泰的賞識

羅君強，湖南人，小有聰明，讀書無多，其所受教育，僅完成中學階段，自始追隨周佛海浮沉於宦海之中。周氏先後任職於總司令部政治部及侍從室，其時羅僅為一主任科員，並無表現。後曾一度出任浙江某縣縣長，亦屬平凡，無所展佈。周佛海在總司令部常助陳布雷撰擬機要文件，文筆精闢，輒中竅要，頗得當局器重。迨軍事委員會南昌行營成立，楊永泰任秘書長，成為軍務和政務的重心，簿書期會，繁劇鞅掌。周佛海雖相助為理，猶苦不給，因推薦羅君強為秘書。雖非高職，卻處要津，在羅君強的政治生命中，這才是真正的開始。

與羅同時先後任用的秘書尚有文群（紹雲）、陳方（芷町）、孫希文等人。文群因兼任第一組組長，另有專責，雖為秘書，很少核閱文稿。陳方為楊秘書長的文膽，日夕不離。且常從楊後隨侍車駕，巡視四方，屬於流動性，看稿自難兼顧。孫希文為老世故，脂韋自容，不大問事，尤不願多負責任。對於看稿，每以「閉門推出窗前月」為得計。在這三不管的情形下，羅君強乃得因利乘便，把看稿工作，獨攬在身，隱然為當時南昌行營秘書室的主要人物了。

南昌行營主任由江西省政府主席熊式輝兼任，分設二廳。第一廳廳長由行營參謀長賀國光（元靖）兼任，專管軍事；第二廳廳長由楊秘書長兼任，專管政務，下設三組。當時羅君強僅卅三歲，較之三位組長，年齒資歷，均屬後輩。在楊秘書長公出時，羅因正值壯年，朝氣勃勃，應付尋常公事，頗有決斷。其於重要公事，亦能向三位組長諮商洽議，尚表謙虛，因此公事處理，頗合機宜，而為楊永泰所賞識。以故其後楊遇公出時，即將其秘書長名章相授，委為全權代表。

得意忘形驕氣漸盛

行營軍法處，當時在外人看來不啻為森羅寶殿，嚇得死人。其實當時軍法處長陳恩溥（志豪）為一道地的蘇州人而兼書生本色，說話都怕大聲，溫和可以想見。執法雖嚴，實不如外傳之甚。但正因其為好好先生，對於重大疑難案子，不免手忙腳亂，委決不下。既見楊秘書長對羅君強如此倚重，因亦遇事就商，以資借鏡。羅亦能剖析案情，權衡輕重，於陳有所左右。由是羅於本職上既具權力，於軍法處亦能發生影響，此為其在行營得意的初步。

又：行營第一廳設有調查科，即為特務工作。科長鄧文儀（雪冰），治事精明敏捷，文墨亦復不俗。雖嫌鋒芒過露，持身則甚廉潔，極獲當局信任，同事間戲稱為「小委員長」。此時戴笠（雨農）尚為其屬下，任調查股長。羅與此輩，相處似欠融洽。其後羅之脫離抗戰陣營，投奔汪政權，則半因受此中的齷齪。話說回來，勝利後羅以漢奸罪免處死刑，卻又因有戴笠遺書，作為有利證據，乃得末減。

上所云云，係屬後話，於此先提一下，茲仍回到前文：其時天津《大公報》在新聞業中極負時譽，曾邀集華北名流同業組織團體，南下觀光。行次南昌，特作十天勾留。當局特准其於行營各部門，詳詢博訪，俾能寫成有系統的紀錄，向國人作公正的報導。觀光團於行營工作效率，自多諛詞。羅君強則隱然引為己功，以中堅份子自視，驕氣漸盛。

一官三印政海奇談

迨豫鄂皖三省剿匪總司令部結束，南昌行營亦改為武漢行營，設於武昌城內舊督軍公署。行營主任由張學良兼任，參謀長由錢大鈞（慕尹）接充，秘書長仍由楊永泰暢聯。秘書之中添用潘伯鷹一人，餘悉仍舊。文稿批閱仍由羅君強主持。

武昌行營建制，設有七處，由第一處起依數字順序分掌軍政、外交、交通、水利等項，軍法處尚不包括在內。就中除掌外交一處之處長虛懸外，餘皆陳力就列，儼如中央分府，實權且或過之。當時張學良忙於所部東北軍軍務，自審於政治為門外漢，又深知楊秘書長為斵輪老手，故於行營公事，幾絕不作主張。其於重要會議，則因職責所在，不得不勉充主席。總覺議論紛紜，莫衷一是，傷神費事，徒為具文。尤以第六處處長甘乃光（自明）對於每一議題，往往徵引從前中央如何如何，廣東如何如何，外國又如何如何，大放厥詞，滔滔不絕，似是有意彆氣，更使張學良之頭腦脹裂。因此以後張氏逢到開會，如可避免，決不出席。其於公事裁決，為免麻煩，亦仿照楊秘書長辦法，將其黃楊木長方名章交羅君強掌管，不須關白，儘可代行。君強受寵若驚，初不敢承。後經商獲楊秘書長同意，始敢接受。從此羅君強在實質上既代秘書長，又代行營主任，連同他自己那顆名章，可說是「一官三印」。似此位輕權重，形成政海奇談，亦為其在行營得意的高峯。

湖南人的性子多是火辣辣的。任勞怨、肯負責，破除情面，都是湖南人的特長，包括羅君強在內。倔強、執拗、慣鬧意氣，則君強的辛辣氣味倍濃，得意後更流於驕縱。同寅間常讚其獨於「槍決」兩字寫得熟練老到，背地裡又謚以「閻羅王」的徽號，其表現可見一斑。

劉經理案一意孤行

當時武漢有劉經理其人者，和上海的某大亨向有淵源，和四川的軍閥更有勾結，和漢口當地的黑社會與軍警方面亦有密切聯系。他經常往來於萬縣、重慶、宜昌、漢口之間，手面極闊，吃一枱花酒打賞五百塊大袁頭，猶覺過意不去，搓麻雀輸個八千一萬，推牌一笑，滿不在乎。因此賭場老闆、窰子姑娘，一見劉經理駕到，爭相迎接。究竟他經營何業？錢從何來？卻是不解之謎！嗣經行營直轄禁煙緝私處查悉其入川時運的是槍械彈藥，出川時運的是鴉片毒品，兩個手兒，抓緊兩條生財大道，而以漢口為其活動中心。這才明白其袖底乾坤，宜其可以恣情揮霍。當經緝私處覓到人證物證，呈准行營，準備於其一到漢口，即予逮補。不料正在張羅設網之際，事為漢口市公安部門所聞。又不料公安部門的那位首領，雖為先烈後人，當局心腹，骨子裡卻與劉經理均屬黃金榮的門徒，同參兄弟，沆瀣一氣。眼見劉將入甕，大禍臨身，當遣人密駐江干，一見劉船到達，搶先登船告密，囑乘原船下駛，切勿登岸（當時行駛長江洋商輪船，中國軍警不得登輪直接拘捕人犯）因此，劉得逃避法網，安抵上海租界。可是人雖脫險，案子未結，仍屬不了之局。適值楊秘書長因公蒞滬，劉乃挽託金融界巨頭某君出面代為緩頰，准其改過自新，免予深究。楊以農民銀行，創辦未久。推進期中，對於上海銀行業尚多借重，復以情面難卻，當囑陳方（按陳氏時亦隨楊永泰赴滬也）辦稿，去電羅君強，告以在滬經過，著將此案通融辦理。詎知羅於接電之後，勃然大怒，不僅不肯聽命，且更進一步，以行營名義嚴飭上海市軍警機關，務將劉某緝獲歸案。又嚴令浙江軍警，協同輯緝，並先將其原籍（劉某為浙人）家產籍沒充公。雷厲風行，絕無假借。劉以租界雖可容身，而所業不在於此，株守非計，只得潛往邊陲某地，於行營權力尚未達到之處，安身立足。就事論事，羅並不錯。但其藐視長官電諭，一意孤行，則已由驕縱趨於跋扈。而其火辣辣的性格，亦於此表現得淋漓盡致。

調職以後又作新郎

這裡再綴上一段插話：即劉經理所投奔之邊陲省分，煙賭盛行，劉抵達以後，如魚得水，排場手面，悉復舊觀。抗戰軍興，他人猶在倉皇逃難，而他則已樂「業」安居。以故虞洽卿、王曉籟等一般東南巨擘，深入內地後，均曾以其住宅作為行台，流連不捨。因他不僅招待如儀，且有女人供給，宜其賓至如歸，皆大歡喜。這番機遇，倒反由羅君強一手「玉成」，真可謂「塞翁失馬安知非福」了。

其後行營由武昌遷往重慶，張學良以副總司令移節西安，楊永泰則調任湖北省政府主席，陳方仍隨楊之左右，兼任禁煙督察處會計長。羅君強則在重慶行營以秘書而兼第二廳廳長。但行營建制與職權，較在贛鄂時已大為縮小。旋因中日戰事爆發，重慶建為行都，行營已無設立必要，宣告結束。羅君強調充行政院機要秘書。至此，他已從政七年，經驗甚豐，章則既所熟習，處理文件，益見靈敏練達，因此又為上峯所倚重。

自抗戰形成長期局面，人心反見痲木，物價則日漲夜大。軍政人員和商家住戶都在走私囤貨上大動腦筋，重慶市面一片繁榮，名女人、交際花應運而生。羅君強即於其時在酬應中認識了一位孔慧明小姐。其人修短適中，線條甚美，態度從容，吐屬溫婉，不施脂粉，而以淡雅吸人。彼此過從既久，情愫日深，旋即成為夫婦。結婚之日，賀客雲集，鋪張頗盛。據說他在原籍，原有髮妻，相傳係其族姑，一度曾接到武昌居住。回湘以後，世變方殷，此後便無消息。此時「抗戰夫人」，已成公開制度，即使重婚，事無足奇。羅之為人，體質素弱，有時拈花惹草，不過逢場作戲，向不注重女色。此次一往情深，則頗出人意表，尤不及料者，即其此後命運轉變，半以此一結合為其契機。

一憤出走改唱低調

也許是他慣於盛氣凌人，在行營裡已與特務方面結下了宿怨。在他結婚之後，特務人員查明其在行營任職廳長時的陸軍中將官階，尚未退役，雖經改任政院秘書，仍屬軍人身份。又查明其原籍尚有髮妻，此番結婚，實為納妾。當以戰時納妾為題，密報當局，指其嚴重地觸犯軍令。其時正值軍事失利，外交棘手，財政困難，當局見此報，火上加油，不待深察，即予以撤職查辦處分。幸虧某鉅公以其究非現役軍人。在政院奉公向稱得力，出而代為彌縫，囑其自動辭職，始得了事。羅則以十年勞績，毀於譖言，自然大起反感。正在煩冤勃鬱之際，適汪精衛離渝轉滬，倡言和平運動，羅為洩憤，更因與周佛海私誼極厚，馬首是瞻，於是亦步亦趨，共唱其組府還都的低調。

在「從龍」一行列中，羅君強固為有用之材。他於大計上能否有所獻替，事未可知。至少他可本其積年經歷，將綱領規章等一類官樣文章，改頭換面提供汪政權在活劇中依式扮演。但他的脾氣是他的一生敵人，雖有周佛海的奧援和本身的才具，在汪政權各部人選支配上仍給人擠到養老院式的邊疆委員會去，擔任其大而無當的「委員長」。說來可憐，當時南京城門即為汪政權的邊疆。其所以不沿用蒙藏委員會的招牌，正因怕人訕笑，故特巧立名目，藉資掩飾。以君強那樣熱中之人，無公可辦，枯坐板凳，其不甘寂寞，觖望可想。其後調任司法行政部長，官非散秩，權可獨操，滿以為適合脾胃，可以略顯身手。又誰知淪陷區裡，只有日軍的軍法，安有汪政權的「王法」。他所能施展的，僅限於日人不屑置理的小範圍。撫髀興歎，仍無以舒其憤鬱，直至他先後出任安徽省長兼綏靖主任和上海特別市政府秘書長，這才有名有實，志得意滿。前者雖為瘠省，又非全屬汪政權區，而金章紫綬，鈴閣崇轅，固屬一方重鎮。後者為國際大都市，市長周佛海忙於原有職務，無暇兼顧，他得隱握實權，高下隨意。掄拳使棒，亦夠他耀武揚威了。

戴笠遺書得免大厄

話說回來，羅君強所表現的，並不太壞，還有使人特留印象之處：

一為民卅年上海華美藥房發生倫常鉅變慘案，其經過為藥房主人徐翔蓀生有二子，長子在店佐理業務，兼管出納，相當穩重；次子則為綺襦紈袴，迷戀舞女陳雲×，揮霍甚鉅。因索錢未遂，乃起釁端，以童子軍所用小斧將其兄劈死，同時又劈死乃兄的汽車伕一名。翔蓀多資，案發以後，恐次子抵命，勢將絕嗣，於是大破慳囊，用錢鋪路，其間上下其手，法院僅判十年徒刑。其時羅君強適任司法行政部部長，出而干涉，始判死罪。依法，羅君強以行政長官干涉審判是違法的，但這次違法卻能做到法律之前，人人平等，維護司法尊嚴，否則有錢的大可隨便殺人了。

一為接近勝利之前，上海官場，一片貪污。上行下效，警察們竟敢明目張膽，當街索賄。他們對於車伕，抱著二敲主義，有錢敲竹槓無錢敲照會（即撬牌照之意）。車伕們胼胝終日，往往不能供其一敲，坐陷絕境。羅君強不避越位之嫌，以秘書長地位下令槍決了兩名貪污警察，頹風稍戢，雖其量刑過重，人心則大稱快。

一為羅君強在汪政權下雖未必為廉吏，但至少可算是不濫要錢的人。縱有所獲，亦輒隨手散盡。勝利後，汪政權中人有的獻金條，有的獻房地產，賄賂權門，希圖末減。他則不僅一無所獻，即牢飯亦待張羅。本版中附刊其所寫給某要人的親筆信（右下圖）和陳芷町先生在名刺上（左上圖）所寫的短語，可以為證。

附帶要說明的，即其信上所寫「引用我兄證言甚多」及芷町先生名刺上「證件已轉交」等句，所請「證」者係指戴笠和他聯系的親筆信而言。戴笠對人對事，向採多方面策略。當時他雖倚重佛海，但同時覓取旁證，以故君強亦為其夾袋中人物，不無微勞。所惜戴笠原信底片遺失，未能隨同製版。又君強信中有「得免大厄」一語，可見戴笠雖因機毀人亡，而其遺書猶可發生效力。否則羅君強早離人世，雖欲在囹圄中啖其牢飯而不可得矣。至芷町先生名刺中所稱之羅夫人，則為君強在安徽偽省長任內所納的看護王小姐，其在重慶所納之孔小姐則在南京時代已暫脫輻矣。

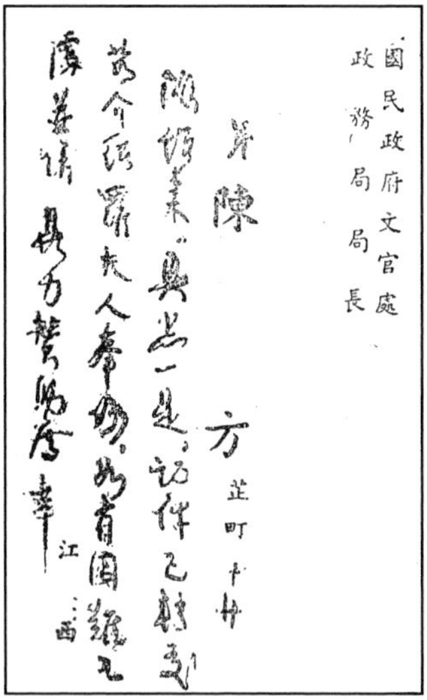
國民政府文官處
政務局局長

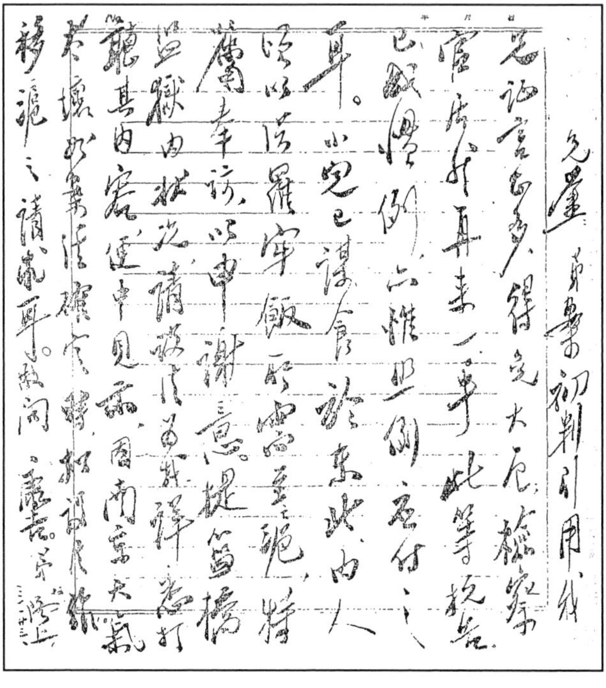

閒話羅君強這個人

史餘

風流自賞

抗日戰後期，在上海炙手可熱的大漢奸是周佛海和羅君強。有一段時期，周是上海市長，但卻又是南京偽府的財政和警政部長，遙領上海市長，因此市政大權便集中在市府秘書長羅君強身上。周、羅同是湖南人，且有較深的世誼，早在國民革命北伐前的廣東時代，羅就追隨周，兩人關係在半師半友之間，情形彷彿汪精衛之於曾仲鳴。

周佛海本是中國共產黨最早的創辦人之一，也是共黨第一次全國代表大會十個代表之一，民國十七年脫離了共黨參加國民革命，曾任北伐期間國民革命軍總政治部主任兼政治訓練處處長，羅君強即在周之下任主任秘書。在討伐閻、馮的中原大戰一役中，周佛海的政訓處幹得有聲有色，周也因此獲得今總統蔣公的特別賞識。周佛海這個人早期表現得很不錯，他的書讀得不壞，對三民主義的研究也很深入，如果不走錯一步，追隨汪精衛組織偽政權的話，他的成就是不會小的。

羅君強在民國廿年前後，因周佛海的推介，曾任浙江海寧縣長，他的行政經驗都是在這一縣長任內培養的。可是他和周佛海的關係，也因職務的關係中斷了許久，據說內幕原因是家庭問題，羅在政訓處時，妻妾爭風，其如夫人一時氣忿，竟懸樑自盡，鬧得滿城風雨，所以周佛海雖然賞識羅君強的能力，卻也不能不要他避一避風頭，怎知羅君強的風流韻事並不因此而有改變，在海寧縣長任內竟和他的族姑在縣政府大禮堂正式結婚。

抗戰前羅內調為總司令南昌行營的秘書，再調為行政院簡任秘書，抗日戰起，京滬淪陷，政府西遷武漢，羅又風流自賞，縱情聲色，娶了一位在交際場中頗為活躍的孔慧明做他第四任太太。

「一一三六弄」

周佛海自重慶隨汪出精衛走後，羅君強也亦步亦趨，追隨周經上海到了香港，這是民國廿八年八月間的事。由於周佛海的友好部屬都不恥周的叛國行為，所以周的身邊可以寄腹心之任，可以獨當一面的，只有羅君強了，因此汪精衛組府後，羅君強遂得因周佛海在偽府中大紅特紅而青雲直上。汪精衛於廿八年夏抵上海，先寄寓虹口的重光堂，不久即遷住滬西愚園路一一三六弄的一所巨宅中，這所房子原是貴州王伯群的私邸，當時汪家班正在組班，為了保密，也為了安全，乃利用日本人的力量，把整條街堂的居民全數迫遷，於是弄內的獨立小洋房就全部住的是未來汪政權的要員，如周佛海、褚民誼、梅思平、羅君強等，周住弄內五十九號，羅君強則住六十號。一一三六弄和極司斐爾路七十六號在汪政權建立之前，都是汪記最重要的兩個機關。

招兵買馬

在汪精衛下面，周佛海是獨樹一幟的，他派羅君強在公共租界威海衛路租賃了一層公寓，掛的是藝文研究社的招牌，羅任總秘書，辦理徵求社員工作，所謂社員，就是偽組織的班底，入社手續十分簡單，只要寫一張履歷片，再填一份志願書，由周佛海批准，即可入社，每月不必作什麼工作，按月坐領乾薪。由於當時需要大批班底，所以申請入會者，幾乎是來者不拒，因此社員份子可說是十分龐雜，而政府特工人員亦藉此透過各種關係參加進去。

南京汪偽政權成立後，羅君強被任命為邊疆委員會委員長，這是一個冷衙門，不過在官職上則是特任官。

羅是個能力極強而且不甘寂寞的人，因此邊疆委員會這個閒差事是不過癮的，所以偽府成立不久，他乃建議周佛海，發展小組織，他的方法是由他選擇十個人，以拜把子的形式，作為周佛海的小組織，將來把這十個人安排在政府中分別擔任重要職務，周欣然應允，羅君強乃開列廿多人的名單，請周核定，結果周圈了易正乾、耿嘉基、羅君強、汪曼云、蔡洪田、章正範、周東山、張仲寰、戴策、金雄白等十人。這個十人團到了廿九年底重加改組，除羅君強、蔡洪田、汪曼云、金雄白四人是原來的舊人外，另換了李士群、周學昌、戴英夫、沈爾喬、朱樸、王敏中六人。這第二次的周系十人團，也沒有發生什麼大作用，後來且因李士群和羅君強二人權力的衝突，簡直成了生死仇人。

李羅的恩怨

李士群也是汪政權中炙手可熱的人物，他本是中統一個中級人物，因為是上海的地頭蛇，所以汪精衛到上海後近水樓台，搶先替汪建立了一個特工組織，這就是日汪時代上海赫赫有名的七十六號（極司斐爾路）。李為人有能力，手段也毒辣，可是不久中統一個重要人物丁默村到了上海，投靠汪精衛，丁的資格高李很多，汪乃派丁為七十六號的主任，李則屈為副手，兩人遂成水火不相容之勢。丁默村和周佛海也常有意見，羅君強乃用手段拉攏李士群，而李士群這時羽毛未豐，也傾心要投靠周佛海，所以樂意加入十人團，雙方利害相同，因此一拍即合。第二次十人團的歃血為盟儀式即是在七十六號內舉行的。而且大家約定要把這個十人團擴散出去，就是每一個人都要再吸收十個幹部，以擴大組織。

李士群後來脫穎而出，做了汪記的警政部長、江蘇省長和清鄉委員會秘書長，有自己的特工、有自己的軍隊、有自己的地盤，他不僅不賣羅君強的帳，甚至也不賣周佛海的帳。

李士群後來慘遭毒死，是誰毒死他的，有說是周佛海和羅君強的指使，有說是日本人的陰謀，不管是誰？李之橫死是一個謎，他的靈柩停在蘇州李宅大廳上，李的太太葉吉卿全身縞素，一把鼻涕一把眼淚的咒罵周佛海和羅君強。

司法行政部長和安徽省長

羅君強後來轉任汪偽政權的司法行政部長，在部長任內，上海發生過一件藉法律來敲詐的案件。原來上海有一位很有名的喉科中醫朱紫云，以行醫致富，有一個小孩因喉病求診，需動手術，朱替他開了一刀。幾天後這小孩不幸死了，病者的家長受別人的挑撥，想敲詐朱大夫，要控告朱業務上的過失殺人罪，委請律師進行訴訟。朱既然是名醫，當然社會關係很好，就拜託人向羅君強疏通，且把控告人故意敲詐的內幕告訴了羅。不料案子一開審，承辦推事奉了羅部長的命令就把朱紫云收押。朱是染有很深鴉片的癮君子，年事又高，因此朱家的人奔走活動的更激烈，有人問羅說：「你明知朱紫云無罪，為什麼還要把他收押呢」！羅哈哈大笑說：「匹夫無罪，懷璧其罪。」

羅的為人有些矯枉過正，尤其是在他權力範圍內的，如果有人情上的請託，他常會說：「本來對這事還可以馬虎辦，可是既然有了關說，那我就要不客氣，非重辦不可！」

不久羅從司法行政部長外調為安徽省長，因為他有地方行政的經驗，為人又不要錢，因此安徽省長任內頗有政聲，也做了不少事。

上海市秘書長

民國卅四年，汪精衛病逝南京（編按：民國卅三年，汪精衛病逝於日本名古屋），陳公博代理偽府主席，因此不能兼任上海市長，而汪政權中，除了周佛海外也無人可以出長上海市，於是周佛海便以偽府內閣閣員身份兼任上海市長和上海市警察局長，可是周身兼偽府中多種要職，上海市長只能遙領，於是便把羅君強從安徽省長調來上海擔任秘書長。羅的這個秘書長職位權勢甚大，是實實在在的代理市長。

羅就任上海市秘書長後第一砲是把跑馬廳對面高樂歌場的經理胡子佩以偷稅罪嫌拘押在新成區警察分局，準備送到專為懲治貪污而設的特種刑庭重辦。胡曾辦過小報，被扣後託人四出活動，羅君強均置之不理，最後還是請出和羅極有淵源的新聞界巨頭向羅說項，而且胡的犯罪事實也不太嚴重，才交保了事。當時上海市盛行以走單幫為活，用上海的日用品去換鄉間的米糧，公路之上男女老幼絡繹於途，警察乘機勒索，竟至公開交易，貪污盛行，形成處處關卡，風紀壞極，羅君強到任後就在跑馬廳首先槍斃了兩名警察，從此公開貪污之風才算稍戢。

羅能幹而清廉，我們不以人費詞，當時上海市民給羅一個「羅青天」的雅號。淪陷區人民受夠了日本人的壓迫欺凌，還要受漢奸們的魚肉，所以對於能夠清白的官吏，就特別喜愛。因此，羅青天之名遂傳遍遐邇。

正因為羅君強有此雅號，所以在日本投降後，大漢奸們受審時，依照當時量刑的標準，偽部長為無期徒刑，偽省長則判死刑，如梅思平、林柏生、傳式說、丁默村、項子莊等無一不判處極刑，可是羅君強卻比較輕判。在判決書中就註明是因為他在偽官內廉潔清明。羅君強為人恃才不能容物，所以樹敵甚多，他則以不遭人忌是庸才而沾沾自喜，又以有才華的人必風流，所以終其一生離不開風流案，他的最後一任太太是他在安徽省長任內的女看護王女士，這位太太一直伴他到鋃鐺入獄。

大陸淪陷後，羅仍在上海監獄中，後來則生死不明了。（編按：一九七〇年二月二十二日，羅君強病逝於監獄。）

李士群的相和李士群之死

大風

李士群之死，快卅年了！今日香港知有李士群者，已無幾人，但在抗戰時期的淪陷區裡，李士群可算得是風雲人物！特別是上海，提起李士群三字，真有誰人不知，那個不曉之大概！不過當年上海人心目中，李士群是強橫霸道的特務頭子，黃巢再世的殺人魔王！

其實，李士群既無驚人之貌，更無兼人之力，在我記憶中，李高不過五呎四五，圓型臉，尚算健碩的身體而已，穿上短打，頗像個米店夥計；李的外貌，就是如此平淡無奇，若定要問有何特徵？那就是他雙手粗得驚人，猶如砂紙那樣，第一次跟他握手的人，一定以為他是個粗人，但如留心他的舉止，卻又那麼斯文淡定，吐屬不凡，和易近人，顯然是頗有教養的智識分子，只是說起話來，溫州話鄉音不改，聽來聽去總不脫有些土氣！

我認識李士群，大約在民國廿七年（一九三八）的秋天。那時他剛回上海，仍打著中統旗號。彼此由於系統不同，並無經常聯繫，可是偶而遇上了，便會天南地北，上下古今瞎聊，還算談得來的朋友而已。

嚮導社老板——李士群

有一晚，在上海東方飯店門前遇上了。「走！我請你吃湯糰。」他不及寒暄，就拉我走進了西藏路轉角那家寧波沁社——這是一家尋門賣寧波菜的飯館。

「見面就嚷請客，一定是發達了！」坐定後，我跟他說笑。

「這能算請客?那我可以天天請你！」

「請客是說笑，發達可是真的？聽說你做了老板」！

「什麼老板？不要挖苦好嗎？誰跟你說的？」他不自在地整了整杯碟，接著又自說自話地：「準是林之江這傢伙！」林之江，軍校八期生，八一三後，曾接我的暫編第五大隊，與李士群同鄉，身材瘦削，看似斯文，實甚兇悍，當時負責七十六號的行動工作，襲擊兩家銀行人員等大案，均為此君傑作。十餘年前，客死香江。

「什麼生意？」

「嚮導社……」（當年上海新興玩意，是變相的妓院，頗似現在香港的酒帘之類的鹹濕生意。）

「真正道地名符其實的『好』生意呢！」士群卻不介意，而且把好字唸得特別重，意思「好」字拆開，便是女子兩字，嚮導社，正是靠女子賺錢的生意呀！「論賺銅鈿，好比開銀行，天天有進賬，從來無賒欠，你說，還有什麼生意比這更好的？」

「原來你開了『人』行！」（人與銀，滬語同音）

「說實話，為了錢，就不能選擇行業了……跟我的人多……」

「我才不信呢！別人或者是，你則不見得，照你的性格，可能為竊國大盜，決不作竊鈎小偷！你開嚮導社，一定別有理由……」

「好！衝你這句話，就得好好請你一請！走！」他邊說邊數錢惠鈔。

「還要去那裡？」

「去爵祿，（飯店名，李士群那時開有「長房間」）這時很清靜了，我們可以好好聊聊。」李士群是有名的「夜新鮮」，這一聊，不知聊到什麼時候？所以我邊走邊在盤算脫身之計。

「那邊的生意，我已經辭掉了。因為，近來身體不好，醫生要我好好休養！」我暗示須要早些回家。

「誰跟你談生意？……有人說你相法如神，今天我要考你一考！」

「天下竟有這樣子請人看相的？」我不禁哈哈大笑，「誰說我會看相？……又是這傢伙！看不出他還會搞情報呢？」

我李士群怎能像漢奸

那年，李士群三十四歲。我約略分析了他過去運程之後，告訴他：「明年卅五，交進眼運，是你一生最好的運程！我可以八個字奉贈：『平步青雲，權傾一時！』謹記、謹記好自為之！」

「不靈！不靈！」這回輪到他哈哈大笑了：「過去算是說得差不多，若說我明年便可平步青雲，權傾一時，那是絕無可能！在那邊我們官卑職小，爬到頭髮白，也難爬上權傾一時的地位，此地嘛？除非當漢奸，怎會權傾一時？……而我李士群怎能做漢奸？」

「我只論相，不論事！此外無可奉告。」

「君子問災不問福，且說說壞的地方。」

「美中不足，就是雙手過於粗糙，人紋破損，眼神好而顴鼻均稱，權重殺重，惜眼梢露神，得意之秋，須防驚險，人紋破損，不免大病，卅九、四十之間，應特別小心！」

「這就不是看相了！你知道，幹這一行的，天天冒險犯難，擔驚受怕，乃是意料中事，說有驚險，乃是你的猜想，不是看相。」

「信不信是你的事，準不準到時方知，在我說，寧可說我是猜想，卻不願不幸而言中，小心駛得萬年船，謹慎些總是好的。」

此後，一年多未見面，從傳說中，知道他先後在滬西憶定盤路、極司斐爾路建立了兩個特務機構。汪精衛到上海，這兩個機構，便成了汪的「特工總部」，李士群真的是平步青雲，當上了「特工總部」的副主任管而我和他的關係，也由「無話不談」而成為「君子之交」！

七十六號一夕談

有天黃昏，我剛回家，電話響了，拉起來一聽，竟是李士群的溫州官話。

「『李主任』，有何見教？」

「想請你吃飯，好久沒敘了！」

「對不起！今晚已有約了！」

「那末晏點好了，沒有別的，想跟你談談嘛！如果你有顧忌……」最後一句，顯然是你怕就不要來！

「笑話！我有什麼顧忌？」

「好！那麼十點半放車來接你！」說完，不等我回說，就掛了電話。

七十六號，是「特工總部」的所在地。在滬西越界築路的極司斐爾路上，大概因為保密關係，就以門牌，作了代名詞。本是安徽省主席陳調元的滬寓，建築不甚講究，已顯得陳舊，面積卻頗大，近百畝地，汽車須經兩道鐵門，才到正屋。李的辦公室在二樓，上樓的梯口，加裝鐵閘，頗似香港的梯口閘。李的辦公室相當寬敞，卻沒有什麼陳設，除了兩張特大寫字台外，主要就是一堂大沙發了。

大大概是表示舊好吧？他就在辦公室裡跟我見面。

「我以為你不來了！」坐定後，他笑吟吟的和我說。

「你要我來，怎敢不來呀！」

「本來，我是想請你在外面敘敘的，可是現在沒有以前那麼自在！……所以只好勞你的駕啦！……你那邊的工作情形怎樣？」

「報告主任！早就不幹了！」我一本正經，學著下屬對上級的腔調，惹得他也笑了。「你知道，我的性格，不宜於幹這一行！」

「是真的？」他有點懷疑，但頓了頓：「也好！……快一年多不見？看看我有什麼改變？」

「自然跟以前不同啦！」我以說笑口氣，故意刺他一下：「在這種環境下，非大英雄，大豪傑，哪能脫穎而出，一步登天？」

我這麼說，是希望撩起當年：「我李士群怎能做漢奸？」的回憶！

「我是說我的面相有無改變呀！記得你在『爵祿』裡所說的話，現在說來，也還有些道理，正如小和尚撞鐘，歪撞正著！……」

「歪撞？……」

「別急呀！有下文呢！替我看過相的，少說，也有幾十人了，能夠說得中、撞得著！唯君一人而已！」

「偶然撞中而已！」

「其實也很難說，命運的好、壞、得、失，很難劃出一定界線，譬如我奉命唱這齣戲，別人看來，也算得一帆風順了！實際上，真是頂石臼唱戲，吃力不討好！苦樂自己知！……」他轉灣抹角地暗示是奉命落水的，並非甘心附敵！當然我希望他講的是實情，至於奉誰的命令，似非問題的重心了。

「最近，有幾樁事要進行，且看看我的氣色如何？有沒有阻礙？會不會成功？」說完抬起了頭等我答覆。

「這兩年的你一定的，風雲際會！何求不得？目前來說，還是發展階段，方興未艾！小不如意，或所難免，但是大方向，有進無退！其實你也是多此一問！……」

「為什麼？」

「你想做的，誰也影響不了，假如，現在我說諸事不宜，我敢斷言，你還是照常進行，決不會罷手！」他不作聲，毫無表情，「就我所知，你的進取心特別強，也是說野心特別大！所以我曾說你是竊國大盜，卻非小偷之才，現在呢，我倒希望你能做復國的英雄！」

「別老上甜菜！」他笑著點點頭：「該說一說壞的方面，好讓我知所趨避！」

「問題並非目前，要小心三九、四十，如我判斷不錯，難免有次驚險！不過人定勝天，相隨心轉……」

「我並非唯心論者，但如我告訴你，我不想殺人，你一定不會相信！……自古以來打天下的難免不殺人！但確有好些不由自主，不由你不幹！還有許多是手下幹的，我卻不得不認，憑心說，已盡我所能，避免不必要的了！」他說完輕輕噓了口氣，神情有點黯淡，彼此相對默然，氣氛漸趨沉寂。

「你坐坐，我去去就來。」他突然站起來說。

他走後，我心裡不免有此嘀咕！李士群弄什麼玄虛呀？這突如其來的舉動，必然有其原故，看情勢，頗像特工扣人手法，但我確信李士群斷不出此，要扣我，又何必見我？何況也沒有扣我的必要呀？正在胡思亂想中，李士群已站在我前面。

「今天不留你了！」他歉然說：「有點急事要辦，改天再敘吧！」

程儀五千、情報一疊

車送到家的時候，司機遞過來一個小包，說是李先生送的！

裡面什麼？心照不宣，——鈔票！

「代我謝謝李先生，說我心領好了！」說著將小包遞還司機。

「李先生吩咐，一定要收，不好退還！」說著撇下小包，開車就走。

回家一看，果然不出所料，一疊疊全是十元鈔票，（當時仍用老法幣，最高面額十元）總共五千大元，另外有紮文件，細看之下，竟全是有關我的情報，雖未必件件實在，卻亦不太離譜，若士群據此扣我，又豈患無詞？我想他出去的那時，未始不曾想過這著棋子？

最後是張紅紙，上書「程儀」兩字，原來李士群要我走路！

但很抱歉，我沒有照辦。

第二天，李士群收到了我寄去的：「領謝！相金五千元」的收條。

不久，李士群又兼任了清鄉委員會的秘書長，接著又接任江蘇省省長，汪政府的軍、政、警、特的大權，至此，都給李士群一把抓了！

卅年未明真相的疑案

李士群之死，絕非私人仇殺事件。當時盛傳羅君強，一說熊劍東唆使日本憲兵隊長岡村鴆殺李士群，只是表面的看法，羅、熊憑什麼能唆使岡村下毒？固然是疑問，而岡村又為何甘受羅、熊驅策，代報私仇？而無所顧忌？要知當時的李士群已是汪政府實力的重鎮，舉足輕重的大員，而背後又有日方高級特務與高級將領的靠山，毒殺這樣人物，如非奉命辦理，岡村怎麼對上級交待？況汪政府究不同於維新、臨時等傀儡組織，如此方面大員被日方毒死！亦豈有不加交涉追究之理？而一任其不了了之？再說，萬一鴆殺不遂，陰謀敗露，勢必引起李士群拚命反擊！小小憲兵隊長，可擔得起動搖大局的責任？

李士群被害的前後，兩路（京滬、滬杭）沿線日軍，全線戒備如臨大敵，這晚，我恰巧乘夜快車由京去滬，可見日方殺李是有周密佈置、詳細策劃的，此則絕非岡村中佐所能為力了。

李士群、潘漢年、胡均鶴

原來李士群在溫州唸書的時候，就已參加了ＣＹ（中國共產主義青年團），再進而為ＣＰ（中國共產黨），李士群的活動能力很強，工作態度也積極，累次被捕，累次反正，而藕斷絲連，仍為中共效力。廿七年之由渝逃滬，就因為他和中共聯繫被發覺，祇有被迫逃亡，在上海自然替中共工作，嚮導社就是為中共搞的「經濟工作」之一。後來李士群搭上了日特關係，並非外傳的土肥原，就是後來殺他的岡村，只是中級特務，於是在憶定盤路建立起「山寨」式的特務機構，利用越界築路的畸形地理，從事綁票、勒索、收取保護費之類的「經濟工作」，至於搞政治性的暗殺，乃是七十六號以後的事了！

李士群一搞到錢，便收羅各路好漢，擴展自己的實力，手面的濶綽，可說揮金如土，大有使天下英雄盡入吾轂中的野心！當時如：陳恭澍、萬里浪、王天木、胡均鶴、馬嘯天、林之江、蘇成德、夏仲明、潘達、石林森之流，俱為高級特務人材，其中且有不少資歷遠高於士群者，至此悉皆俯首稱臣！且終李之一生，無復有叛貳者。

李士群高級幹部中，與共特有關者，祇胡均鶴、蘇成德兩人。胡均鶴與李士群之死，頗有牽連。胡是老共黨，且是中共上海地工負責人，在共黨的地位，高於士群，大陸變色後，胡即出任華東區情報委員會的主任委員，可見其在共特中的地位如何了！胡均鶴怎樣進入七十六號，我不清楚，只知他是第四處的處長，可能是中共派來監視李士群的。

李士群既控制了清鄉隊部，又做了江蘇省長，實力的擴展，大有一日千里之大概！可能中共認為時機成熟，需要較有分量的人與李聯絡，於是中共東南地區特工負責人潘漢年啣命來蘇，會晤李士群。負責接待潘漢年工作的，便是胡均鶴與黃敬齋。此後即有消息，李以大批物資，秘密運交新四軍，其中包括中共所急需的：紗、布、紙張、醫藥及日用品，均係日方統制品，需取得許可證，方可轉運的物資等等。顯示李共關係又跨進了一步，由聯繫而進入攜手合作的階段。如李士群不死，勝利來臨，東南半壁，還不知是誰家天下呢？

諜海奇談、借刀殺人

卅二年夏，我因事由京抵滬，彭壽（字述先當時京滬區的副區長）約飯於牯嶺路的淨土庵。該庵住持慧海為彭的同鄉，且有靜室，方便談話，所以彭常借此作聯絡之所。

「李士群死了！」他進門便嚷著說。

「怎麼會死？」我有點不相信。

「中毒！昨晚中毒！在火車上就發覺，剛剛接到消息，證實已經死了。」

「誤中？還是有人下毒？」

「日方下的毒！而且是沒有救藥的劇毒！」

「士群是老特務，怎麼會上當？」

「這就是我們老闆的高著了！」

「你說什麼呀？」我不能不懷疑我的耳朵。

「老闆呀！」回答得很肯定。

「對不起，我實在給你攪胡塗了，一會兒說日方，一會兒又說是老闆，究竟怎麼回事？」

「妙就妙在這裡！老闆擬定了計劃，交給日方執行！」

「竟有這等的事？那簡直成為『諜海奇談』了！」

「你可聽說過李士群勾結中共？」

「有此一說，可沒有具體證據！」

「這裡收到不少資料，很具體，連潘漢年在拙政園拍的照片都有……」

「是不是中共特務頭子那個潘漢年？」

「不錯！他是中共東南地工的頭子，又是四軍的『前委』——前敵委員會，乃中共軍方的特務組織，負責統戰工作，李士群做了江蘇省長以後，潘即秘密來蘇，長期匿居拙政園……」潘後任上海市副市長。

「真有此事？」

「還會假嗎？有潘、黃、胡在拙政園合影照片為證。………」

「大概此事為日方偵知，故而下此毒手？……但情形不至那麼嚴重呀！」

「日方本來矇在鼓裡，還是我們奉命將這些資料、圖片，透過周佛海交與日方，……最後還有份李潘擬訂的『接引新四軍渡江計劃』。」

「接引新四軍渡江？哪有這可能？新四軍現在被逼在蘇北、魯南，渡長江？中間還隔著李明揚、李長江（此時已投汪）部隊，李士群要接引，也無法接引呀！」

「你總是書生之見，政治玩意，既複雜又奇妙，你可知李明揚通共，與陳毅早有默契，中央都沒奈何他，還理你汪政府呢？陳毅『借道』，李明揚『讓路』，新四軍便可直薄江干！」

「不過新四軍實力有限，區區數千之眾，即使加上李士群，亦未必可以佔領江南！」

「他們的目標，不一定是佔領。從計劃上看，只是移師，江南打游擊的樣子，在富庶之江南打游擊，便於就地取『財』，壯大自己。……新四軍的渡江，有李士群的接應，技術上擔保沒有問題，一過了長江就滙合李部，破壞兩路，切斷日軍的供應和退路，使日方前線陷於混亂，第二步就是分兵突襲京、滬、杭，而由李系人馬作內應，可佔則佔，不可佔則掠取了物資，撤走打游擊！這個計劃對於中共說，有利而無弊，即使失敗了，亦可獲致國際上宣傳利益！」

「這裡日軍的兵力還不弱，任援道隊部亦復不少，而且任已輸誠中央，未必會跟李士群走，此外稅警團的熊劍東，配備好，戰鬥強，又是周佛海的嫡系，李士群的對頭，總不可能合流！這些情勢，李士群一定會估計在內，怎敢輕舉妄動？」我總覺得有點玄虛。直到現在仍然懷疑這個計劃的真實成分。

酒杯底下的秘密

「現在不研究這些。總之，日方一見這個計劃著了慌！立即移樽就教，問計於周佛海，表示要除此心腹之患！請周佛海提意見，於是我方擬訂了幾個解決李士群的方案，其中包括：劫持、暗殺、下毒、下毒不遂，再加劫持等。結果，日方選擇了最後一個方案。」

「原來如此，李士群聰明一世，竟如此輕易上當！也是劫數難逃！」

「要他上當，可不容易哩！李士群近年來對於應酬場所的飲食，非常小心！菜，別人動筷，他才動筷，酒，非原裝的不飲，而且讓別人先上口，才上口，要他上當，可不太容易！」

「李士群最謹慎百密總有一疏，他注意酒，注意菜，可沒有注意到酒杯底！」

「你是說，毒藥塗在酒杯底下？……但不能確定他一定用這杯子呀！」

「這就容易了，只要主人在每個坐位上預放張入席者姓名的條子，入席時便按次就坐了；「李省長」席上的酒杯，底下就塗有數百種熱帶細菌的混合劑！只要上口，就沒有藥可醫！……昨晚就是上海日本憲兵隊長岡村中佐以調停李、熊間發生衝突為名，設宴於虹口「六三亭」，李士群就在握手言

行險僥倖丁默邨

胡樂翁

長夏苦熱，謝絕外出酬酢，以翻閱說部與雜誌遣時，其中常有關於汪偽政權遺孽的紀事，參與汪偽政權切一干人，不少舊時相識，跡其生平，大都是善使小聰明而又熱中於利祿的人為多。若輩如蟻蠅之附腥臭，談不上政治見解，當然也自難向他們苛責政治節操的若何了。並且可以說他們之於汪精衛，也就根本談不上什麼政治淵源，如周佛海丁默邨之流，他們投向汪精衛，原是一時間的勢利結合，或者說是意氣用事。前此，我已談過周佛海，今茲一談丁默邨，丁默邨雖不若周佛海的才華顯露，丁默邨卻是一個長於組織善於謀略而會用小聰明的人，可是他不若周佛海的文筆，他也不若周佛海的口才。

善用小聰明的人，往往是「聰明又被聰明誤」，到頭來落得「身敗名裂」，甚且遺羞妻兒，自己既飲恨終身，後人也黯然失色的不敢直承其為某也之子孫。據說姓秦的決不承認是秦檜的後裔，其實秦檜何嘗有後，他那王氏夫人的內姪雖說是承嗣姑家，可是也並未見有後嗣？不過，在南宋人的筆記裡，有說秦檜不只一子的；總之，姓秦的之所以有此一否認，足見得「羞惡之心，人皆有之。」丁默邨是我所稔識的悲劇人物之一，那是他還在受囚待罪的時候我見著他的正在交通大學讀書的兒子，當他和我談起他的家庭時，他說他決不姓「丁」，他是否姓他母親的姓「張」？似乎他還有所考慮。他母親也是一個可憐的悲劇人物，在丁默邨還未參與漢奸行列時，亦即在抗戰以前兩三年，她就和丁默邨離了婚，其實毋寧說丁默邨早就遺棄了她。

丁默邨，湖南常德人，家世寒微，父業成衣匠，且早喪，母氏劬勞，撫養三子一女，以教以長。默邨居長，原名勤生，因家寒未能正常的領受學校教育，全憑著自己的小聰明，東遊西蕩的交朋結友，所以在他的履歷片上，他是寫上那冷門的私立的不太受人注視的學校，其實呢他至多只是「門壇在望」，他並未向任何大學，不拘是公立私立，作過登堂入室的正式學生。不過他的自學，卻也有其非尋常人所能及的成就，他是初期共產黨的一員，不過，他不是C、P，而是共產主義青年團的C、Y。陳獨秀的《嚮導周刊》問世時，他經常拿著一些《嚮導周刊》找熟識人推銷。同時他還在常德作共產主義「啟蒙」活動，「馬克斯學說研究會」和「工讀互助團」，都是他所策動，不過沒有什麼成就，至多在湖南省立第二中學第二師範，輕微的發生了蕩漾的作用。他是一個肺病患者型態的瘦小個兒的人，卻具有頗夠俊俏的清秀臉龐，可惜身材不夠高大，難得魁偉英俊之稱。我和丁默邨，也可說是「幼同里閈」的總角之交，我是在常德生長的安徽人。大約在民國十一年的暑假期間，我由日本回國省親，丁默邨，那時叫丁勒生，常來看我，像女孩兒家靦腆得不多說話，一付弱不禁風的瘦削身材，面貌頗為清秀。那時，他並未和我談什麼共產主義，只是語氣之間，表現著這個舊社會必須改革才是那番「社會革命家」的口吻。

其時湖南省立第二女子師範學校設在桃源，桃源常德相距九十華里，春夏水漲有小汽船行駛，常德去桃源是上水逆流需時五六小時，桃源來常德是下水順流只需時三四小時，「女師」在那時的湘西一帶女孩子心目中，是一座最高的學府，從而在移風易俗的影響下，無疑也佔著領導地位。人說湘女多情，其實湘西女孩子的熱情，更是比她們所酷嗜的辣椒，還要顯得熱烈火辣。什麼事愛搶個先，什麼事又愛走極端，說到做到，絕不二三其德，比方女子剪髮，桃源二女師的學生就比長沙一女師的學生數目多，當然這是說三十年前的事，那時的女子剪髮，著實得具有大無畏的勇氣才行。丁默邨那時是叫丁勒生，他結識了好幾位二女師出身的小姐，由於他那「裁縫兒子」的身世，被一位常德的歐陽小姐在快將結婚時厭棄，頓時激起了一位安鄉的張希明小姐，歐陽小姐二女師的同學，亦即後來他的太太，也就是那交大學生的母親的義憤，她不顧家庭的反對，不理親友的勸阻，毅然決然的和丁勒生結婚，還變賣飾物，資助他去北京讀書，丁默邨後來有那「北平××大學肄業」的履歷，就是由妻子張希明的鼓勵。因此，在他倆婚變中，許許多多的老朋友，知道他倆結合經過的老朋友，莫不正言厲色的罵他忘恩無情。不過，在他說來，據說也有其不得不離的苦衷，在某一次司法行政部的鎮（江）揚（州）旅行遊程中，張希明以部員身分參與旅行，車次鎮江，正待步出收票站口，同事中的一位小姐，指著頭等車廂說：「看妖怪」，張希明順眼望去，卻是同鄉覃小姐，便上前去打招呼，不料丁默邨和一個女人也在車內，張希明的「湖南脾氣」發作，便衝上車內扭住丁默邨的領帶，將他拖下車來，一直扭到鎮江公安局去，這天恰巧是星期六，周佛海（江蘇教育廳長）回南京去了，找不著熟人轉圜，他夫婦倆在鎮江公安局委屈了一夜，丁默邨認為是可忍孰不可忍，結果籌措了八千元的贍養費，兩下宣告脫離，那唯一的獨生子歸女方撫養。丁默邨當漢奸時，張希明仍舊在司法行政部任職，帶著兒子苦苦的過度。聽說那位覃小姐刻已身在自由寶島，她年輕時著實是一代尤物，既喜賣弄風情，又愛奇粧艷服，每一招搖過市，真個路人為之側目，群呼妖怪，而今當已徐娘半老矣，青春流水，在棖觸當年裡，是否還記得丁默邨和張希明那幕悲喜劇？

北伐前，丁默邨做過李之龍「海軍」政治部的秘書，中山艦事變後，他離開了廣州，大約其時仍在為共產黨工作？西征軍討伐唐生智之役後，武漢重光，劉文島出任漢口市長時，丁默邨是漢口市政府的秘書長，似乎為時不久，他就卸職去滬，從此他在上海閒住下來，這個時候似乎他已脫離了共產黨？還是為共產黨所開除？難作信徵的肯定。他那位「火車夫人」，就是此時所獵獲，他毫不忌諱的直承，他是在由南京來上海的火車中，他坐的是二等車，車到蘇州，上來了一位蘇州小姐趙慧明，倒也是大人家，舉止端詳，不見什麼輕狂樣子。恰巧車座已滿，他便收拾起他放在鄰座的零物讓她坐下，由於讓座的關係，兩人便七搭八搭的對談起來，終於有情人成了眷屬，她便是丁默邨當漢奸時的「部長夫人」，還為他生了一個兒子兩個女兒。所以他有他的所謂「坐火車哲學」，其實毋寧說是拈花惹草的邪惡心思，他說他縱有頭等票也坐二等車，因為坐頭等車的人，多半有其身價，所以他不敢向坐頭等的單身女客試獻殷勤，三等車車座混雜，似乎不便，惟有二等車，尤應注意自蘇州站上車的單身女客云云。

為著生計問題煎熬，他拿著賀耀組和邵力子的介紹信，到山東找到山東主席陳調元，滿想謀一縣缺，結果只發表了一個民政廳視察，民政廳長朱熙是漢壽人，常德漢壽雖為鄰縣，可是他並沒叨受同鄉的恩惠，月支兩百元，在濟南混了四個月，仍舊到上海去賦閒索居。也許就在此時，他被有關方面委派擔任上海的情報工作？好像是「中央組織部」駐滬辦事處主任什麼的，也就是「中統」所謂的重要幹部了。由於他那共產黨的淵源，加上他的小聰明，據說許許多多有價值的匪案，都是由他破獲，論功行賞，他逐漸升遷到主持上海方面的「肅清」和「策反」工作，同時他還搞文化教育工作，在上海曾經風行一時的《社會新聞》，就是由他所主辦，他又做過「江南學院」的院長，想見其時他在上海社會的活躍和成就。不過，他既沒有受過正常的良好教育，又復喜歡玩女人，從前他也就難得結交一個好朋友。

抗戰發生，他聽到中共匪幫擁護中央，他便誠惶誠恐若大禍之將至的，他深怕共匪對他的報復，那時我們間在周佛海家碰頭，他的論調，似乎和周佛海一鼻孔出氣，他倆都是「恐日狂」者。南京撤守前夕，他到了長沙，他帶著一個姓李的女人去看我，那位火車夫人這時是留在上海，他說他想到菲律賓去養病，希望我幫忙介紹華僑朋友，恰巧呂渭生時在長沙，便由渭生致函他在馬尼拉的乃兄和文郎，予以照料。他在長沙沒久逗留，就去香港。二十七年杪，汪精衛由重慶出走後，接著有周佛海和丁默邨隨同汪精衛謀叛國家的傳說，那時我相信周或可和汪沆瀣一氣，我卻不相信丁亦能邀得汪的「垂青」，後來聽說那是丁默邨握有上海的「特工」王牌，汪精衛要到南京去，自必有其所不虞之備，因因果果，丁默邨在汪偽小朝廷裡，居然有其相當的聲勢，由偽特工主持人而偽社會部長而偽交通部長而偽浙江省長。同時，在偽組織的「殺人恐怖」之下，丁默邨成為惡魔類的有名人物了。抗戰勝利後，我去上海，特地到極司非爾路，徘徊於「七十六號」門前，據說此一巨宅，原為陳調元所有，後來為丁默邨和李士群據為魔窟，我愛國志士葬身其間者真個是難以枚舉。著實，人不可以貌相，像丁默邨那樣儀表的人，竟然會狠毒至於斯極！有人說丁默邨的身負惡名，便是他不能省悟「兵人商人」擇業的要義，同時也就是代李士群作了替死鬼，在我和他相與往還時我覺得他為人頗講友誼，尤其他對女人的「那樣一往情深」。嚴格說來，他是不配擔當「特工」的責任。

三十六年春，我曾往南京老虎橋監獄去看周佛海，丁默邨也在同一獄中，他那時他正作邀取恩赦的活動，累得他那位火車夫人東奔西走，終於國法難容，好像在那一年一個夏季的狂風暴雨中，在獄內刑場結束了他的一生。那時他只四十二三歲。有人在說，日本人投降以前，丁默邨在當偽浙江省長，他已經向戴笠暗中投誠；戴和他嘗在中統軍統合併後的調查局同過事，戴是第二處長，丁是第三處長；因此，丁的未亡人也說戴先生不死，默邨是不會死的。又有傳說，丁的罪該萬死，要點是他害死我方在上海的一個女行動員鄭蘋如？那守節撫孤的老母，年過七十，雙目半盲，不免「苦命」的望著兩個兒子，

「小道士」繆斌

何冠群

我稱繆斌為「同學」，實在是高攀，大有竊附驥尾之嫌：然而我們的確是同學，只是在時間有先後，嚴格點說，根本只好算是同校而已。

我們所同的學校不是南洋公學，因為我們還在中學的時候，南洋公學已一變為南洋大學，再變為交通大學，而繆斌不僅已南下廣州，且已由黃埔軍校教官擢任第一軍的政治部主任。我們所同的學校，只是位在無錫南門城中三下塘的「光華小學」。不過我與繆斌雖未同學，但與他的妹妹繆鈺卻是「同硯」。繆鈺比我大了約莫五歲，不知什麼原因，她上學會上得那樣遲，十二三歲了才讀小學三年級，使她成為我們這一班中唯一出人頭的大女孩。

在這家小學中有一位教師很賞識繆斌的才能，對他另眼相看，此人便是在繆斌當江蘇省民政廳長時，不花一文而得任常熟縣長的衛質文；另外有一位同學，也不曾花費分文而得任無錫縣長的是孫祖基。其他的教師與同學卻沒有這樣好的機遇了，充其極在民政廳內當三等科員，或外放小縣的公安局長之類。可是他們雖然不花分文可以一官在身，但上任以後，應該如何拆賬、如何分肥，卻在事先都商談清楚，絕不含糊。

在北伐軍未底定江南以前，繆斌在無錫根本藉藉無名，倒是他的父親繆建章，在道士中輩分頗高，頗為人知。區區一個道士而能為人知，因為道士這一行業雖不為人尊敬，然在無錫卻是熱門生意之一，幾乎家家戶戶都與道士有來往，接觸的面相當廣。原來無錫婦女雖喜燒香拜佛，卻不喜做佛事，認為和尚頭上光禿禿，不利子孫；所以無錫的尼姑為了與道士爭取佛事的主顧，也都蓄有清湯掛麵式的長髮。而道士呢，除了拜懺的時候穿上道袍之外，平時與常人一般無二。但根據我的觀察，道士所以受人歡迎，那是他們都玩得一手好絲弦傢生，十八件樂器簡直件件皆能，所以拜起懺來，少則十餘人，多則三四十人，每人各演奏一樣樂器，是絕妙的國樂合奏。而且外間久已失傳的詞牌和曲調，無錫的道士保存的據說還有近百套。尤其是新喪人家，氣氛沉鬱，悅耳的管弦齊鳴，確可沖淡很多哀思。以「二泉映月」二胡曲馳譽國際樂壇的瞎子華阿炳，他便是個道士出身，只因眼睛瞎了，才挾藝流轉江湖，他不單二胡拉得好，琵琶也彈得出神入化，據內行的批評，他比上海國立音樂院的教授同鄉楊蔭柳彈的琵琶，造詣上還高出一籌。

繆建章既是道士中的老行尊，凡拜懺而有大場面，他必以領隊的身分與主人家周旋，日子長了，繆道士之名自亦相當為人熟悉，但職業所限，他的社會地位並不因此提高；因此繆斌在光華小學時，很多同學都以鄙夷的口吻呼之為「小道士」。

繆斌的能進入南洋公學是在繆建章發了一筆小財以後。繆建章被稱為小康之家，是他憑齋事而認識了一批有錢而閒得無聊的太太們，號召建立一座作為她們吃素唸經修行的道院，結果籌到了十萬左右的銀洋，在距他家不足百步的一條巷內構築了一所希賢道院，由他主持從建築以至經常舉行的齋事中，著實刮了些錢，再從其中抽出一小部分供應繆斌到上海去讀中學與大學。這是繆建章不同於一般道士的地方，因為一般道士都將衣缽傳授兒子，他們的觀念中，總以為道士這一行業雖發不了財，但不失為足夠衣食溫飽的鐵飯碗。

北伐軍清掃江南後不久，繆斌以第一軍黨代表的身份回到無錫；大有衣錦榮歸的氣概，經過當地報紙的宣傳，繆斌之名才為故鄉人士所知。從此之後，繆建章不再外出拜懺，而以老太爺自居了。更不久，繆斌轉任總司令部的經理處長，外間開始流傳他善於理財的謠言，據說除了中央嫡系部隊之外，所有「雜牌」部隊去領取餉銀，他必定多方留難，直待談妥條件才能銀錢過手。以當時改編部隊之眾多，這一筆收入卻是相當可觀，不過也有人說，這種錢不是繆斌一個人可以獨吞；其中也有些人插手，此中真象，局外人可不得而知了！

他的得以出任江蘇民政廳長，有些人誤以為是出於鄉前輩吳稚暉的推薦，其實不然，推薦他的是老上司何應欽。吳稚暉的關係，他也想盡方法拉攏過，可是吳稚暉對他的印象始終欠佳，腦海中深深印上了「小道士」三個字，其後繆斌聲名狼藉地下台，倒是吳稚暉推了他一把。

繆斌的第一位太太是童養媳，不學而有術，將何應欽夫人侍候得無微不至，大得歡心，她便狗仗人勢，作威作福，他們夫婦在江蘇省半公開地賣官，縣長、公安局長、水警區長等，職分肥瘠，定有價格和任期。當時的省主席鈕永建是個遇事三不管的好好先生，對繆斌的所作所為，不敢干涉。就是這麼罷，繆斌還是不滿足，一度藉口金壇溧陽紅槍會作亂而調集民政廳可以掌握的武裝部隊，包圍省改府，監視省主席，準備逼鈕永建下台，他便可以取而代之。為了省黨部有些人向中央黨部控告過他，他在逼走鈕永建的同時，便一舉兩得，將省黨部的幾名委員一齊五花大綁，送入死囚牢，若非中央黨部嚴令押解南京審訊，繆斌已製造好他們與紅槍會勾結的證據，準備送他們一個個上斷頭台。這樣一件違法亂紀的大事，輿論大譁，不知如何，其後竟然化為小事，且終於化為無事，於此反映出「小道士」的神通廣大！

繆斌之垮台由於他的老婆之突然死亡。他的老婆的腳，原是小腳放大，她因愛時髦，偏要穿高跟鞋，肚子裡已有幾個月的小孩，依然穿著高跟鞋上下樓梯，一次從樓梯上直滾樓下，因小產而失血，因失血而駕返瑤池，他於是斷了一條最有利於他的內線。

使他垮台的導火線是十八尊金羅漢。在他垮台的那年，他為他的母親做六十大慶，文武官員一體致送厚儀，由江蘇省六十一名縣長合送十八尊金羅漢。監察院便以此為貪污證據，提出彈劾，彈劾案成立，他只有含淚辭鎮江，重回南京去走門路了。

這十八尊金羅漢就我所見，只是內泥塑而外包金，並非純金，總共的價值也不會超出一千銀圓，但外面的說法卻說個個都用純金鑄成。繆斌到了南京口口聲聲喊冤枉，但牆倒眾人推，沒人理睬他；於是黯然回到故鄉無錫。

回到無錫便大興土木，買下四週鄰居，建築花園大洋房。但他是個熱鬧慣了的人，當然不甘在家納福，便想加入無錫的紳士集團。可是無錫的這些老人集團團結得非常緊密，若非自身在前清有舉人以上的功名，或是前清拿過印把子的知縣以上的官員，或是由父祖餘蔭的閥閱世家與書香門第的子弟，沒有資格參加。他們以公園荷池邊的一座水榭「漪瀾堂」作為集會的地點，在那裡聊天、喝茶、下棋。那水榭雖被無錫的年青人稱作「老蟲窠」，但繆斌卻竭力想鑽進去與老蟲們為伍，因為這樣才可以攀附於縉紳之列。可是這批頑固的老人連榮宗敬以紗布麵粉大王之尊，和他們折節下交尚且拒而不納，當然不會為繆斌破例。誠然繆斌的官職在前清已相當於布政使；可是在這批老先生的心目中，民國的官在身分上遠不及前清的官。連做個地方紳士都沒有份，這使得繆斌非常傷心，只好棄置新落成的巨廈不住，悄悄地到上海租界中當寓公去了。

繆斌中年喪偶，雖已罷官，但至少宦囊飽滿，何況仍然是個候補中央委員，因此做媒者紛至沓來，最後娶了榮宗敬的甥女，並出任申新總機構的總工程師，他並且將他搜刮所得；傳說為三十八萬銀圓存儲在申新。誰知禍不單行，榮宗敬所經營的申新、福新兩大系統突然全部出現破產的危機，雖經各銀行組織財團維持，未曾倒閉，繆斌的存款卻大部分化為一縷輕煙，隨風而逝，他這個總工程師也就自然解職，無職一身輕，心頭可是十分沉重。無可奈何，惟有再向宦途進軍。日本發動九一八事變之後，中日關係一天緊張一天，中央為了促醒日本軍人征服中國的迷夢，由陳布雷撰著〈敵乎？友乎？〉一文，由徐道鄰具名在《大公報》發表，震動中日朝野。繆斌見獵心喜，決心步徐道鄰的後塵，寫了一篇長文，主張中日和平但走盡門路，上海各報沒有一家肯提供一些篇幅，刊載繆的大文。沒有辦法中的辦法，便是自掏腰包印成小冊子，到處分發。接到小冊子的人十個九個看了一個開頭便懶得再看下去，他卻洋洋自得，決定將這小冊子作為到南京去重登政壇的敲門磚。

那時候是民國二十三年，國民黨召開全體執監委員大會，繆斌是候補執委，可以列席。他到了南京，首先去鐵道部內汪精衛借居的官邸去拜謁汪精衛，呈上他的小冊子。汪精衛當時在黨是國民黨中央政治會議主席，在政是行政院長兼外交部長，在對日外交上，竭盡委屈求和的能事，繆斌自以為這條路才是他唯一可以走的路，汪精衛在看了他的小冊子之後也頗引為同調，辭色間大有相見恨晚之意。繆斌辭出鐵道部門外，渾身輕鬆，一心以為鴻鵠將至了。

可是繆斌卻對當時的政治行情下錯了注碼，由於日本軍閥的貪得無饜，政府中主戰派已站立在上風，蔣委員長對抗日戰爭早在未雨綢繆，那時候連首都週圍都在暗中構築防禦工事，這說明中日之間的總結算已逼在眉睫。所以當繆斌的小冊子一出現在會議場中，除了極少數人如汪精衛與他的部下以外，個個破口大罵，唐生智更拔出手槍來，說要打死那個姓繆的漢奸。繆斌當場嚇得面青唇白，在曾仲鳴的護持下由太平門溜出會場，馬上乘火車回轉上海。

回轉上海，驚魂稍定，自知南京之路已絕，南方既不可居，且北走平津觀望一番如何？

他在天津耽了一個短時期，與他往來的全是些北洋政府時代的過氣官僚，當然攪不出什麼名堂；但他終於通過這批舊政界人物與日本華北駐屯軍搭上關係。日本人以為他是國民黨的候補中委，尚有利用價值，所以加以籠絡。直到日本發動蘆溝橋事變，他一直居留在北平。

華北成立偽組織時，他滿心以為可以弄個總長來做做，但是王克敏卻公開說他不夠資格，日本人也無可如何，最後由日本特務機關出錢給他組織一個不倫不類的「新民會」，每逢日本人有什麼集會時，臨時雇用一些地痞流氓前往搖旗吶喊，他以「會長」的身分，勉強挤進新貴的行列。以後為了捧新艷秋而在戲院中遇刺，誤中副車，幸得不死。有人說是愛國志士所為，但比較可靠的說法則是王克敏派人幹的，因為嫌繆在華北礙手礙腳，耽心他有朝一日仗日人之勢取而代之也。

汪精衛唱出還都南京的一齣鬧劇，他自仗與汪精衛往日有同調之緣，與周佛海又有同僚之誼；繆長民政廳，周長教育廳，在華北不能得意，又動了南下之想。可是他在見到汪、周，道明來意志在「江蘇省長」之後，汪周毫不躊躇的大搖其頭，最後僅發表他為「考試院副院長」，做江亢虎的副手。他既志不在此，乃派人潛赴蘇北；與他任江蘇省民政廳長時的保安團團長李長江聯絡。那時候李長江隨著江蘇省政府代主席韓德勤駐屯在蘇北，前有日軍，後有不抗日而專打政府軍的新四軍，兩路夾攻，招架為難，傍徨無主，一見繆斌招降，保證李長江升官發財，只附了一個條件，僅接受繆斌的指揮，當下大喜過望，立即接受。繆斌以為有了槍桿子，這個「省長」是十拿九穩的了，誰知周佛海與李長江也是素識，何況周與繆比，周佛海是握有實力的偽行政院副院長兼財政部長，周佛海的代表一去，李長江自然捨繆而就周，繆斌徒然為人作嫁衣裳，白忙了一場。

做漢奸而依舊不能飛黃騰達，失望之餘，於是住在南京的日子少，住在上海的日子多。再過一些時候，眼看日本敗局以定，便鑽頭覓縫去找尋軍統在淪陷區的地下工作人員，有志者事竟成，不久如願以償，並且在他的家中設立了秘密電台。據說在這一段期間工作得相當賣力，軍統局長戴笠曾好幾次「傳諭」嘉獎。他為了表示忠貞，並遣派他的長次二子取道界首轉進後方，卻在蚌埠被偽組織的特工截獲，並搜出繆斌呈交老上司何應欽的函件。但代主席陳公博同情繆斌的投機行為，竟下令放行。繆斌的長子其後進入成都軍校，成為陸軍軍官，次子則進入航空學校，其後在桂林上空與日機作戰陣亡。

繆斌以「重慶地下份子」的身份暗中與日本進行所謂「和談」，他以為這是千載難逢的好機會，如果成功，那他可真是前程如錦。結果買空賣空不成，反而因此斷送了他的一條老命，這也許是他做夢也想不到的了。勝利後他被捕入獄，他挾著一個大公事包，自稱內中所藏盡是他與戴笠來往的電報，足以證明他不僅不是漢奸，且有功於抗戰。唯其如此，他在蘇州高等法院庭上侃侃而談，居然一副有恃無恐的樣子，在一般人的看法，他雖是漢奸但備位閒曹，劣跡不彰，充其量無期徒刑而已，生命是一定可以保全的。然而法院卻在裁定他死刑以後，不等他上訴就執行了死刑，成為漢奸中第一個伏法的人，確實太出乎人的想像以外。

問題出在東京戰犯法庭，傳說東條作供時曾提到繆斌以自稱中國政府代表的身份，與他進行過和平的談判。東京戰犯法庭為了證實這個說法，準備行文中國政府提解繆斌前往東京對證。就中國政府的立場言，這僅是戴笠利用繆斌假談判之名，刺探日方虛實的一種手段，與政府無關。但戴笠已死，解釋起來徒增麻煩，和易於引起盟邦誤會，與其橫生枝節，不如送他早日見閻羅，一了百了罷。此說如真，難怪他臨死要作詩自詡「死作和平神」了。

勝利後我曾經過繆斌的故宅門外，門前小溪流水清徹如昔，他父親經營的希賢道院依然絲竹聲喧。「繆斌如能繼承父業，他不正是其中演奏的一員麼？」當時不禁為之憮然。

我所瞭解的繆斌這個人

楊彥斌

筆者與繆斌同里，幼同游釣、長曾共事，於其行止，每有規諫，彼終不納，遂疎往還。猶憶繆被逮前三月，見其紅光滿面，色如晚霞。筆者謂之曰：「昔為君推命，四十四歲之限將居，其速趨避乎！」彼笑而不答，再言之，譏為迷信。余思數也，人何能移？時乙酉年九月初二日也。是年除夕，繆被逮入獄，次年丙戌二月伏法。其生年為癸卯，是年乃四十四歲也。繆斌豐頤大耳，兩目有神，三山得配，五嶽亦勻，惟山根驟陷，氣不能貫。於相主厄於四十三、四歲，於五行，四十四歲運犯太歲，日犯太歲，主凶，不意竟驗！

少年得志、不學無術

繆斌，字丕成，江蘇無錫人也。其先世為江陰人。其父繆建章，避仇遷無錫城內，寓希道院巷。隱於羽流，為人作醮禳以自給，人以繆道士稱之。繆斌幼岐嶷，過目成誦，十歲卒業小學。父擬授以法籙為道士。校長衛質文，見其材美，允代供學費，卒其學業。繆父感其意誠，允之，樽節日用，供其膏火。

民國十三年，繆斌將卒業於交通大學電機系。時吳稚暉、汪精衛聯袂來滬，鼓勵學生投粵，參加革命。繆斌乃棄其將完之學業，投筆從戎。抵粵後，被派黃埔軍校電訊教官，時繆僅二十二歲耳，頂已微禿，鬚眉甚繁，不知者，目為三旬外人。校中演劇，繆扮演孫中山，形貌神態均相似，蔣先生甚激賞之，其名漸為人知，時國共合作，共黨跋扈，陰有異志，蔣先生思裁制之而未發，繆等組織「孫文主義學會」，以示三民主義之異於共產主義也，頗蒙蔣先生青睞。

當時何應欽為軍校教育長，延繆授英文，朝夕過從，私交甚篤。何氏出任團長，斌任黨代表，何氏由團而師，由師而軍而總指揮，斌亦隨遷廿四歲時已為中將黨代表、中央委員。此皆歷資而來，非夤緣而得。

丁卯歲北伐軍抵江蘇，繆返家省親，會與筆者同遊惠山，品茗二泉，縱談往事，見其氣度豪邁，舉止穩重，許為大器。會邀余入其幕，筆者因當時隸孫傳芳部，不忍棄舊主而戀新貴，婉拒之。戊辰春，繆任總司令部經理處長，時糧服均由商人承包，商人營鑽，不擇手段，苞苴輾轉託其至親好友轉交，皆礙於情面，不能推卻，繆之貪污，即由此始。短短七八月，得苞苴約三十萬元。時繆雖已貴為中樞高級幕僚，但邑人並不重視，門庭依然，親友如故。曾歎曰：「吾不羨王侯，但願作邑中紳士，如何可以得之？」或獻策曰：「當為地方官，威權可行，紳商俯首，且必須在江蘇，大丈夫得志，不返故鄉，猶錦衣夜行也。」時鈕永建出長江蘇省政，繆為省府委員兼民政廳長，時年二十六歲。以甫冠之年，驟膺重寄，躊躇滿志，可想而知。遂在籍置華廈、慶母壽，京滬冠蓋，雲集梁溪，張燈夜宴，百戲雜陳，海上聞人，聯袂來錫祝壽。是乃紳士、官吏、流氓、名女人，濟濟一堂，懿歟盛哉！此等鋪張揚厲之行動，蔣先生處，已有報告，邑之士紳，譏其暴發，但劣紳奸商，窺俟候機。有等報紙竟譏其父為「有道之士」，此繆氏所切齒不忘者。其平日所著服裝，內中山裝而外披大氅；戴呢帽，持手杖，力仿蔣先生，實則形神皆非；唯衣似耳。彼因少年得志，不學無術，派兵艦游弋，則稱游「戈」，草菅人命，則稱草「管」。其

活動，故日人不予重視。七七蘆溝橋事變，筆者時寄寓北平。宋哲元抵抗二十日，傷亡最多者為軍訓學生，西苑道上，死屍遍地，殘暑尚存，積一周未掩埋，臭氣薰天。最慘者為受傷而未死，蠅蛆遍體，求死不能，傷心怵目。是月廿九日，槍聲方息。由江朝宗、潘毓桂等，組織自治會，人心稍安。北平歷經變亂，人民亦習於應變。遇事變，則少講話，少出門，茶坊酒肆高懸一牌，上書「莫談國是」。外城炮火猛烈，人民坦然如恆，見面則曰：「您好，老沒有見。」如詢「老兄有何消息否？」則答曰：「不知道，不知道！中央為什麼不派飛機來？哈哈，再見。」故北平市內，匕鬯不驚，商人亦未高抬物價，此他處人民之不能及者。是年冬，王克敏等北上，組織華北臨時政府。先是王克敏等在滬，由久居中國之日人山本榮治聯絡，偕王等飛福岡晤梅津中將，遂決在平組織臨時政府，許修直、陳伯藩、繆斌等則由海道來平，臨時政府要員，俱安福系舊人。繆斌則為國民黨政府之廢員，氣味不投，屏置門外。斌徬徨無計。山本榮治，時為臨時政府最高顧問，儼然太上領袖。以繆斌曾辦黨務，命其就「新民會」中央指導部長（按日人所創之「新民會」，似黨非黨，似政非政，在日本有「協和會」，在滿洲有「王道會」，在華中有「大民會」，在華北則為「新民會」）。會內設會長、副會長各一人，下為中央指導部；在指導部之下，又設總務部、教化部、調查部、宣傳部、生產部等。各省市設分會，各州縣設支會。會長應由元首兼，副會長由副座兼，中央指導部原應由總理兼。時王克敏不願兼任此非驢非馬之機關首長，故會長一直虛懸，副會長則為張燕卿，張為張之洞之第十一子，會任天津縣長、瀋陽實業廳秘書、偽滿洲國之實業大臣、外交大臣。幼年留學日本，入貴族學校，與皇弟秩父宮同學。其對付日人，手段圓滑，其簡潔公演詞，日人亦自歎不如。繆斌自負為黨國要人，張則自謂為親日先進，繆則辭鋒迫人，張則虛與委蛇。故副會長與部長之間，格格不能相容，而各有背景，各有日人撐腰。華北臨時政府成立，「新民會」即接收平津一切宣傳機關，如電台、報館、出版業等。倘繆好自為之，華北政權，均在掌握。但繆除酒肉徵逐、濫交異性外，每日撰文，攻訐蔣先生之私德，政見或有不同，抗戰何關於私德，既為國人所不諒，久之亦為日人所不齒。余曾再三諫勸，而終不納，余亦漸鄙其所為。

捧新艷秋、大難未死

當時北京名坤伶新艷秋，原名王玉華，鑲黃旗人。行腔學程艷秋，故取藝名曰新艷秋。繆斌一見，驚為天人，百計追求，竟遂所願，於是多事矣。日為置行頭、包戲票。北方捧角，非僅出錢購戲票而已，必須拉滿坐客，始稱盛事。時廂票每張五元，每廂四人，池座每票一元二角。初新艷秋交繆廂票十張，池座五十張，共計一百十元。繆以為交彼一百十元之數即無事矣。或以事冗未去，戲票則任其廢棄。而新艷秋上場，見池座頭前五排，空空如也，拾頭則樓上廂座亦空，大為恚怒，訴繆薄倖，令其顏面無光，繆則譬慰百端，下次務令側廂多滿。是年十月初五日，新艷秋於東城吉祥戲院演「鴛鴦塚」，余於初四日離平赴津，候船南返，眷屬則約定初六日來津，以行裝未妥也。初五日晨，繆四出拉夫，所有親友，均送戲票，務必於下午二時抵吉祥戲院，「新民會」之職員茶役，亦均送到，如本人無暇；須由眷屬代去，余內人時亦在被邀之列。此日下午，北京東城王府大街，車馬喧闐，人聲鼎沸，吉祥戲院中，全院滿座。繆與許修直夫人、秦爾理夫人及內人等，坐於上場門之第二廂，繆坐於第二排，背靠通道，身穿灰色西裝，禿頂，身材矮胖。初，內人見一穿藍衣大掛之青年，徘徊於通道良久，旋即下樓，未以為異也。未幾，繆之衛士，氣喘奔來，云繆太太來了，繆知其夫人挾醋意而來，忙起身下樓，在此同時，闞五爺適攜其夫人來，見第二廂有空位，旋即坐下。闞五爺，名菁麟，廣東人，遜清時即入外務部，歷資任外交部參事，北伐軍興，北洋政府終結，棄政從商，並不愜意，見華北臨時政府成立，執政者皆係舊友，乃北上擬謀一枝，與繆不過一面，亦為繆送票捧場而來。是日關穿灰色西裝禿頂，身材矮胖，惟多一付金絲眼鏡，且其坐處，即繆之坐處，余內人見關夫婦來，乃起身讓坐，移至下場門第三廂。迨繆接其夫人上樓，見原坐為關五爺所佔，亦偕其夫人坐下場門第三廂，此時台上「鴛鴦塚」已近尾聲，新艷秋正演劇中人扶病唱反二簧「到如今薄命人死期不遠」一句未畢，忽聽得轟然一聲，新艷秋不顧劇情，竟起身向後台跑去，一時全院人聲鼎沸，爭先恐後，均向院外逃避，余內人因手提包置於上場門第二廂，乃入第二廂取回手提包，至第二廂時，手提包仍在，不料轉身時，竟見腳下有人偃臥，俯視，即關五爺也。因槍中後腦，未穿，故仰面無傷痕，惟口中噴氣，當時以為昏厥，急呼人扶起，後腦血污一片，知已中槍。乃報警送協和醫院醫治，未抵院已畢命。

按特務工作，先行派出者，名偵察員。負責偵察目的物之形態特徵、衣著、位置，然後回組織報告，由組織派行動員執行，余內人所見之藍衣青年，即偵察員也。及其回組織報告，再派行動員來，約有一小時半之間隔。此一小時半內，繆已易其位置。倘關之衣服身材不同，行動員亦決不貿然執行，而關之形態衣服既與繆同，且後腦不見眼鏡，事亦巧合矣。

事後知此事為侯大椿所主持，筆者以後在蘇州時，與侯談及此事。據侯表示，誰為執行之人，亦不復記憶，因此事由行動組主持。直至大陸赤化，余有一友人被中共逮捕入獄，同獄有一人，自稱姓馬，言其往事，自認乃刺繆案之執行人，且自悔殺錯人而良心不安。馬某又言：當時在北平吉祥戲院執行任務後，於坐客慌亂之時，乘機溜出，即乘汽車赴天津，次日在津閱報，始知錯殺，悔恨無似。旋即隻身赴滬，在滬三月，心頭不安。次年春，獲其妻來信，謂其長子病危，命速北返，抵津後，其子已亡，乃葬之公墓，及葬，見對面一墓碑，上書關公菁麟之墓，不覺冷汗透體，誓不再做特工。

且說繆斌在驚恐之下，返家即向其夫人長跪，涕泣而言曰：「汝救我命，汝若不來，我不移座，早作槍下鬼矣。」後漸與新艷秋疏。最巧者，翌年新艷秋赴滬，出演於「更新舞台」，又有一俞某被殺。嗣後，被目為不祥之物，邀角者，對新伶多不敢領教。從此潦倒舊京，是否嫁作商人婦，因筆者離平日久，不復知矣。

民國廿九年春三月，汪政權登權於南京，取消「維新政府」，又改「華北臨時政府」為「華北政務委員會」。繆斌此時辭去新民會中央指導部長，南來就任汪府之立法院副院長。此皆出於日人之安排，並非汪繆之合作。

時日人侵華隸屬於特務機構者共有四機關：梅、蘭、竹、菊是也。梅機關主持汪政權，蘭機關則以何應欽為對象，竹機關則專注於粵人歐大慶，菊機關與蘭機關則時相合謀。日人既將有事於太平洋，因而對華謀和日亟，乃與繆斌秘謀，與重慶信使往返不絕。迨汪精衛風聞此事，在盛怒下曾密令李士群囚禁繆氏，謂其私通重慶，圖謀傾覆政府。幸得日方出面呵護，汪不敢抗，又立即恢復繆之自由。繆由是啣汪益甚，遣其二子赴重慶，汪聞之，無可如何也。

日相派機　迎繆飛東京

時繆斌之小同鄉顧某，為軍統東南區之負責人，此際顧某亦奉命與繆取得連絡，由是，繆亦為軍統工作，上海都城飯店頂樓之套房，即為其聯絡機關。對外以貿易為幌子，實則進行其政治買賣。

到了一九四四年秋冬間，日本在太平洋戰爭中節節失利，求和之意更濃。時日本首相小磯國昭，為最不滿汪政權之一人。言其既貪污無能，亦無補於大東亞之共榮，遂擬另闢途徑，逕向重慶言和。關於前後種種和談經過，茲特節錄重光葵所著《日本之動亂》一書中所描寫的中國之和談人物動態，讀者閱後，當可窺見一斑：

……這些中國人與重慶聯絡的方法，大致可分兩種：一種是以個人的關係與重慶方面的友人聯絡，日本利用他，中國也利用他，他們則由日本佔領軍處取得若干小惠。從北平、上海循陸路到重慶，或經海道繞行與重慶聯絡。他們之中尚有在日本一部分軍人默契下，用無線電與重慶取得聯絡的。另一種是為保護自己而進行的，例如上海實業界各團體，隨著日本戰爭惡化，開始對重慶國民政府的和平工作，表示熱忱，其目的與其說是為了和平問題，毋寧說他們是希望上海一帶免再受戰禍。

以上重光葵所述，確係實情，當時搞和談者，首先多自吹自擂，與重慶某要人如何有深交，與某首長如何有默契。又建議倘要談和必需立一機關，先使一戰區淪陷區之物資得以流通，然後再傳遞消息，具體談和。其次亦必要求日本佔領軍准許其攜帶物資若干，以備抵達重慶後半作禮物，半充旅費，實則走一大筆單幫。不管和談成功與否，他個人之囊槖必充盈無疑。

至於奔走和談，真有具體計劃，又能拿得出重慶當局函件為憑，且有戴笠在後主持者，僅得繆斌一人。繆斌之計劃：撤銷汪政權、日本無條件撤兵、迎蔣主席還都、並由重慶政府轉知英美，全面和平。

以上和談條件，深獲小磯首相之同情。故於一九四五年春，由小磯派來專機，迎繆斌赴日，並隆重招待，下榻於首相之迎賓館，秘密談和。

日皇拒接見　鎩羽而歸

一九四五年三月廿一日，小磯首相臨時召開最高戰爭指導會議，即席報告，聲言已將繆斌接到東京，擬根據繆斌提案為基礎，並准許繆斌使用無線電，在迎賓館直接向重慶聯絡。當時出席人員，大部分皆表反對，認為小磯首相舉止太過魯莽。外相重光葵首先反對，並將駐華大使谷正之來電即席宣讀，谷正之來電謂：繆斌之和平計劃，撤銷汪政權，首先違反日本與汪政權過去之協定；至於日本撤兵，僅被繆斌個人及重慶所利用，並不能達到真正和平。其次，海相陸相亦相繼發言，認為無條件撤兵，等於無條件投降。最後參謀總長梅津發言，謂繆斌策動縱能成功，而對於指揮佔領軍撤退，亦非易事。會議結束後，小磯首相再與各人秘密交換意見，終於決定將繆斌送回。

事後方知繆斌在這段期間仍潛留東京，與小磯密商。繆表示：重慶方面，已不信任軍部及外交界，倘欲進一步談和，本人希望面謁天皇，直接聽取意見，並請小磯首相辦理進見手續。此時皇族方面，對繆斌提議，亦頗有興趣。有關人士，曾介紹繆斌與東久邇宮會見，東久邇宮詳細聽取繆斌報告後，並與宮廷大臣木戶商議，奏知日皇，請准繆斌謁見，但終為日皇所拒。於是繆斌赴日談和之希望遂絕，只得鎩羽歸來。

以上事實，係綜合各方所談及核對戰後日本著作而來，且與繆斌親口對筆者所言大致相同，而繆所持有之談和重要函件，筆者亦曾親見，均係事實。惟當時重光葵等拒絕繆斌談和，自亦有其理由，因盟國在波茨坦宣言中，曾聲言不得單獨媾和，中國豈能例外。故重光等對繆之談和行動，視為特工手法，繆雖有種種證件在手，亦不能取得彼等之信任。

面色如晚霞除夕被

是年八月，日本無條件投降。筆者尚駐軍京滬沿線。十月間，曾訪繆斌於上海紹興路私宅，見其紅光滿面，色如晚霞，心中有感，因憶民廿三年筆者在北平時，見內二區署署長殷煥然面如晚霞，同人譽其為紅光滿面，不日升遷，而未幾殷氏竟以莫須有之獄，為北平市長袁良所槍斃，而繆斌此日之氣色，正與昔年殷煥然相同。筆者當時未敢明言，僅傾聽其陳述赴日談和之經過，他出示各項文件，並云：「當時和談如成功，一面接蔣主席還都，一面送佔領軍返日，而汪政權諸公，亦不必鋃鐺入獄，中共亦無法乘機漁利矣！」言畢唏噓歎息！余問道：「君之處境如何？」繆答道：「前數日，接稚老（吳稚暉）函云，在上屆中央政治會議中，有人向蔣先生質問，何不懲辦繆斌？蔣先生答云：繆斌曾為政府工作，其功過當另案辦理，不得與偽政權相混。想暫無事矣。惟前數天曾有軍統十餘人，越牆而進，余之衛士拔槍擊之，經余阻止，未有死傷。詢其來意，云欲拘捕。詢其有無上級命令，而瞠目不答，乃電話通知素與我有聯絡之顧某來。顧某來後，申斥其工作人員，彼等唯唯而退。」

未幾，戴笠來滬，與繆斌晤談數次，戴云：「已呈報最高當局，頗獲嘉許，待我華北事畢，當同往晉謁」云云。故繆斌自以為無過有功，大放寬心。不久，何應欽夫人來滬，繆亦在家設宴招待，羨煞一般漢奸。乙酉年大除夕，即一九四六年二月一日下午三時，有特工數人，突至其宅捕人，繆斌有恃無恐，攜文件一包，隨同而往，被逕送往蘇州高等法院收押，經過庭訊二次，即定罪，於三月五日終於執行槍決。且繆正在上訴中，既經司法，何以不經司法程序？既不顧司法程序，何必用司法？是令人百思不解者。

個中牽扯大　一死百了

繆死後一月，筆者方知其詳。原來一九四五年冬，盟國在日佔領軍已組織法庭，審訊戰犯。小磯供認係致力和平而非好戰者，即如一九四五年三月迎繆斌來日，商討通過重慶與英美言和，以後為外務及海陸軍反對，日皇且下旨阻止，故未成功。而英美執事者遍查檔案，未見有重慶政府轉知日本有求和之意，倘早日求和，盟邦亦可少犧牲數十萬人，且原子彈亦不必投擲，更不必許蘇聯優厚條件，得失甚重，故亟欲繆斌來日對質，以明究竟。隨即通知中國代表團，轉請中國政府，著繆斌赴日對質。而有關方面獲悉此舉，認為此中牽扯太大，遂先殺繆斌以滅口。以筆者所見，繆搞和談時，其與戴笠往來文件均屬真實，至於英美方面文件，想均係空中樓閣，倘繆斌出席盟軍法庭，勢必貽笑國際，最省事辦法，莫如一死了之。

綜繆斌之一生，始終在矛盾中，風雲雷雨，未獲片刻安逸，當其北上往新民會中央指導部長時，其無錫家鄉住宅即為汪政權之特工佔領，作為無錫特工站。勝利以後，又以逆產被沒收，而為國軍××部無錫指揮所之迎賓館。一生熱中利祿，為誰辛苦為誰忙！

繆斌代表蔣先生與日和談之謎

辛夷譯

本文原著人為鹿島宗二郎，現任東京大學教授。上海淪陷期中，他以吉田東祐筆名每週在《申報》發表論文，對於日方多所批評，頗能道人所不敢道。關於繆斌所搞的和平運動，談者已多。此文則謂繆斌當時是否真實代表重慶，仍為疑問。而小磯內閣則反因此傾軋，以致垮台。因內容真確，知者無多，特迻譯如次。

繆斌搞垮了小磯內閣

有這麼一個故事，兄弟兩人為了父親留下的金剛石所有權而鬧官司，結果使得家庭破產。後來發現那寶石是偽的，真是啼笑皆非。繆斌事件，相似於這個故事。

一九四五年，就是和平那一年，做過汪政府立法院副院長的繆斌，自稱受重慶最高當局的委託，和日本談和平初步條件。當時小磯內閣，對於和談，一若大旱之望雲霓。繆斌所帶來的卻先使其內部大鬧一場。

內閣情報局總裁緒方竹虎（前朝日新聞編輯長）認為和重慶談和平是好的路線。小磯首相、東久邇宮等幾個有力者都支持他。

反對這一派最有力量的為外務大臣重光葵。他根據日本駐南京大使館參事官清水董三的報告，認為繆斌沒有這樣資格，他和蔣先生有聯系的話太靠不住。日本和這種人開和平談判是太不成話了。同意重光的見解的有陸軍大臣杉山、海軍大臣米內等一批實力派。結果，小磯內閣對於此一問題的意見，形成對立，無從統一。

小磯首相沒有法子，只得請天皇加以裁決。天皇左袒陸海軍及外務三大臣的主張，拒絕採納小磯、緒方的提案。因此，迫使小磯內閣不得不出於總辭職的一途。如照春秋筆法，可以說是繆斌搞垮了小磯內閣。

拉攏雜牌軍擠身汪朝

直到現在，還有不少人說，如果那個時候，小磯內閣的建議為天皇所採納的話，日本可能得到損失較少的和平。這樣想法大有問題，首先繆斌是否確由蔣先生賦以和日本談和的權限是大有疑問的。

繆斌生長於江蘇省無錫縣，號丕成。他在上海南洋大學攻讀電氣工程時即與國民黨發生聯系，故他於畢業後即去廣州就任黃埔軍官學校電氣通訊教官，並參加北伐。北伐成功後，他曾出任江蘇省民政廳長。卸任後，又去美留學於康納爾大學。嗣後又來日本，開始研究東洋歷史。他在日本時，對於日本人和日本文化似有深刻的觀察。中日戰事發生後，中國人抗日氣氛一天高於一天，他似憂心忡忡，發表題為「猛省抗日危機」的小冊子。

蘆溝橋事變後，在北京的日本軍人為了羈縻和支配中國民眾心理起見，特為創辦了一箇「新民會」的機構。他因留在北京，也參加了，並就任了該會的副會長。另一個副會長則為日本老軍人（後來回國就任大政翼贊會副總裁）安藤紀三郎。那時名義上的會長為「華北政務委員長」王揖唐，但王、繆只為形式上的存在，所有實權統為安藤等一批日本人所掌握。繆斌當然看不順眼，時抱不平，希望有機會另找出路。

迄汪精衛在南京成立「政府」，他乃向周佛海送其秋波，而以拉攏重慶方面的雜牌軍李長江部隊向「汪政府」投降為贄見禮。翻閱一九四〇年（民廿九年）《周佛海日記》，我們可以看到如下的幾條文字：

> 十一月十三日：繆斌來見，報告接洽李長江部情形。此事如能辦到，江北共黨之勢，或可不致蔓延。
>
> 十二月一日：繆斌來，談日前赴江北會晤李名揚、李長江經過，並談華北及東亞聯盟等問題。

密函何應欽不幸敗露

不久，他得到「汪政府」立法院副院長的地位。那時日本軍佔領區的法律實際即為日本軍法。換句話說，只要日本武力繼續存在，「汪政府」根本沒有「立法」的必要。因此這位立法院副院長無公可辦，每日只是喝茶談天而已。以富於活動力的繆斌來說，其不滿足的情緒自可想見。於是，他又動其腦筋，另打主意。

他和駐南京日本大使館連絡之下，寫信給北伐時代的戰友何應欽將軍，為日本製造談和機會。不幸，帶著這封密信去重慶的人半路給「汪政府」的特務警察捉住了。在汪精衛震怒之下，有人主張把繆斌殺卻。幸賴日本大使舘和日本軍人永井八津次大佐居間調停，汪才把怒火逐漸抑制下去，而他在南京的地位則一落千丈；其個人的前途希望，亦一片茫然。

至此，他乃一不做、二不休，索性離開「汪政府」而以接洽日本浪人及重慶特務機關為專務。他的日語雖不夠流利，但對普通交際尚能應付。他的日本朋友也不算少，和他最交好的為前任《朝日新聞》政治部記者田村真作。他倆的交情是在「新民會」時代拉上的。田村以記者關係，認識很多日本政治家，與東久邇稔、石原莞爾陸軍中將（偽滿洲國創立者之一）尤具交誼。而緒方竹虎則為他在《朝日新聞》供職時代的編輯部長，分屬前輩，自更為他所熟識。繆斌由此線索，總算在日本政治方面摸到一些門路。

救出了陳長風的雙親

一般地說，當時日本的知識階級，對於日本軍閥侵略中國，其內心極抱反感。因為軍閥的計劃越成功，其氣燄亦越發高張。同時在國內壓迫言論、侵害民眾自由亦必越發嚴厲，田村自非例外。但是公開反對軍部，在那時的情勢下則等於自殺行為。因此，有人想到，阻止日本軍部再進一步侵略中國的唯一辦法，只有「全面和平」。易言之，即為與重慶方面談判和平。但是誰都知道：「全面和平」有其極複雜的背景而不是單純的。從日本方面說，初時「全面和平」的意義，是以「和平」手段換取其用武力所拿不到的東西。通過汪精衛的「全面和平」便是一個極好的例子，那是分裂抗戰中國的手段，從而窺測重慶抗戰之意志或弱化抗戰意志的方法。從重慶方面說，談判「全面和平」對於日本亦具同樣作用。以故，「全面和平」談判的真偽，必須根據客觀情形而決定。如在客觀立場上看不出日本有放棄偽滿洲國的決心，真的「全面和平」便根本無從談起。老實說，在那一時期，日本方面並沒有這個可能性的存在。

關於繆斌之連絡重慶特務機構，據說以營救陳長風中將的雙親為媒介。陳長風為軍統首領戴笠的高級部屬，派駐上海專幹地下工作。日本憲兵隊希望其能投案自首，因拘捕其雙親作為人質。繆斌當以營救之責委之田村，田村又轉託辻政信大佐設法，結果如願以償，統予釋放。因此，繆斌在陳長風的印象中，認為其人很有用處。嗣繆介紹田村與陳長風相識，傾談之下，田村大感投機，私計談和橋樑，陳可勝任。而陳於田村的觀感，和他視繆斌者正復相同，亦認為是一有用之人。自此以後，他們時常會談，交換意見，而由繆斌從旁翻譯。

日方對繆斌仍寄幻想

其時戰局於日本已大不利，「全面和平」談判的意義完全改變，與以前的企圖恰巧相反，由弱化重慶的戰意轉為弱化日本的戰意。在潛意識中，且有促進日本早日降服的作用。

對於時局觀察敏捷的戴笠自不願失去此一機會，在小磯內閣成立後，戴笠－陳長風－繆斌－田村的路線突然活躍起來了。其實戴笠所操縱的路線不止這一條。由於「全面和平」所包含的問題太多，如接收日本軍武器，接管佔領區，阻止異黨破壞，連同「汪政府」本身的處置等等，都須得到周佛海的協助，他已早有準備，和周佛海在無線電上不斷連絡，靜待和平機會到來。就環境需要而言，事如實現，繆斌路線的重要性自遠遜於周佛海路線。那麼戴笠為什麼還要理會繆斌這一套呢？據日人鹿島判斷，卻是另有作用的。戴笠的目的似不在借此探測日方談和的誠意，而是對於周佛海路線的牽制，此外，陳長風為了蒐集情報而利用繆斌，亦有可能。

諺云：「溺者攫取麥稈。」當時日本就是這樣，明知其於事無濟的，而於滅頂之頃，猶寄幻想於麥稈能發揮救援作用。當緒方於得到田村的報告後，立刻想邀繆斌到日本來，試探有無談和希望，因之繆斌於一九四四年在上海接到小磯內閣的「招待狀」。此一行動，當然使周佛海和他的背景日本軍部大不樂意。在他們企圖包辦「全面和平」的時候，突然出現了一個槍手，自非破壞不可。因此繆斌在多面阻難下無法飛往日本。迄至次年一月，這一問題才又被提起。其中經過，緒方竹虎曾有如下的記述：

陸軍省次官柴山（曾任「汪政府」顧問）來訪。他說：『我們把向重慶交涉和平的工作交給在南京的日本軍總司令部包辦。現在由周佛海推進這個工作，你們要把繆斌路線暫時拖住。』因此我於繆斌路線，不得不暫予中斷。到了下年一月末，這問題又重燃了。小磯首相得到陸、海軍和外務省當局的諒解，決定在蒐集情報的名目下請繆斌到日本來。但是陸軍大臣雖表贊同，卻仍暗施阻礙，種種麻煩，由此發生，直到三月十六日繆斌一個人才飛抵東京羽田機場。

寫絕命詩死作和平神

以後的經過如開頭所寫的那樣，主張由繆斌和重慶談和的小磯緒方一派，和反對他們的重光、杉山、米內一派互鬧一番，結果小磯內閣總辭職了。問題發展到這個地步，小磯、緒方等對於繆斌是否賦有談和權限猶未徹底判明，則更可笑。此中真相，和平後緒方又曾坦白地說過如下一段話：

一直到如今，繆斌和蔣先生有怎樣關係，我們還是不大明白。他本身曾坦白地說出他的權限在三月卅一日後便要消失，他自己並不是代表將先生的意旨，真正的重慶代表現正在上海指揮一切工作。據我們想，無論如何，他和蔣先生當有連絡的。東久邇宮還想依循這條路線，由與重慶談和發展到向美國交涉和平，我亦是同樣想法。

如上所說，他們既未徹底明瞭繆斌到底代表何人，卻仍把日本的命運寄望於繆斌身上，可見那時日本當局對於和平希望如何迫切。所惜繆斌並不代表任何重慶機關，僅在重慶特務操縱下東跑西跑，給人利用而已。

只須看繆的悲慘結局便可明白一二。日本投降後的第二年五月初，他以漢奸罪被捕，同月廿一日下午五點十五分他在蘇州獅子口第三監獄被槍決了。據聞臨刑之際，他頗能視死如歸，態度動人，並寫過一首絕命詩。詩云：

浩氣歸太真，丹心照萬民。
平生慕孔孟，死作和平神。

抗日戰爭中的流產和談

——繆斌與田村真作的一場「和平夢」！

嶠農

抗日戰爭結束距今才十五年，大大概一般人祇記得因為我方不屈不撓抗戰到底，令得敵方勢窮力竭，終於向我們無條件投降而了結這一場大戰。但在戰爭中間，雙方曾嘗試過謀和，這卻很少人得知；在日本雖有一部分人知道，對事情的真相也並不十分明白，一因當時進行此事並非正式公開；二因事情尚未進展到商談地步便遭破壞，而煙消雲散痕跡不留。中日兩方的官方文件，對此未成事實的事件，當然很少記載，即或有些與此事有關的零星文件，恐怕也為政治關係而毀掉了。

此篇資料得自日本方面兩位參與此事的當事人，其一為山縣初男翁（亦為筆者友人，今年八十八歲）的口談，其一為田村真作先生自己的記錄，皆語語真確，誠為抗戰中的一段秘史。假使當年此事有所成就，則中國的面目，必與今日不同。此故事情節頗長，現在分章敘述如下，或亦讀者所樂聞。

日本侵略派的妄算

民國廿六年七月七日的蘆溝橋事變，並非偶然發生的意外，而是日本的中國侵略派集團早已計劃好的事。他們要將華北（黃河以北）和中國分離，造成「特殊地帶」，置於日本軍的支配下，逐步演變為第二滿洲國，蘆溝橋火發實為這一陰謀實施的開始。這個集團的核心人物，其一為日本前任天津駐屯軍司令官、也就是「何梅協定」的簽訂者陸軍省次官梅津美治郎；另一為民國廿五年五月派兵假冒蒙古軍攻擊我國綏遠東部失敗而歸的關東軍參謀長東條英機。他們眼看著國民政府在那幾年中，對於日本遇事退讓，不敢抵抗，只要蠻不講理，可說有求必應。計自民國廿年「九一八」事變後，有廿一年的上海事變和滿洲傀儡國的成立；有廿二年五月卅一日的「塘沽協定」：劃定延慶以東、山海關以西、長城以南、北京天津以北的地區為非武裝地帶，不准中國軍隊在這地區內駐兵；有廿四年六月十日的「何梅協定」：規定河北省內不准中央軍駐屯，不准有國民黨組織，撤銷軍事委員會北平分會；有同年六月十八日的秦德純、土肥原協定：將塘沽協定的非武裝地帶擴大到察哈爾省北部六縣；有同年十一月廿四日的冀東防共自治委員會的傀儡組織成立；有同年十二月十一日冀察政務委員會的成立，以冀察兩省為緩衝地域；所有這些，無一不是只消日方一嚇，便可得心應手，遂令得侵略派的僥倖狂妄越來越兇，於是，製造華北「特殊地帶」的陰謀，便也悍然敢為，而由豐台駐屯軍的牟田口廉也、參謀和知鷹二、駐上海武官雨宮巽等於七七在蘆溝橋點火發動了。在日本侵略派集團的妄算中，以為只須動兵一喝，便可如願以償，極其量也不過進軍南京，國民政府決當俯首屈服，不消多所耗費的。

石原莞爾眾醉獨醒

當時日本也有少數眼光較遠的人，不同意侵略派的作為，但都默然不語，祇有日本參謀本部作戰部長石原莞爾一個人敢於公開反對。石原是向來同情中國的。他早年當少尉時期，在朝鮮守備隊服務，某日，在報上看到了「孫中山先生已在中國發動革命」的新聞，便率領他那一排士兵登上駐地附近最高的山頭，朝著中國方向，三呼「中國萬歲」。當西安事變發生時，東京的新聞記者們往訪代表日本陸軍發言人某少將時，該少將竟邀記者們乾杯來慶祝；但記者群往訪石原時，他說：「由於蔣介石的努力，中國好容易正走上統一的途中，竟發生這不幸的事，如果我是日本總理大臣，將立刻打電報去慰問蔣氏。」又說：「日本只要自己能夠努力，是無須妒忌或恐懼中國強大的。」七七事變爆發，石原即主張不擴大的方針，應速就地解決。他認為日本侵略派集團對中國的恫嚇，無異小狗向大狗狂吠而大狗卻不作聲。如果戰事擴大，則以中國廣大的土地、原始的產業，一旦民族決心起來抵抗，即將成為長期的戰爭，日軍必將深陷泥淖中而不能自拔；加以列強在中國權益的錯綜複雜，尤其蘇聯對北滿的謀略及美國對中國的關係，都是不能漠視的。然而石原一人敵不過侵略派的人多口眾，結果，石原遭受外放，日軍終於進軍上海。當時石原曾歎息道：「這一戰爭的結果，日本恐怕要喪失樺太、台灣、朝鮮，而只剩下本州了。」

到處製造傀儡組織

日軍攻佔華北各地後，隨即製造許多地方傀儡組織，如察南自治政府（民廿六年九月四日），平津治安維持會聯合會（九月二十二日成立，十二月解散），晉北自治政府（十月十五日），蒙古聯盟自治政府（十月二十七日），蒙疆聯合委員會（十一月二十二日），河南省自治政府（十一月二十七日），山西省自治政府（十二月十日）等等。到了十二月十四日，更在北平掛出了「中華民國臨時政府」的招牌。南京是同年十二月十三日淪陷的，到了廿三日南京自治委員會亦告出現。日軍想利用這些傀儡組織來替他控制淪陷地區的中國人民。

在南京陷落後一個月當中，日本有一部分人悄悄地期望德國駐華大使陶德曼居中調停以結束戰爭，但陶德曼對於居間調停之舉，曾向日本表示：「日本的和平條件，內容不大明白，請再詳細見示。」日本為了此事，於是召開御前會議，結果，於昭和十三年（民廿七）一月十六日發表了一個稀奇古怪的近衛聲明：「……國民政府不了解帝國的真意，依然圖謀抗戰，內不察人民的痛苦，外不顧東亞全面的和平，帝國政府以後不以國民政府為對手，期待有足與帝國提攜的新興中國政權的成立，將與之調整兩國的邦交，而協力於更生中國的建設……。」聲明發出後，繼續對中國進攻，並於是年三月廿八日在南京又搞一個「中華民國維新政府」的傀儡組織，但依然沒法結束這場戰爭。

蔣汪爭權乘機利用

到了民廿七年十二月十八日而有汪精衛潛離重慶的事。自此，汪氏在四個月時間中發表了四次和平聲明：第一次是十二月三十日在河內發表響應近衛聲明，主張善鄰友好，共同防共，經濟提攜的艷電。第二次是民廿八年一月八日在河內發表指責蔣先生在一年前既承認與日本的和議，現在又持異議，是自相矛盾，並認為那時是與日方謀和的最適當機會。第三次是因其心腹曾仲鳴被擊斃，於三月廿八日在河內又發表聲明，斷然向「和平建國」之途邁進。第四次為答覆《大公報》對其第三次聲明的指責，於四月八日以〈告國人〉為題在香港《南華日報》發表，攻擊重慶軍政當局對時局缺乏認識及無力量無誠意維持和平，唯有速謀和平方能免於中日兩國的滅亡。這些，完全是汪藉此與蔣爭權而發，日本當然要乘機來利用他。民廿八年五月，汪赴日本與首相平沼及前首相近衛接洽，歸途經北平又與「臨時政府」接洽，回到上海再與南京「維新政府」接洽，得到王克敏、梁鴻志等的協力，於是，又於同年七月十日在上海《中華日報》發表〈我對於中日關係的根本觀念與前進目標〉的文章，表示與蔣絕緣。九月十九、二十兩日汪在南京與「臨時」及「維新」兩組織的頭子王克敏、梁鴻志會議結果，同意合併南北兩政府而成立新政府。民廿九年四月一日汪氏以國民政府還都南京的名義成立了國民政府，宣言從事與日親善以實現和平。當時日方以王克敏、梁鴻志既不能達成替日本控制中國淪陷區人民的傀儡任務，汪精衛應有力量做到，但結果也歸於失敗，沒能夠藉此而結束對華戰爭。

日人曾作自我批評

日方失敗的原因，主要的自然是傀儡主子日軍的殘暴橫蠻，引起中國人民普遍的憤恨。最顯著的事例，莫過於南京陷落時的大屠殺，當時日軍師團長中島今朝吾居然訓令他的部隊道：「務須盡可能的慘酷去屠殺搶掠！好叫敵人害怕而投降！」這個「南京大屠殺事件」，傳播得世界周知。日軍在淪陷區的暴行，已用不著列舉我國同胞的咒詛，現在且引述幾段日本人自己對自己的批評。

先述他們對於駐在北平日軍的批評：

在北平日軍司令部的軍閥們，簡直成了大王，君臨北平，任意玩弄。華北政務委員會（汪政府成立後，撤消了北方的臨時政府名義，改為政委會）的人事，也得隨他們的好惡而任意變更。軍司令部有個參謀叫有末精三，他把北平的一個民眾團體「新民會」改組，會長由華北政委會委員長掛名兼任；下面兩個副會長，一個是繆斌，一個是日本人安藤紀三郎；會中重要職員，日本人比中國人多十倍，簡直變成了日本人的新民會。有末精三將新民會看做黑衫黨，而他自己冒充做墨索里尼。軍司令部強調「華北的特殊性」，而有末精三卻利用新民會來強制華北的日本化，用軍令來做民眾指導。在會中，日本人常常與中國人爭辯中國問題，如果中國人不聽話，就被戴上抗日份子的帽子。結果，這個中國民眾團體成了中國民眾憎恨的目標，成了中國民眾之敵。

再述他們對於日軍在南京上海的批評：

日軍佔領下的南京，美其名為和平地區。但無論在南京或上海的火車站，對於旅客上下，嚴厲檢查身體，日本憲兵對於中國民眾拳打腳踢，對於行李翻檢散亂。這種暴行，每日每夜，上車下車，繼續照例施行。名為防範恐怖份子滲入和統制物資，其實擾亂物資統制的首惡便是日本軍閥的部下。在佔領區建造日軍戰死者的忠靈塔，這豈不是唯恐當地人民會忘記日軍曾來侵略過和屠殺過？在南京風景優美的地方，勒令中國人民將祖墓遷移來給日人建築日本神社；這是最觸犯中國習俗的禁忌的。在佔領區各地的日軍頭子，個個都成了大王，他們在政治上分頭發號施令，不能統一。和平區實在成了人間地獄。汪政權亦成為日本軍閥的俘虜，在這樣情形之下，自然要日趨沒落。……

田村真作努力謀和

在中日戰爭進行期間，很湊巧，敵方和我方同時各有一位十分熱心和平運動的人。他們初在北平相遇，彼此吐露懷抱，氣味非常相投。後來先後都去了南京與上海，同感戰爭的結束無期，前途的黯淡愈甚，因之對和平的意念更堅，終於碰上一個機會，由他們來促成中日和平的嘗試。他們是誰？一個是中國的繆斌；一個是日本的田村真作。

繆斌與田村兩人各自的經歷和彼此的關係又是怎樣的呢？

先說田村真作：

田村初做教員，嗣入《朝日新聞》社工作，該社的編輯局長緒方竹虎很愛護他。西安事變發生時，他任該社政治部記者，擔任陸軍方面的採訪，因此，屢得親自聽到參謀本部作戰部長石原莞爾對於中國問題的議論，使他佩服得五體投地，視之為師。中日戰爭第二年，《朝日新聞》社派他為從軍記者，跟隨他舊識的東久邇稔彥所率的突破大別山部隊，來到了中國戰場。但他從戰地回日本後，深感這場戰爭的愚蠢，從軍的簡直是傻瓜。

何況寫戰地新聞都要迎合權力者的意旨而著筆，都是靠不住的，言論既失去了自由，他更鬱鬱不樂。到了戰爭第三年春間，《朝日新聞》社又派他赴北平的《朝日新聞》總局工作，他在來華之前，曾順道訪舞鶴要塞司令石原莞爾請教（石原於是年歲暮，從參謀本部作戰部長，被貶任此閒職），他對於中國問題，那次向田村有很扼要的指示。田村到了北平市，看見市上到處都掛有「阿典暖酒」的招牌；擴音器播出日本的流行歌；料理屋、藝妓，隨處皆是。尤其高級料理店，鼓樂日夜喧鬧不休，顧客們不外是軍司令部的軍人、興亞院的官吏、國策會社的董事監察等等，中日事變的原形畢露。他對日軍將中國這個古都漆上一層厚厚的日本顏色，失盡了中國的人心，憤懣之極，竟回去東京向報社辭職，緒方竹虎雖對他作懇切的慰留，但他仍堅決不幹。而他私人卻又跑回北平來幹他的中日親善工作：一是主辦一本華文雜誌《東亞聯盟》，主張中國「政治的獨立」，反對日軍無論一貓一狗的事都藉「華北的特殊性」為名加以干涉；他指出在北平的日本人，或自稱為「老北京」的日人，祇知道逛名勝、吃中國菜、看京劇。另一是和華北日軍的宣撫班採取緊密連繫，宣撫班的班員多屬純潔的日本青年，在平主持這班人員訓練的又是他的舊友本間誠少佐，所以常常邀集班員三數人到他在北平的寓所裡開會討論中日問題，宣撫班出去執行任務時，行動友善，態度至佳；果然受到中國民眾的歡迎；上面是田村真作經歷的簡述，以下再說繆斌其人。

繆斌創立了新民會

繆斌是江蘇省無錫縣人，號丕成。少時曾抱有農村電氣化的理想，所以進入上海南洋大學學電氣。當時上海已被捲入國民革命潮流中，故他也參加了國民革命運動。繆於大學卒業後，在黃埔軍校當電氣通訊教官。軍校那時已分左右兩派，他參加「孫文主義學會」以與左派的「青年軍人聯盟」對抗。到了民十四、五年間，隨著國民革命運動的擴大，黃埔軍校招集革命青年在校施以數月的短期訓練後，即出發參加北伐作戰，將學生編為國民革命軍第一團，以何應欽為團長，繆斌為黨代表兼團附。政治指導人員往往身先士卒，站在第一線，繆那時年青勇敢，在最前線活躍非常。他的母親因他是個獨子，若在校中當教官倒無所謂，聽到他跑上前線，嚇一大跳，親自趕到廣東戰地上找他，哭著要他回去。他平素對母親雖極孝順，但這次卻不聽母親的話，堅決的要繼續幹下去。迨國民革命軍北伐進到南昌，一度被孫傳芳優勢的兵力所擊敗，幸當時民心傾向革命軍，對革命軍戰敗逃散的官兵，每加隱藏庇護，繆斌於敗潰中，化裝為老百姓，在民家躲避了好些日子，才得重返部隊。他由國民革命軍第一軍副黨代表轉任總司令部經理局長。年方二十四歲即被推選為中國國民黨第二屆中央執行委員，以後連任第三、第四屆。民十八年出任江蘇省政府民政廳長。因江蘇北部荒地很多，人民貧困，他為此，不惜棄官就學，特地赴美入康奈爾大學研究農業，專攻鹼性土地的植棉法，到了棉花借款成功才回國（這筆借款，後竟被人所攘用）。

當國民黨第四屆中央執委全體會議時，汪精衛在大會席上主張「一面交涉、一面抵抗」而被反對派所狙擊；繆斌同時也發表「抗日危機的猛省」的小冊子，以促中日兩國的反省。自日本二二六事變後，他為觀察日本的動向，夫婦相偕赴日，他從日本的歷史開始，認真地去研究日本。蘆溝橋事變發生，他極力向各方陳說中日兩國民族交戰的不利，但聽者很少。到民廿六年十二他在北平創立了「新民會」的民眾團體。

這些便是繆斌在戰前的經歷。

繆斌和田村真作是怎樣結識的呢？原來田村自到北平，住在西城北魏胡同，距離繆斌寓所很近，因此互相往來交際，漸漸地交往既密，無所不談，繆家都視田村如家人。繆氏夫婦和田村交談都是用日本話，但繆氏的日語並不高明，不過會說一句半句，起初一半口說，一半筆談。以後才慢慢進步到祇有他們之間聽得懂的一種日本話。

中日原是難兄難弟

他們初見面時，田村即對繆氏說：「我覺得我是比誰都愛日本、愛中國的一個日本青年。照這樣下去，我所愛的日本，不久將會戰敗，道德也將喪盡。因此，日本必須與中國早謀和平。」他說話時情緒激動，眼含淚光。繆斌注視傾聽後，也感嘆地說：「我從來就沒遇見過對我說日本會戰敗的日本人！」以後，繆斌常常對田村說：「中國有難兄難弟的一句古話，貴國與中國也是難兄難弟。平時無事，不懂得兄弟情分的可貴，但一遇到患難，就算平日互相爭吵的兄弟，都自來相助，這才明白兄弟間的真愛。日本與中國當彼此真正的困難尚未到來時，是不會明白兩國之間的真愛的。」田村此時也把石原莞爾那番中日應該親善的議論告訴了繆斌。不知不覺間，他兩人便成為一對中日和平的同志。

繆斌和田村這種思想與行動。都是當時在華北的日軍所不能相容的，結果逼得繆斌要離開北平而往南京。

「宣撫班」被華北日軍司令部解散後，田村的公開親善活動也失去了憑藉，祇剩下《東亞聯盟》雜誌未被封禁。他如果不是石原莞爾介紹給華北軍司令官多田駿相識的，恐怕早就被日本憲兵抓去了。

田村認識了辻政信

中日戰爭進行到第四年夏天，田村將雜誌交託年青的同志料理，自己則前往南京。到京後往訪派遣軍總司令部的板垣總參謀長。板垣是知道田村的思想與行動的，他們見面後，板垣曾向田村道：「這司令部中也有和你懷抱同樣思想的人啊！」於是，便介紹辻政信中佐給他認識。辻政信獨自住在總司令部大廈對面小屋的一角，他們被介紹認識後，辻政信笑對田村道：「我是從這裡來監視總司令部那些傢伙的。」（按《春秋》第六十八期載辻政信手著〈我在南京日軍部怎樣當課長〉一文，可證明此話的實在。）又指著道旁的草芽道：「你看這些草！它給日本的軍靴踏了又踏，新芽又出來。這便是中國的偉大潛力啊！」又曾說道：「我手上腳上還留下有在上海作戰被中國軍隊打入的彈頭不曾取出，我在受傷時很高興，中國復興很有希望咧！」田村那時聽了這些話，覺得這位中佐才是真正的日本軍人。

關於田村在南京的情形，暫且擱下不表，且說繆斌當時在北平的處境，一天一天的難堪，他創設的「新民會」，已完全被日軍所改組利用。北平市上逢著什麼慶典，日軍只准中國民眾掛從前的五色旗，中國的青天白日旗不復再見。所有大建築物，盡被日軍佔據，屋頂飄揚著日本旗。日本軍閥妄圖分割華北的陰謀已經表面化的成為事實。繆斌的大兒子那時原在「新民學院」就讀，某日，繆斌問他為何不上學？他汪著眼淚答道：「爸爸！你創辦的中國人學校，怎麼只能掛日本旗，掛中國旗便不行呢？我不想在這種學校受教育！」繆斌默然出不得聲。

汪政權在南京成立後，南京是掛青天白日旗的，北方民心都傾向它。但華北日軍卻嚴防汪政權勢力向北方侵入，要抬吳佩孚出來對擋，幸虧吳氏死得快，完了這重公案。因此在華北的日軍與南京日軍也完全處於對立的狀態。

在南京求不到光明

繆斌在北平既已住不下去、於是全家搬到南京去，他抵達南京時，事先並未關照，即逕行入住田村的寓所。田村見繆氏南來，十分高興，可見他們交情之深。繆斌不久便也參加了汪政權，並出任立法院副院長。

繆斌兩個兒子和周佛海的兒子以後均轉往日本留學，因為都是中國人，常常受到日本的特工或憲兵的麻煩，結果是憤而歸國。後來繆斌的兩子，留下了一封信而逃往重慶。信裡寫道：「……現在無論是在北平、在南京、在上海，那兒都沒有光明。我們為求光明，從此往重慶去。但是，我們此次的行動，和我們的父母或家人完全沒有關係。……」紙上滿是淚痕。繆斌指望他們能留在重慶便好，但事後檢查他們的遺物，他發現次子對共產主義很有興味，一直耽心他會跑去延安。

不久，繆氏在南京發生了一件事：南京日本大使館的中村參事官屢要求繆氏設法和重慶取得聯絡，剛好繆的大學同學某君要去重慶，繆遂寫了一首詩和一封信，託這位同學帶到重慶去交給何應欽，誰知某君乃汪政府的特務久已注意的人，未成行即被逮捕，結果繆事也被連帶發覺。汪精衛聞訊大怒，要治以通敵之罪。日本大使館卻裝作不知而並未出來為繆氏辯護。田村在上海得到繆家的通知，急返南京求救於其老友永井八津次大佐，繆氏在日方緩頰下，幸得以左遷考試院副院長了事。自經此事，繆自知和汪政府不會再好到那裡去，對日使館的人也有戒心而不敢信用。繆氏又曾發表一篇「日本的大海軍國已經完成。中國由其環境、地理、人口來說，必然成為大陸軍國的」的文章，因此大觸南京日軍總部一位將校之怒，對繆大加斥責道：「為甚麼日本不是大陸軍國呀？」繆氏至此越發討厭南京。他來南京本為求光明，而光明依然在南京求不到。於是又跑到上海去，借住在法租界他妻弟「紗廠大王」的榮家裡。

救出了顧博士全家

中日戰爭第五年（民國三十年，昭和十六年，一九四一）十月，田村因去國很久，決計回東京去看看。當他返抵東京時，適值日本內閣改組，本該是東久邇稔彥出來組閣的，卻被東條英機運動搶去。東條一上台便發動大平洋戰爭。東久邇歎道：「日本完了！」於是，田村又決計再歸上海。臨行，緒方竹虎對田村道：「遲一天與中國和平，則日本陷入泥淖便愈深一層，望你專心致志這件事，府上我當照料，請不必掛心！」

中日戰爭第七年初秋的一個深夜，上海「紗廠大王」榮家經營的新申紗廠有一位留美研究棉花栽培的顧博士，要求秘密會見繆斌。繆氏和他見面一談，才知道顧博士的胞弟是潛伏在上海的藍衣社大人物，被日本憲兵隊追蹤了四年多，始終捕他不到，但到底被探出他家的所在，派隊圍捕，把他的父母妻子都帶回日本憲兵隊去。顧博士面色蒼白，哀求繆斌道：「父母上了年紀，倘被憲兵拷問，必然送命無疑，有什麼法子可以救出來？無論如何要求求您了！」

顧的胞弟真姓名叫顧敦吉，但他因職務關係，時而姓張、時而姓劉，用假名字活動。他是燕京大學出身的知識分子，很有膽量。汪政權成立不久，南京的汪精衛公館是警衛最森嚴的，但他潛伏在公館的隔鄰，使得汪政府要人們都為之發抖，這便是他所幹的事情。

繆斌既受顧博士之懇託，只得去找田村商量，結果，決意將此事坦白對辻政信說，請他設法幫忙。那時辻政信已陞級大佐。很湊巧地，剛好辻政信來到上海，田村會見了他，便把事情說了，辻政信將道：「好！我來辦。回頭我們一塊兒走！」說完，便和田村立刻同往憲兵隊去。辻政信將其熟識的山崎憲兵中佐介紹給田村；並對憲兵隊方面說：「這件案子，既然本人在逃，拘捕到的只是甚麼也不管的老弱婦孺，都給我釋放了吧。一切由我負責。」不料辻政信竟以強制的態度，硬要憲兵方面答應就地釋放。出乎顧博士的意外，他的父母和家人都平安回來，歡喜得眼淚都流了出來。立刻在報紙上的人事欄登一小廣告，內容是一讀便可悟到的「雙親和家人已由憲兵隊釋放的語句」，用來通知他胞弟。不久，顧博士接得胞弟的來信，看郵戳是蕪湖，信略云：「我總以為父母和家人落到日本憲兵手裡準是遭害了，得到釋放，真是出乎意外。他們對我有甚麼條件要求嗎？我現在即去重慶，暫不回滬。……」顧博士將信上的話託繆斌轉請田村去問辻政信。答覆是：「甚麼條件也沒有。」

終於晤見神秘人物

事情又過了半年，一天，突然有位年青小姐來到上海繆家訪問，繆夫人出來招呼，那位年青小姐說要會繆先生。繆夫人還以為她或是甚麼遠房親戚，誰知繆斌出來後，小姐卻說：「尊駕是繆先生嗎？」繆斌點點頭，她又接著說：「我是為關於中國國家的問題而來，對不起，我祇能對先生您一個人說。」這時繆氏便使眼色催促繆夫人退出去。她才繼續的道：「我是代表前些日子仗先生的大力救了他父母和一家人性命的姓顧的而來的。顧已經從重慶回到上海，想直接面會先生一次親自道謝，能給會見嗎？」小姐把來意說明了，繆氏回答道：「那是非常高興的事，我隨時都可以會見，我在這裡專誠等候。請代我致意。」繆氏很爽快的答應，年青小姐也就欣然告辭而去。不久，顧某來訪繆氏，彼此很談得來，此後彼此還繼續保持著聯絡。田村知道此事後，屢次求繆氏介紹顧某給他認識，繆氏卻含糊其詞，久未實現。某日，繆氏忽然通知田村，要他立刻去南京，說是將在南京與顧相晤。田村接得通知後，立即趕到南京繆公館樓上等待。繆氏派自己的汽車往接顧來，汽車直開進大門入院內下車，主客在樓下客廳先談了很久，田村一個人在樓上等得無聊，蹀來蹀去，靴聲得得。顧在樓下問：「誰在樓上？」繆答：「是日本人，像我的親屬一樣的日本青年，我曾對你說過他託我求見你。」顧說：「既是這樣，見見也好。」繆和顧談完後，即相與上樓給田村介紹。談了一會，顧笑道：「我到任何地方都不帶武器，只帶著這樣的東西。」一面從衣袋裡掏出一小玻璃管給大家看，接著說：「如果我被日軍捕獲，吞下這個便能夠死。」初會的寒暄，都很含蓄，彼此沒談到別的事情。

一位藍衣社要角，結交了敵我雙方一對和平同志！

田村和繆斌對於藍衣社老顧的真相，所懂得的也不過是某種程度而已：他以上海為根據地，而在北平、天津、南京各處活躍；他是直屬戴笠的藍衣社重要人物，是指揮日軍佔領區內藍衣社組織的首領。藍衣社直屬軍事委員會，正式名稱為軍統局（調查統計局），直接於軍事委員會委員長蔣介石。

田村和顧某一席談

田村在北平、南京、上海搞了幾個年頭的親善和平運動，始終摸不著和平的門路，現在意外地結識了藍衣社老顧，當然不肯輕易地把他放過，再約他在繆處會談。

繆斌在上海借住妻弟的榮家，從前是李鴻章的公館，是舊式的洋房，位於法租界的住宅區。某日，在這老式洋房的一個密室內，田村又和老顧會談，由繆斌做翻譯，祗是三個人。

田村說：「現在我把五年前在北京對繆先生說過的話再對你說，我覺得我是比誰都愛日本愛中國的日本青年。我因愛祖國日本的緣故，希望與中國和平而來的。照現在的情形下去，日本一定會滅亡！而我不以為日本滅亡是中國的幸福。」

老顧答：「你的話我明白了。但目下立即想作日本中國談和的話，那是很困難的問題。我們中國的民眾為抵抗日本侵略而作戰所流的血和淚太多了。」

田村說：「中日和平當然不是容易的事。但遲早這都是我們東亞兩個民族彼此總得解決的問題。」

老顧問：「我們中國以日本何人做對手來交涉呀？日本的總理大臣時常變動，軍人又不信能用？」

田村等：「在日本有天皇。天皇自中日戰爭開始時起，每次議會開會都祈望事變從速解決而謀和平。日本天皇本來是和平主義者。」

老顧又問：「日本天皇現在不是令戰爭進行著嗎？」

田村答：「那是絕對的錯誤。是日本的軍閥們利用天皇的名義去幹的。是東條把天皇壓制著的。糊塗的木戶和重臣們包圍天皇，不讓天皇知道真實的情形！」

老顧又問：「那麼，天皇有使戰爭停止的力量嗎？」

田村答：「天皇一聲令下，日本百萬軍隊就要停止戰爭。這，要請您相信。在日本有使戰爭停止的力量的，除天皇外，再無別人，祇是天皇一人。」

老顧：「……」

田村又說：「天皇是不想和英美作戰的，東條搞出了這一套，日本很多進步人士都表示反對。從開始就反對和中國作戰的我們和我所尊敬的石原莞爾先生，都反對此舉。……

「我們的希望，是先經由中日和平進而謀求日美和平的。但目前即談日美和平，卻為日本現在情勢所不許。可是，日本人百分之九十九都對蔣主席抱尊敬的。日本任何人都希望與中國和平，這是實情，望您好好判斷。我們祈求中日和平能夠成立，再煩蔣主席的居間而謀日美的和平。……

「中日和平，在日本國內絕對不會有問題。日美和平，也許國內問題會起，但只要中日和平能夠成立，則以我們的力量是能夠完全壓服反對者的。」

老顧又問：「你們現在有怎樣的方法呢？」

田村答：「我們直接對天皇說話的方法現在還沒有。但皇族東久邇宮和我的前輩《朝日新聞》主筆緒方竹虎先生都是懷著同樣的想法。由東久邇宮起來組織內閣而與中國及美國謀和。這樣做，則現在被軍閥壓抑的日本自由主義者們都一定會起來的。」

老顧答：「我很明白了。在我個人，很願意和你們協力去實現這個和平。但以我個人的力量，無論如何是不成的，我不過是中國組織中的一人而已。別以為現在對重慶進行中日和平是上策啊！如果拍發一通希望和平的電報到重慶，那是了不得的事。電報祇有被毀掉，送不到蔣委員長眼前的。……

「但以我的努力，祇是將中國和日本關著的門打開，自信這個差使我還當得起。請暫時等一等。努力去！」

田村與老顧的談話至此而止。

田村正在期待著與藍衣社老顧這次會談的結果。不料此時忽然聽到辻政信大佐將由南京調往緬甸戰場的消息，田村想到辻政信離開南京之後，感覺自身危險而緊張。辻政信雖有德於老顧，而老顧因辻是現役軍人，此時不想和辻見面。田村也不便把自己和顧的關係全部告訴辻政信，但到了時候，他自信可以說服辻政信而得其協力的。辻政信調離南京時候，行前留下一封信給田村便離開了上海，信云：

「以唯一信奉和平自任的小官，竟遭遇到要上第一線的命運，古語所謂『兵是悲的』，到現在正痛感著。」

「辻不是當作策略來號召和平的，煩將此意確實轉達繆先生。」

「君幸而不在『兵是悲的』的立場，望以信義為生命，更當隱忍自重，確保路線，擁護繆先生。……」

第一次邀繆斌赴日

辻政信離滬不久，日本憲兵破獲藍衣社設在榮家屋頂上的無線電台，幸好繆斌剛搬了家，未被涉及，除無線電技師從三樓跳下斷腕外，別無與顧有關的人被捕，惟榮家老小都被一網打盡，帶到憲兵隊去。田村聽到這個壞消息，自己害怕的事（通敵罪名）卻無情地碰向自己來了。怎麼辦好呢？決意硬著頭皮去叩上海憲兵隊的門，他面見山崎憲兵中佐，說：「這電台是由辻大佐委託辦的，實在是為難著。」他並要求把一干人全部釋放。出乎意料之外，山崎完全答應了，不獨放人，連電機、密碼、通信紀錄簿十多冊一大概無條件發還。田村每一次想起此事都會打個寒噤，如果這密碼被譯出來，後果如何，真是不敢想像！

田村在中國專心致志於和平工作，費了五年半光陰才摸著一條路線——藍衣社老顧對他表示能打開和平的門。在中日戰爭第七年的七月（民國三十三年，一九四四），適值東條內閣倒台，小磯國昭繼起組閣，緒方竹虎入閣為國務大臣兼情報局總裁，田村這時遂搭乘海軍飛機回東京去看看情形，並將工作結果向緒方竹虎報告。

他回到東京後，見到緒方竹虎，作了如下的報告：

被稱為重慶工作者的雖有種種，但都不過是與重慶某個人、或是來到南京上海的某個人商議而已，這種工作是無法直接達到蔣介石處的。我如果肯像這樣做，到現在也可以有許多可做。但決無實際效果。……

我這次在上海所接觸的路線不是那樣的，它的特點是能直接聯結於蔣介石。這條路線是蔣介石直屬的活生生的現役的線，不消說是敵性的。那是通過上海繆先生處而來的。上海繆先生處成了接合點。在這裡與日本的路線連結起來。……

我個人的力量，這已經到了限度。再要更進一步的話，就祈望緒方先生您來考慮了。這條路線，正因為是現役，所以它極端地討厭與日本軍的關係。

繆先生作為中國的政治家，也是第一流人物。他的國際情勢判斷，無時不令我敬服。請他來一次日本，將路線這件事研究研究，並聽聽他的意見，您以為如何？

（按：緒方竹虎在上一年夏天來華視察南方，路過上海，曾和繆斌作過相當深入的談話，他也知道繆的性情。所以緒方聽完了田村的報告，決心請繆斌來東京一次。由緒方親筆寫信給繆氏，說是為了關於東亞保全的問題，想和繆直接交換意見；同時，又另函南京總軍司令部松井總參謀長，託其照顧繆斌來日。兩函繕妥後，一應交由田村以內閣特派員身份帶回上海。）

軍方阻梗無法登程

田村返滬，將各情面告繆斌，繆感於緒方的情誼，答應赴日一行。但因日本軍方說小磯國昭是反軍的內閣，由東京到南京都在抵制他。迨田村赴南京見了松井總參謀長，將緒方的信遞交，松井一面讀信，立刻面色便板了起來，不作確切答覆。後來田村屢次去催促，松井只得支支吾吾以對。

剛巧汪政權的顧問柴山兼四郎，因得梅津的援引，調陞為陸軍省次官，就在第二天便要由南京飛往東京上任。田村遂乘機和他交涉給一個飛機座位與繆斌。柴山卻說：「這對南京政府是有抵觸的，公式的很困難，如果繆是自動去的就好辦了。」田村又作為繆是自動赴日的，趕著和管機位的交涉，答覆是：「中國人要通過南京政府來才行。」田村又去拜託汪政權的新顧問矢崎勘十，誰料矢崎的態度突然改變，竟對田村不加理睬。

田村沒有辦法，和繆商量著。繆表示他不願去見日本的軍人，如果今天去向南京日軍司令部低頭，他的信用將完全喪失。

田村以為繆的話是對的。祇憤慨地痛罵在東京及南京的將軍和高官，都懷著重慶工作的股份怕被人搶奪的心情；以為任由別人將和議搞成，汪政權將不存在，他們與汪政權一部分人在鴉片，食鹽、紙煙專賣賺錢的門路將被阻斷。他們對於南京政府的仁義，是連繫於這個糜爛惡緣的「共存共榮」，是在戰爭與民眾苦難之上做出的「安居樂業」！

繆雖暫難成行，但對緒方的如此信賴自己，仍甚感激。藍衣社的老顧對此事也表示積極。惟田村對於機位的接洽，則到處碰壁，怎樣也沒法使繆登程，急得幾乎要哭起來。他惟有等待緒方向新歸去東京的柴山次官直接交涉了，但亦毫無下文。於是，九月間田村搭海軍機再返東京，見了緒方竹虎，才知道繆去日本機位的交涉，已為日本軍方全面所拒絕，沒法可施。他祇有痛感小磯內閣的無力，和軍閥的橫暴！

新任陸軍次官柴山為此事特找緒方開談判，柴山說：「關於重慶工作，據我所知，完全係委託於南京總軍，因為南京現在是通過周佛海工作著，繆斌工作應暫時停止。」緒方卻反問道：「從戰局現狀看，我以為事不宜遲，你對周佛海的重慶工作有自信嗎？」柴山對這點竟沒有何等滿意的說明。

田村也知道周佛海家中確有個電台，但那只是擺樣子而已。藍衣社的老顧對周佛海工作的內容非常清楚，原來重慶並沒有以周做對手，不過是周佛海個人作為對重慶的了解運動有點用場而已。

這是日本方面第一次邀請繆斌去東京的失敗經過。

山縣初男奉命來華

田村返東京後，緒方竹虎也曾介紹田村晉見小磯首相。小磯內閣實際上仍然是軍人當權。陸相杉山和參謀總長梅津都是蘆溝橋事變擴大的拍檔夥伴，外相重光葵和藏相石渡莊太郎是勾串軍閥侵略中國的官僚。這樣的內閣，那能與中國謀和？有一次，有人想推東久邇稔彥出來組閣，但他沒有勇氣而推卻。謀和的事祇得擱置起來。

到了是年十一月一日，美軍B-29式飛機第一次出現於東京天空。同月十日，汪精衛在名古屋病逝，日內閣對此並無新措施。同月十五日，田村很懊喪地又飛返了上海。

到了十一月底，美機開始實行轟炸日本了，日本的情勢愈緊張，小磯謀和的心情也愈急切，於是，以內閣密令派山縣初男來華視察華中情勢，實際是要他調查那一條重慶路線為可靠？

山縣為小磯的好友，早年在華曾任雲南督軍唐繼堯的顧問，又在我國湖北大冶礦山工作過，是退役的陸軍大佐，也是個老中國通。他十二月到了上海，自稱為小磯總理的代表，要會見繆斌，繆要田村先打聽一下山縣的底細。田村見到了山縣，接談之下，覺得他是個懂事的老人。他告訴田村以自己的使命，並調查與重慶有關係的人物，結果是除繆斌外，別無可靠。田村也將自己的委細告山縣得知，相約彼此互相協力。接著山縣便與繆斌晤面，並且一連幾日在繆家會談，藍衣社的老顧也到繆處聯絡，但沒和山縣等人碰面，山縣一行裡也有中國人，老顧的事情他們全不知道。結果，繆斌交了四個條件給山縣帶回東京去，那四個條件是：

一、取銷滿洲國。

二、日軍撤退。

三、在渝方未到來接收前，組織維持會暫維地方秩序。

四、渝甯兩方紙幣同時流通。

山縣返日向小磯總理覆命，並向小磯建議邀請繆斌赴日本商談。小磯接納了，在取得陸軍、海軍、外務各方面的諒解後，以獲取情報的名義邀請繆斌赴日。這是日方第二次的邀請了。

二次受邀決定獨往

繆斌赴日問題決定後，繆和老顧與田村三人即在繆處會商，決定派翻譯員一人，無線電技師和密碼譯電員四人，隨繆斌田村同行。出發的準備雖已完妥，仍因飛機問題的障礙，不能動身。陸軍方面依舊拖延，緒方竹虎不知向柴山次官催促過多少次，柴山送給小磯看的竟是假電報，電文為「祈給便利與繆斌」等字樣。實際上他給南京軍方的電報卻是：「無給便利於繆斌的必要。」等語。

在這期間（一九四五年二月五日），美軍佔領菲律賓了，德國柏林也危險了，美軍進攻硫磺島亦已開始，日本被轟炸得極慘！

一直拖到三月間，因小磯發脾氣的催促，日本軍方才很勉強地只給繆斌一個人的機位，不肯給隨行七人的專機。

關於一個人去不去的問題，繆斌、田村曾與老顧商量，顧再向重慶聯絡。（老顧每一行動都線電請渝方的指示。尤其在這幾天裡，電報到渝，貼上紅紙以表示至急特秘，然後由戴笠的手直接送上蔣先生。這是老顧自己說的。）重慶與美方的交涉，一切也由戴笠經手，此次繆去東京，不消說是通過了美方的。結果，繆斌決定單獨去東京，田村隨後有便機即去。

老顧對田村說：

「美國在勝，日本在敗，而中國的勝利是『虛勝』，我們知道中國決不是勝利。

「日本若果真敗定了，蘇聯必定就會出來。但如今日本正在靠著蘇聯，我們中國人和蘇聯來往了很長的時間，而蘇聯竟兇狠地背棄了我們，蘇聯是不講信用的。日本還在信用蘇聯，那太危險了！

「為甚麼日本信蘇聯而不信中國呢？日本若信中國，中國也就以誠意來彼此商量。繆先生這次去東京，是日本信中國與否的決定試驗。」

月餘研討作成方案

在繆斌未動身之前，顧、繆、田村三人常常聚會研討具體和平方案，以備將來正式的談判。因機位的交涉不順利，使他們三人得有一個多月的長時間來詳細研討，彼此都明白對方的意圖和困難。由於會談頻繁，田村深刻地感覺中國國共對立的尖銳。

國共為對日抗戰而合作，隨著日本失敗又回復原來的對立。對於日本戰敗後的處置如何，這與國共勢力分野的優劣有決定的作用。中國失去滿洲已經十多年。中國本土主要地區的大半為日軍佔領也已達七年之久。中國方面，關於滿洲的實情完全不明白，對淪陷區的實情也並不明白。而不論在滿洲或佔領區，都還有著未受損傷的日軍龐大兵力。

具體來說，當時重慶方面的腹案是：滿洲在蘇聯軍隊還沒進入以前，中國本土在日軍未陷入混亂以前，不給中共以可乘之隙，而有條不紊地將滿洲及本土淪陷區回復到國民政府的手裡。

重慶正為著怎樣去接收才安全、合理、確實、能夠實行而苦惱。重慶距離北平、南京、上海都很遠，無論政治或軍事，時時次次都由重慶來決定是辦不到的。中國方面，軍隊的急速移動很是不易。如果日軍與重慶方面不發生關係而隨意撤退，則共產勢力必然跟著而侵入。

重慶的中央軍也各有其特殊的情形，總得有地區的考慮。如果能夠與日軍之間設立接收機關，在雙方圓滿了解之下，從重要地點與重要地區開始漸次接收。

這是重慶方面的心事。

重慶正在這樣想的時候，偶然從上海有了顧、繆、田村這條路線，立刻便拿來檢討。這路線和《朝日新聞》社的緒方竹虎主筆與日本皇族的東久邇宮有關係重慶也明白了。而且這路線和石原莞爾將軍與辻政信大佐也有關係。在石原的周圍，熟悉滿洲政治、軍事、經濟的人不少（石原在七七事變後的十月七日由國防部作戰部長調住關東軍參謀副長直任到次年年底）。至於辻政信在和日軍的接收交涉也很有用。因此，重慶方面在這條路線上趕緊地用勁，目的便是在這幾個特殊的關係上。

取銷汪精衛死後僅存空名的南京政府是不成問題。與柏林即將陷落的德國斷絕關係而退出日德意三國同盟也不成問題。而且，這在對外，有了「取銷南京政府」、「退出日德意三國同盟」這樣大的政治表明，對日本自是很有用的。

從中國撤兵的同時，在越南及緬甸方面日軍的撤退，如果中國方面同意，則因日本本土已被遮斷，而將被纏住在緬境不能動彈的日本大兵團，可以使之從南方撤退（當時老顧已暗示同意此事）。而且，這個撤退是「日本從中國撤開手了」「將進駐南方的兵力撤退了」，這是變成將發動太平洋戰爭的原因取消，做成打開與美國和平的底子。這些事，在硫磺島日軍還在艱苦支持中，若不急行決定便無意味。

以上是田村所考慮到的日方想法。

他們三人研討的結果，作成了具體案為：

一、南京政府即時取銷。（周佛海等要人八名，日方保護其在日居住。）

二、國民政府還都南京前，在南京設臨時留守府。

三、中日雙方秘密頒發即時停戰命令，日軍完全由中國撤退。（即時停戰是以與聯合國的和平為前提。）

四、中日雙方派出軍事代表人員設置關於撤兵與接收的委員會。

五、國民政府在還都南京後，將日本的和平希望傳達於聯合國方面（美國）。

重慶作了兩種準備

田村預料此案具體化實施的時候，對於滿洲與華北的日軍的撤退和國府軍的接收，是不能急速進行的。

當時在華北，顯然已造成了有利於中共的情勢。因為國民黨與國府軍不得已已從黃河以北後退，而中共卻依然在延安根據地佈陣。加上蘇聯看準日本戰敗的一瞬間而進入滿洲的時候，中共軍可由延安從陸路急行而到達滿洲，國府軍在華北卻沒保持有軍事據點。重慶方面向北方抓手墊腳的憑藉完全失掉了。滿洲的爭奪戰，很明顯地中共方面是有分的。重慶方面多年來號召的恢復滿洲失地，如果蘇聯進入滿洲，那就完了。所以重慶為此非常焦急，總得先要設法防止蘇軍進入滿洲。

在華北，對於以延安為中心的中共軍的包圍，也得要完成。

這兩件事，當時如果沒有日軍的協力是無法實現的。

重慶為防蘇軍侵入，希望日軍留在滿洲；為對付中共，也希望日軍在某時期暫留華北。

某次，繆斌曾意味深長地笑對田村道：「滿洲和華北，非常複雜。重慶方面，這回倒想請日方再增加些日本軍啊！

「渝方且希望當撤兵接收時，能以辻政信大佐加入為日方代表；日軍是不解除武裝撤兵後退。」

對於這一案，渝方非正式的允許了。對繆氏的東行，重慶方面也做了兩種準備：（一）如果日方表示誠意，這邊也就響應；（二）倘日方無誠意，就將此作為繆氏的單獨行動算了。並附以三月底為限的期限。

飛抵東京先晤緒方

繆斌於民卅四年（一九四五）三月十六日單身由上海出發，當日午後飛到羽田機場下機。緒方招待他住在東京麻布廣尾町的迎賓館。繆立即會見緒方，繆說：

「我前些日子在上海會著山縣先生時，聽到了小磯總理正在認真地考慮關於中日和平的問題。因為戰局如你所知是時刻在發展，我想趕急會見小磯總理，願意來促進以前懸案的中日全面和平問題的解決。關於飛來日本的方法，曾與山縣先生商量過。曾託山縣先生把我的期望帶歸日本，想已傳達給小磯總理了。南京日軍總部終於答應了給我飛機座位，但僅給我一個人的，對我預定同行的無線電技師的座位卻不肯給，我只好一個人來。我所以要帶無線電技師來，是想將和日本政府商量得怎樣的情形，由東京直接與重慶交換電報，就可轉為東京重慶的直接交涉。固然南京日軍總部不相信我，我更不相信南京總部的日本軍人，我的要求便為他們所拒絕了。

「我來日本是得了蔣委員長的諒解的。關於中日全面和平的實現，蔣委員長以密令給我與日本交涉的期限。這固然是中日和平，也可當做日美和平的前提來考慮的。由此將中日兩國從戰爭的廢墟中救起來，不僅能維持東亞的安全，而且可資世界和平的恢復。我願意向小磯總理貢獻這些意見。」

接著，繆氏對戰局的預測也向緒方竹虎強調了如下的幾點：

（一）美軍的下一次作戰，必然向琉球島登陸，使日本孤立，用艦砲射擊與空襲，將日本本土徹底打擊後，斷然實行在日本本土登陸作戰。

（二）美國不在中國大陸作戰。

（三）蘇聯在美國對日攻擊展開了決定的局面時，必以武力進入滿洲。

除此三點而外，繆氏又將重慶方面的意見，傳達了兩點：

（一）日本先將南京政府取銷，以表示日方的誠意。

（二）中日雙方派出代表協議停戰撤兵，根據此協議，日軍逐次撤退。

上節說到繆斌於民卅四年三月十六日應日本小磯總理之邀，由上海單身飛抵東京，並立即與國務相緒方竹虎見面，密談中日全面的和平辦法。留在上海的田村，自繆斌飛日後，真是歸心像箭，經多方設法，好不容易得搭海軍機飛抵福岡，轉搭火車赴東京。火經車過大阪時，由車窗望出去，空襲過後正在劈裡拍拉地燃燒著。緒方竹虎因他遲遲未到東京，耽心他在路上被憲兵隊抓去，沿途託《朝日新聞》分社打聽田村的行蹤，可謂關心之至。

緒方竹虎大概乎言之

當時日本政府內部對繆斌此來謀和的經過情形又如何呢？約經過半月的議論，根本毫無結果，田村返東京後，緒方對田村曾萬分感慨地說出如下的一些話：

繆斌抵此後，小磯總理因立場關係，不便立刻會見繆氏，而要稍微等待一下，我花了兩整天的時間，將繆斌種種的意見都打聽過了，繆氏帶來有蔣主席發來的電報照片和其他的證據品，依據繆的方案，便可以明瞭重慶方面的意向。不用說，這在日本是對華政策的一百八十度的轉變，若我們將繆斌的提案就這樣全部吞下，在內外的情勢上都是不容易的。但透過繆氏這次來日，而打開所謂「重慶工作」的基礎，那是很夠的了。我曾將一切情形，都對小磯總理說得清楚明白，總理也非常起勁，他並且表示：「看時機，使我親自去重慶一趟也好。」因為這事須召開最高戰爭指導會議，並要準備一個原案，小磯總理要我也參加會議。至於所準備的原案，是將繆斌所提出的「取消南京政府」、「停戰撤兵」、「設留守府」各點再加上「派遣專使以探明蔣主席的真意」一條。

緒方又說：

在最高戰爭指導會議中，首先是重光外相根據南京大使館清水董三書記官的情報而從正面來反對這個原案，重光外相指說繆斌的經歷不可信，繆氏用周彬的假姓名，而故意不用真名。於是出席會議的杉山陸相、梅津總參謀長、米內海相、及川軍令部長等，都對此一原案表示反對或保留贊否，會議便在極不愉快的氣氛中散會，根本沒有認真檢討局勢的意思，我看見事情太不可解，曾將會議經過說給熱心支持這項工作的東久邇宮殿下聽，一面又去求米內海相的能相與協力，我向米內海相說：「現在光是用戰爭想打開局面，幾乎是不可能的事，萬一戰敗的時候，回顧今天有辦法而不用，不是對不住上頭嗎？」米內答道：「你的誠意我是承認的，但事已至此，內閣已陷入最壞的地步！」於是，小磯總理乃入覲天皇，仰祈聖斷，但不蒙聖聽。到四月三日天皇為此曾召見重光外相、杉山陸相、米內海相等垂詢，因為三相將一樣的反對意見奉答，於是小磯內閣便趨瓦解之途了！

繆斌赴日空手而歸

田村聽了緒方這一席話，亦惟暗自神傷，徒喚奈何而已！

繆斌的東京之行既告失敗，但他還是不忍即行，到了四月初間，正是日本櫻花盛開時節，繆藉著賞櫻花為名而逗留下來，住在麴町六番町的五條珠實先生家裡。當時日方朋友也覺得讓他這個樣子回去，未免於心不安，謀作最後努力者頗不乏人。

石原莞爾為了要會見繆斌，特地由山形縣趕到東京。除與繆詳談外，並四出奔走，力圖達成中日間的真正和平。可惜並無效力，等於白費功夫，日本外務省依然採取倚賴蘇聯的方針。

繆斌在日本留到四月底，經過了任何的努力，都屬徒勞而完全絕望，不得不悄然歸去了。田村當時還期待著東久邇內閣的實現而留在東京，祇派他的同志入交盛雄陪伴著繆斌由東京羽田機場飛返上海。

小磯總理於繆斌返上海時要送旅費，但繆斌以為無受日本政府金錢的理由而加以謝卻，他卻希望小磯能贈《清朝實錄》那部書給他，小磯雖已答應，結果卻沒有實現。

繆斌此次赴日，可說是空手而歸，然而，他卻交上了兩位知己的朋友，這也許是他在懊喪中的快意事吧？這兩位知交，一是東久邇稔彥；一是石原莞爾。

東久邇殿下曾將他與繆斌的往返情形，親口說給田村聽。

東久邇宮情意殷殷

東久邇殿下說：

繆氏到達東京的當晚，他給我一個通知，要在會晤別人之前先來會我。第二天，他即來麻布與我相見。繆說：「誰也不能相信，在日本，可信賴的祇是天皇一人。但我不能直接謁見天皇，想請求殿下將我的想法真實地轉達。」我答道：「中日本來應該共存共榮，中日和平固所希望，但我的期望是要由中日和平到日美和平，更發展到世界和平。由蔣主席領導提唱世界和平，如何？」

繆氏非常感動地答道：「你今天的話，我願意立刻直接打電報給蔣主席。日本方面禁止我將電台帶來，真是遺憾！」我說：「彼此同是東方人，蔣主席成為世界的人傑，我們日本人是從心裡期望著。」繆聽我這番話後，表現得非常高興。老實說，我最初見到他，還懷有幾分警戒，迨會談後，我以為他不是玩弄權術的人，是可以開心見誠商量的。不過繆斌的工作是以日美和平為目的，便不得不遭受多方面的反對了。我會見繆斌的那天，曾通過國務相緒方忠告小磯總理，要他注全力於繆斌的工作。同時，我也決意從側面盡所有的力量去相助。因此，我分別請了杉山陸相及梅津參謀總長來談。杉山陸相卻向我說：「繆斌沒有職銜，沒有蔣介石的委任狀，這樣的人物，怎能辨中日和平交涉！」我曾對杉山解釋道：「最近我曾讀《戰國策》。在中國，國與國之間的講和或是搞同盟與聯合，從來沒有突然地由國王出面直接交涉的，開頭多是由國王或大臣極秘密地委託布衣之士先作接洽，果真商談到妥當的時候，才開始作公式談判。我以為這是中國的傳統。特別是今天的日本和重慶，仗正在打著。加之我們又早已喊著不以國民政府為對手，在這種情況下，要想重慶派正式使者，是辦不到的。在蔣介石的立場而言，將委任狀帶來日本，你這想法只有錯誤。沒有委任狀，沒有地位反為有趣。你信也罷，不信也罷，即使被騙不是也好嗎？」杉山陸相至此，好容易才理解，認為我所說的是對的。此外，我對梅津總長也說了同樣的話，他也同意了。不料到了小磯總理在最高戰爭指導會議中，對繆斌工作發言的時候，重光外相首先表示反對，陸相和參謀總長居然不作絲毫支持小磯的表示，小磯內閣終告瓦解。繆斌這次來日的使命雖然完全失敗，但繆說要看了櫻花才回去，其實他內心的苦悶，我是看得出來的，所以當時我對繆安慰道：「如果你在東京碰著甚麼壓迫情事，希望你告訴那些人，因為東久邇宮有事，要我再在日本耽擱的。」無論發生怎樣的事，我都打算要庇護著他。

都想拉攏石原莞爾

看了上面東久邇宮這一段話，可見當時東久邇殿下對於繆斌確是無微不至的。

繆斌和石原的會見，那情形更為動人，兩人的交談，像是說不完似的。

石原對繆說：「日本的房子多是用紙和木料做的，這便是日本不想戰爭的證據。東京的宮城，原來並不是天皇住的，那是武家的城。日本天皇原是住在京都。京都市街的中心有皇居，那座皇居，並沒有什麼城壕城牆，任何市民都可穿行而過，日本累代的天皇都是住在日本人民中間的。天皇的皇居，也不象徵著日本的和平嗎？」

這場中日戰爭，和談終於未成，由日本戰敗投降而告結束，繆斌和田村等於做了幾年的「和平夢」。在戰爭剛完的時候，繆斌那條路線，還有存在的價值。因為自從九一八事變直到抗戰勝利，經過了十四年的歲月，尤其在抗戰中，重慶和北方遠隔，不但對於滿洲的實情完全不明白，即對淪陷的主要地區的情形，也不大了解。那時在北平、南京、上海、廣州、武漢各都市，中共已經伸手入去，在滿洲則國共已經開始了爭奪，在此時期，重慶方面希望取得熟悉滿洲政治、經濟、軍事的日方協力，自屬當然的事。這便是繆斌路線對中央尚屬重要的原因。

抗戰時搞和平那些人，到了抗戰勝利後，在北平已分成國共兩派，兩派的人都想拉攏石原莞爾到自己這方面來，暗鬥得很起勁。在上海，以藍衣社老顧（戰後，老顧已用陳長風中將的名銜，公開出現）為中心，以戴笠為主流的活動亦正在開始。

抗戰甫告結束，重慶便有命令召周佛海和繆斌赴渝。周到渝即被軟禁。繆斌則為了戴笠路線的對日工作而留滬待機。所謂繆斌路線，戰後和日本內地的聯絡雖已中斷，但在上海還能夠存續。

戴笠墜機 一切完了

那時日本方面，則以熟悉滿洲情形的宮崎正義等為中心，通過繆斌的關係，與陳長風（即老顧）取得了聯絡。原來陳長風在潛伏上海以前，中央對滿洲的活動，即是由他負責的。

戰後，在藍衣社保護之下由緬甸戰線潛行到河內的辻政信大佐，曾接到陳長風由上海發給他的一通密電，電文云：

你的情形，我在上海常從繆斌和田村兩位那裡聽到過，頗為清楚。日本不幸，軍閥誤國，不納我們的忠言，致有今日的結果。你本志氣遠大，望善自珍重，增強對華的認識。並祈十分認識我們最高領袖與戴笠將軍寬大的厚意。於上海，一月二十三日，張。

陳長風介紹辻政信給戴笠，預定由戴笠介紹給蔣主席。民卅五年三月，辻政信由於陳長風的聯絡，從河內乘飛機到重慶，三月二十日辻住在重慶招待國賓的旅館，專候戴笠的歸來。

在上海，繆斌以及通曉滿洲經濟情形的宮崎正義等，也由陳長風不斷聯絡著，準備與戴笠會晤。可是，這個計劃進行到了九分九的時候，在緊張絕頂之際而宣告挫折了。萬不料戴笠因飛機失事突然死去，戴笠那次由渝赴平，因了陳長風的聯絡，趕急從青島飛返的途中，在南京附近的戴山墜機身亡，那是三月廿四日的事，同機的陳長風也罹同樣的命運。從此以戴笠為主流、陳長風為中心的中日合作計劃，遂完全成為泡影了。

ＣＣ與藍衣社對立

當時戴笠的存在，不僅中共方面集中地把戴氏作為目標，即重慶中央方面也有一部分人把他作為目標。戰後重慶內部勢力的爭奪愈加激化，特別是ＣＣ與藍衣社的對立更形露骨了。

ＣＣ自西安事變後，因為國府要採取容共政策，致反共的氣勢不揚；而且因ＣＣ的勢力地帶蘇浙兩省淪陷於日軍之手，ＣＣ團更加倒霉。首領陳果夫染有肺病，瘦得怪可憐的。當擔負黨關係的ＣＣ失勢時，擔負軍關係的藍衣社卻得勢而起了。藍衣社在戰時兼辦中美合作社，成為戰時情報工作的根據地。

對美關係，在戰後也是通過戴笠而聯絡於蔣主席，內外的大事，全被戴笠一手抓去。蔣主席對他的信賴與他隱然的勢力，成為戰後被人羨慕與反感的標的。戴笠與陳果夫的積不相能，自是當然的事。

戴笠死後，情形急轉直下，重慶中央對於辻政信的態度也完全改變。國府更擔心中共若抓著繆斌赴日謀和的證據，作為攻擊國府圖與日本中途妥協的口實，那就更不利了。所以戴笠一死，在手忙腳亂下，乃趕急採取死繆滅口的非常手段，來應付中共。尤其戴笠的反對派更馬上利用機會，乘時而起。可憐繆斌遂成為犧牲品了。

何應欽說繆是好人

繆斌是民國三十五年五月廿一日午後五時十五分，在蘇州獅子國監獄，受李曙東宣告執行死刑，不准上告，作為第一個漢奸而槍斃。繆斌當時在法庭上慷慨的供詞，也被禁止發表，罪狀是專搞「新民會」。繆氏實踐了他曾說過的：「我如果為和平錯誤而被殺，也不在乎」這句話了。臨死時，他留下一首絕命詩，道出他的心事，詩云：

浩氣歸太真。丹心照萬民。平生慕孔孟。死作和平神。

當年代表日本小磯總理到上海訪繆斌探聽和談的山縣初男翁，他與何應欽氏有一段因緣。據山縣初男翁親口告筆者云：

我早年在雲南任唐繼堯的顧問時，貴州袁祖銘派人到昆明行刺何應欽，不死，我護送何氏入法國醫院醫治。袁祖銘電唐繼堯索叛徒何應欽，唐氏問我：「我該怎麼辦才好？」我說：「不宜答應袁。」唐道：「我正想這樣做。」於是資助何氏逃粵。何到粵後，得蔣介石的信在，任他為黃埔軍校的教育長。

何與山縣初男翁因有上面的關係，所以何氏每次到東京必去訪候山縣。一九五一年四月，何氏訪問日本，山縣以繆斌死事的真相問何，何汪著眼淚答道：「繆先生是好人。是愛國者。他被殺是為陳果夫的關係。當我聽說繆被補後，立刻寫信叫把他釋放，但已經趕不上了，真是遺憾！」

繆斌是做了國共兩黨和CC與藍衣社政治鬥爭的犧牲品！

Do歷史008　PC0396

汪精衛集團

作　　者／任思　等
編　　者／蔡登山
責任編輯／唐澄暐
圖文排版／張慧雯
封面設計／陳佩蓉

出版策劃／獨立作家
發 行 人／宋政坤
法律顧問／毛國樑　律師
製作發行／秀威資訊科技股份有限公司
地址：114 台北市內湖區瑞光路76巷65號1樓
電話：+886-2-2796-3638　傳真：+886-2-2796-1377
服務信箱：service@showwe.com.tw
展售門市／國家書店【松江門市】
地址：104 台北市中山區松江路209號1樓
電話：+886-2-2518-0207　傳真：+886-2-2518-0778
網路訂購／秀威網路書店：https://store.showwe.tw
國家網路書店：https://www.govbooks.com.tw

出版日期／2014年5月　BOD一版　**定價**／430元

|獨立|作家|
Independent Author

寫自己的故事，唱自己的歌

汪精衛集團 / 任思等著 ; 蔡登山編 -- 一版. -- 臺北市 :
獨立作家, 2014.05
面 ;　公分. -- (Do歷史 ; PC0398)
BOD版
ISBN 978-986-5729-18-9 (平裝)

1. 汪精衛 2. 南京國民政府 3. 中華民國史

628.594　　　　103007064

國家圖書館出版品預行編目

讀者回函卡

感謝您購買本書，為提升服務品質，請填妥以下資料，將讀者回函卡直接寄回或傳真本公司，收到您的寶貴意見後，我們會收藏記錄及檢討，謝謝！

如您需要了解本公司最新出版書目、購書優惠或企劃活動，歡迎您上網查詢或下載相關資料：http:// www.showwe.com.tw

您購買的書名：________________________________

出生日期：________年________月________日

學歷：□高中（含）以下　□大專　□研究所（含）以上

職業：□製造業　□金融業　□資訊業　□軍警　□傳播業　□自由業

□服務業　□公務員　□教職　□學生　□家管　□其它______

購書地點：□網路書店　□實體書店　□書展　□郵購　□贈閱　□其他

您從何得知本書的消息？

□網路書店　□實體書店　□網路搜尋　□電子報　□書訊　□雜誌

□傳播媒體　□親友推薦　□網站推薦　□部落格　□其他__________

您對本書的評價：（請填代號　1.非常滿意　2.滿意　3.尚可　4.再改進）

封面設計____　版面編排____　內容____　文／譯筆____　價格____

讀完書後您覺得：

□很有收穫　□有收穫　□收穫不多　□沒收穫

對我們的建議：________________________________

____

____

____

請貼
郵票

11466
台北市內湖區瑞光路 76 巷 65 號 1 樓
獨立作家讀者服務部 收

....

（請沿線對折寄回，謝謝！）

姓　　名：____________________　年齡：________　性別：□女　□男

郵遞區號：□□□□□

地　　址：____

聯絡電話：（日）______________________（夜）______________________

E-mail：____